"학생의 마음은 학생이 알고, 새내기의 마음은 바로 윗선배가 아는 법!"

– 과제물, 졸업전, 공모전, 포트폴리오 준비를 돕는 대학생들을 위한 자신만의 창의적인 아트웍 스타일 가이드북 –

한국의 디자인과 학생 6명이 바로 밑 후배들에게 생생한 노하우를 전달합니다.
해외 프로 디자이너 12명이 준비한 13개의 튜토리얼 테마는
후배들이 소화하기 쉽게 여섯 명의 윗선배들이 잘근잘근 깨물어 놓았고,
또한 스스로의 경험에서 나온 풍부한 팁들을 튜토리얼 테마 형식으로 14개나 마련했습니다.
그래서 먹을 메뉴가 총 27가지나 됩니다.

이 책은 예비 디자이너의 머리와 손에 착착 감기는 가장 살가운 학습서입니다.

Forward

이 책은 모두 3개의 파트로 구성됩니다. 파트1의 크리에이티브 스킬에서는 창의적인 스킬업을 학습하고, 파트2의 인스퍼레이션 아트워크에서는 아이디어와 영감이 넘치는 다양한 작품들을 볼 수 있습니다. 파트3에서는 학생 디자이너들의 도전, 경험들과 공모전에 대한 정보를 실었습니다.

Part.1 Creative Skills

최근 디자인 시장에서 가장 많이 활용되고 있는 테마의 다양한 디자인 스킬과 함께 국내 학생 디자이너들의 16개의 테마로 구성된 독특한 스타일의 튜토리얼 코스가 준비되어 있습니다. 여러분들의 창의적인 스킬업을 돕기 위해서 스스로 따라하며 학습할 수 있도록 필요한 모든 리소스 파일을 제공합니다.

Part.2 Inspiration Artworks

자신만의 독특한 스타일로 각광받는 디자이너와 아티스트의 작품이 다수 수록돼 있습니다. 영감으로 가득 찬 아트워크들은 자신만의 스타일을 찾기 위해 고민하거나 다양한 스타일을 유기적으로 흡수하고자 노력하는 디자이너들을 친절하게 이끌어줄 것입니다.

Part.3 Tip & Information

공모전과 인턴십, 전시, 디자인 커뮤니티와 프리랜서에 관련된 다양한 노하우와 이야기를 실었습니다.

RESOURCE

크리에이티브 아트웍 3을 공부하는데 필요한 리소스 파일은 CA샵(www.cashop.kr) 사이트에 회원으로 가입하여 RESOURCE 메뉴의 CA 메뉴 폴더에서 내려받아 사용하실 수 있습니다.

Creative
Artworks-3
Photoshop

크리에이티브 아트웍-3: 포토샵

Overview

디자인을 전공하는 분들이라면 시간관리의 중요성에 대해서 명확하게 아실 것이라 생각합니다. 보고 들을 것은 너무 많은데, 항상 시간에 쫓기지요. 짧은 시간에 어떻게 하면 더 화려하고 눈에 띄는 디자인을 할 수 있을까 라는 고민은 선배들과 이제 공부를 막 시작하는 후배들 모두 가지고 있는 공통점이라고 생각합니다.

현재 저희는 학생이란 신분에서 프로와 아마추어의 경계에 있다고 생각합니다. 이런 상황에서 공부해야 할 것, 비록 엄청난 것은 아니지만 저희가 가진 기술, 해왔던 경험, 말씀드리고 싶은 점들을 성심성의껏 적었습니다. 프로와 이제 시작하는 학생 모두, 무언가를 만들어내고 싶다는 순수한 마음에서 디자인을 시작하게 됩니다. 이 책은 그 마음을 펼쳐 나갈 수 있도록 앞길을 닦아주는 책이라 할 수 있습니다.

가능한 한 많은 것들을 보여드리고자 했는데, 저희가 의도한 만큼의 성과를 가져가실 수 있으면 좋겠습니다. 디자인을 공부하시는 분들께 작게라도 힘이 될 수 있길 바랍니다. 책을 보고 있는 여러분의 머릿속에는 각각 다른 세계와 작품관이 있겠지요. 각자가 가진 세계를 어떤 방법을 이용하여 다른 사람에게 보여주고 표현할 수 있을 것인가가 우리의 과제입니다. 표현함에 있어서, 컴퓨터 프로그램 툴을 무조건 맹신해서는 안되겠지만 툴을 잘만 익힌다면 표현의 폭을 크게 넓혀 줄 좋은 도구가 되어줄 것입니다. 아주 작고 기초적인 부분부터 차근차근 깨우쳐 나가다 보면 어느새 아주 요긴하고 강력한 무기가 되어 있을 겁니다.

너무 어렵게 생각하진 마세요. 이 책은 포토샵과 일러스트레이터라는 도구를 처음 만났을 때의 마음으로 충분히 쉽고 친절하게 설명하고 있습니다. 필요한 것은 여러분의 도전과 실험정신 뿐입니다.

대표 저자 장순규

Contents

Part-1
Creative Skills

01 | 외곽선을 이용한 이미지 만들기 10
02 | 점, 선, 면을 이용한 LED 효과 만들기 16
03 | 마스크로 오래된 이미지 되살리기 24
04 | 녹슨 철 재질의 거친 이미지 만들기 34
05 | 데칼코마니 같은 이미지 만들기 48
06 | 다양한 레이어 스타일 아트워크 만들기 58
07 | 다이내믹한 왜곡 효과 만들기 66
08 | 추상적인 일러스트 만들기 76
09 | 강렬한 빛 효과 만들기 84
10 | 캐리커처를 이용한 포스터 만들기 94
11 | 속도감 있는 3D 객체 만들기 102
12 | 입체적인 아트워크 만들기 112
13 | 다양한 벡터 이미지 겹치기 132
14 | 기본 툴로 인상적인 아트워크 만들기 140
15 | 반복과 투명도를 이용한 복잡한 아트워크 만들기 148
16 | 블렌드를 사용해 깊이감 더하기 158
17 | 맵아트 기능을 이용한 3D 일러스트 만들기 166
18 | 3D를 사용하여 업그레이드 된 작품 만들기 174
19 | 아이소매트릭 포스터 만들기 184
20 | 연락처 GUI 디자인하기 194
21 | 수작업+디지털 작업의 유기적인 일러스트 만들기 204
22 | 멀티미디어 플레이어 GUI 디자인하기 212
23 | 복고-미래지향적 포스터 만들기 220
24 | 신비롭고 황홀한 이미지 만들기 228
25 | 빈티지 일러스트 만들기 242
26 | 한국화를 응용한 포스터 만들기 254
27 | 질감을 살린 합성 이미지 만들기 264

Part-2
Inspiration Artworks

알렉시스 웨스트 Alexis West

마이크 해리슨 Mike Harrison

데렉 리 Derek Lea

마그누스 칼 Magnus Kjall

이 벤 소 Ee Venn Soh

조앙 올리베이라 Jao Oliveria

롭 쉴드 Rob Shield

루크 오닐 Luke O'Neill

게빈 디아스 Gavin Dias

마이크 라이 Mike Lai

베키라 소린 Bechira Sorin

마테우스 사이피엔 Mateusz Sypien

캘빈 호 Calvin Ho

올리 먼덴 Ollie Munden

다비드 드린 David Delin

라딤 말리닉 Radim Malinic

고든 라이드 Gordon Reid

아론 밀러 Aaron Miller

사드 무사지 Saad Moosajee

애나 레이 Anna Wray

쇼토팝 Shotopop

톰 시웰 Tom Sewell

강우성 Kang Woo Sung

김지홍 Kim Ji Hong

손영아 Son Young-A

이상윤 Lee Sang Yoon

장순규 Jang Soon Kyu

한승재 Han Seung Jae

Part-3
Tip & Information

01 | 나에게 맞는 커뮤니티 찾아 활동하기 318

02 | 공모전에서 성공하기 위한 습관 328

03 | 학생 프리랜서로 생활하기 위한 10가지 팁 322

04 | 예비 디자이너들에게 필요한 덕목 들 324

05 | 공모전Awards 325

Creative Artworks-3: Photoshop

Part 01 Creative Skills

자신만의 독특한 스타일로 세계 시장에서 각광받고 있는 해외 디자이너들과
다양한 활동을 하는 국내 디자이너들의 영감을 살펴보세요.
그리고 그들만의 창의적인 스킬과 디자인의 노하우를 익혀보세요

Chapter01 외곽선을 이용한 이미지 만들기

Creative Artworks-3

Chapter 01

외곽선을 이용한 이미지 만들기

서로 다른 이미지를 합쳐서 하나의
외곽선을 만드는 방법에 대해 배워봅니다

Notice

여행은 크리에이티브에 많은 자극을 주며, 그때의 감정과 기억은 쉽게
표현할 수 없습니다. 여기서는 그런 개인적인 기억과 감정을 바탕으로
멋진 디자인을 완성하는 방법에 대해 알아봅니다.
일상생활 속에서 발견하는 이미지들이 대개 우연히 촬영한 배경
이미지가 많은 만큼 감각에 의존하는 경우가 많습니다. 여기서는
우연히 촬영한 배경 이미지의 외곽선을 이용하여 감각적인 이미지를
만들어보도록 하겠습니다.
외곽선을 이용한 작업은 서로 다른 두 가지 이미지를 하나로 합쳐
새로운 아트워크를 만들어 내는 데 아주 좋은 테크닉입니다. 이미지에
Glowing Edges 필터를 사용하면 고채도의 색상이 나타나 색 보정
작업시 다양한 곳에 이용할 수 있을 것입니다. 두 가지 이상의
이미지를 섞는 데 사용되는 레이어 팔레트 위쪽의 블렌딩 모드는
기본적이며 가장 중요한 포토샵 테크닉이므로
다양한 작업을 통해 숙달할 수 있도록 합시다.

Skills

블렌딩 모드 사용하기
Glowing Edges 필터 사용하기

Time Needed

1시간

Resurce

street01.jpg
street02.jpg
street.psd

Designer

이상윤 Lee Sang Yoon
www.prizmika.com
홍익대학교 디지털미디어디자인학과 학생으로, 삼성 디자인 멤버십
19기 회원으로 활동하고 있습니다. UX 디자이너를 목표로 하고 있으며,
디자인 에이전시 바이널에서 근무한 경험을 비롯하여
다양한 상업용 프로젝트에 참여했습니다.

Creative Skills Chapter 01

01 여행중 긴자와 우에노 공원에서 우연히 촬영된 두 장의 이미지를 가지고 새로운 아트워크를 만들 것입니다. 〈Ctrl+N〉을 눌러 두 장의 이미지보다 약간 큰 사이즈(2,400×1,400)의 새로운 도큐먼트를 만들고, 〈Ctrl+O〉를 눌러 street01.jpg과 street02.jpg 파일을 각각 불러옵니다.

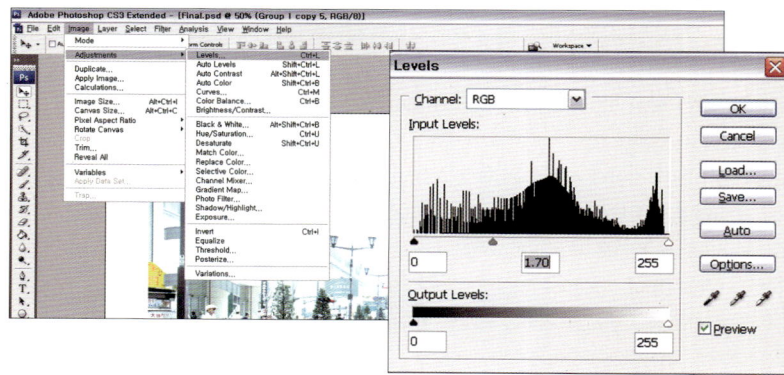

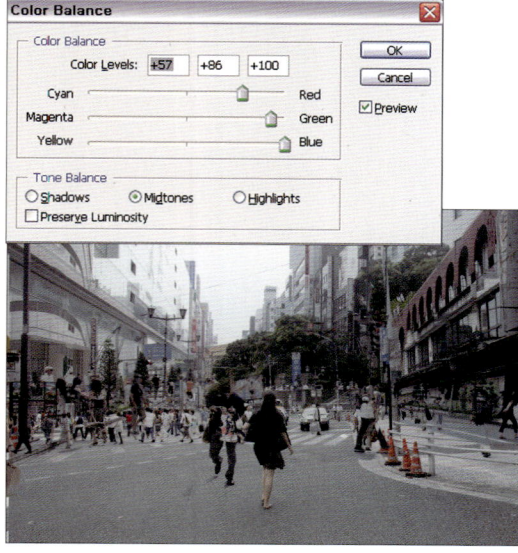

02 다양한 시도는 예상하지 못한 새로운 결과를 만들어 내므로 먼저 두 장의 이미지를 합쳐보겠습니다. street02.jpg를 상위에 두고 레이어 팔레트 위쪽의 블렌딩 모드를 'Darker Color'로 설정합니다. 〈Shift〉 키를 누른 채 두 장의 이미지 레이어를 모두 선택한 상태에서 〈Ctrl+E〉를 눌러 두 장의 이미지를 합칩니다Merge. 메뉴의 [Image〉Adjustments〉Levels]에서 회색부분 Level 값을 1.7 정도로 조절하여 이미지를 전체적으로 밝게 만든 뒤 〈Ctrl+B〉를 눌러 나타나는 Color Balance 대화상자에서 Midtones의 색상을 '57, 86, 100'으로 보정합니다. 이때 Tone Balance 항목의 Shadows/Midtones/Highlights 값을 적절히 조절하는 것이 중요합니다. 여기서는 외곽선을 이용하는 작업이기 때문에 전체적으로 외곽이 잘 살아나도록 색상을 강조합니다.

Technique **13**

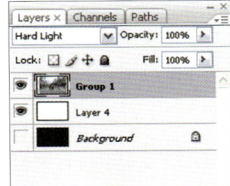

03 이번에는 Glowing Edges 필터를 적용하기 위한 준비를 합니다. 레이어 팔레트에서 이미지 레이어 아래쪽에 페인트통 툴을 이용하여 흰색 배경 레이어를 만들고, **02**에서 만든 레이어의 블렌딩 모드를 'Hard Light'로 설정합니다. 전체 레이어를 선택하고 〈Ctrl+E〉Merge를 눌러 레이어들을 합칩니다.

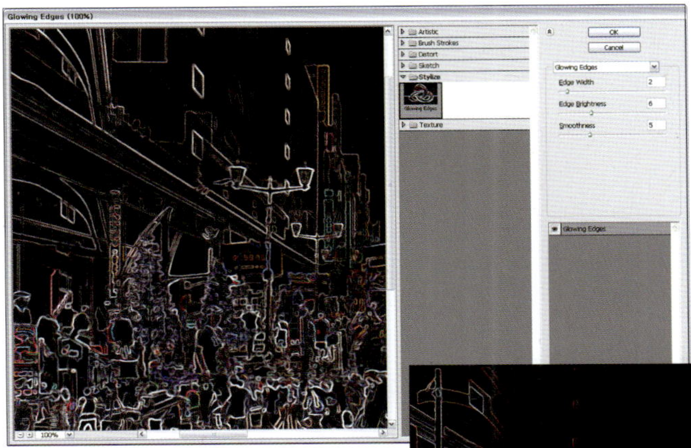

04 메뉴의 [Filter〉Stylize〉Glowing Edges]를 선택합니다. 이때 Edge Width 값을 '2' 정도로 작게 조절하여 세밀한 표현을 완성하는 것에 주의합니다. Glowing Edges는 배경을 검은색으로 만든 뒤 외곽선 부분을 빛나는 네온 이미지로 만들어주는 필터로써, 앞으로 네온 효과를 사용해 외곽선을 살린 이미지를 만들어갑니다.

05 적용된 이미지에서 〈Ctrl+I〉를 눌러 반전시켜 흰색 이미지로 만듭니다.

Creative Skills Chapter 01

06 〈E〉키를 눌러 지우개 툴로 필요없는 부분을 과감히 지웁니다. 화면 위쪽의 옵션바에서 Brush의 내림 버튼을 눌러 크기 Master Diameter를 '500 px' 정도로 설정하고 Hardness 값을 0%로 설정하고 지웁니다. 여기서는 주제가 되는 두 남녀를 부각시키기 위해 시선을 방해하는 다른 구조물을 조금씩 지웠습니다.

 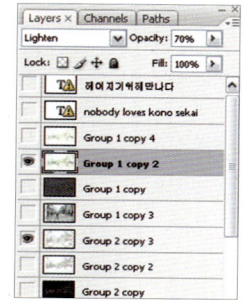

07 메뉴의 [Image〉Adjustments〉Levels]에서 회색부분 Level 값을 다시 '1.7'로 조정하여 이미지를 더 정리합니다. 원한다면 같은 레이어를 복제하여 색상 모드를 변경하는 등의 방법으로 진행합니다.

 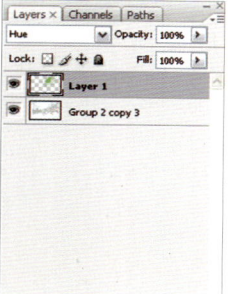

08 Glowing Edges 필터는 채도가 너무 두드러지는 단점이 있으므로 이것을 보완하기 위해 레이어 팔레트에서 새로운 레이어를 만들어 맨 위쪽에 두고 블렌딩 모드를 'Hue'로 변경합니다. 〈B〉키를 눌러 브러시 툴을 선택한 다음 드래그하여 적당한 색상을 적용합니다.

09 다시 맨 위에 레이어를 만들어 약간 밝은 색상의 그라디언트를 만들고 블렌딩 모드를 'Overlay'로 변경합니다. 이미지의 명암에 신경쓰며 마지막으로 색상 값을 다시 한번 조절한 후 〈T〉 키를 눌러 타입툴로 적절한 위치에 텍스트를 입력해 마무리합니다. CA

TIP Glowing Edges 필터의 특징을 잘 이용하면 수채화의 번진듯한 이미지를 표현할 수 있습니다. 이러한 필터 등을 이용한 작업에서 가장 중요한 것은 좋은 이미지를 판별해내는 감각이라 할 수 있으므로 많은 것들을 보며 성장해 나갑시다.

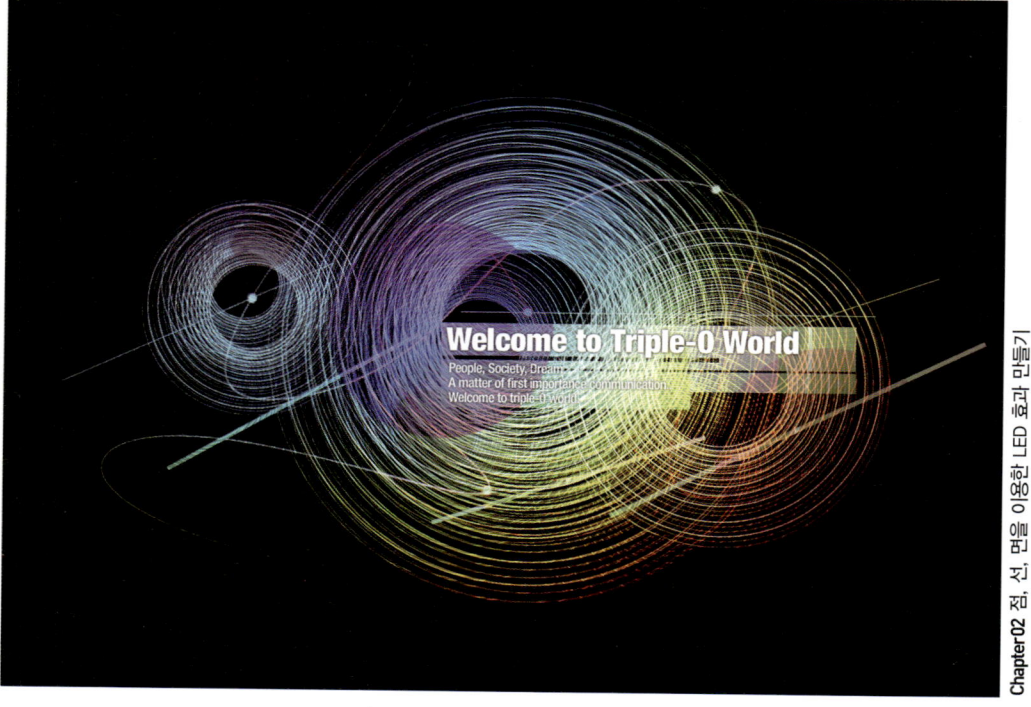

Chapter 02 점, 선, 면을 이용한 LED 효과 만들기

Creative Artworks-3

Chapter 02

점, 선, 면을 이용한 LED 효과 만들기

클리핑 마스크와 블렌딩 모드를 이용하여
밀도 높은 아트워크를 만들어 봅니다

Notice
클리핑 마스크와 블렌딩 모드는 포토샵에서 가장 많이 사용하는 기능 중 하나로써, 간단하면서도 밀도 높은 효과를 나타낼 수 있습니다. 이미지가 좋으면 앞서 말한 두 가지 기능만으로도 완성도 높은 작업을 할 수 있습니다.
여기서는 가장 기본적인 점, 선, 면을 이용해 간단한 클리핑 마스크와 블렌딩 모드만으로 작업이 어떻게 변하는지 확인해 봅니다.

Skills
클리핑 마스크 사용하기
블렌딩 모드 사용하기

Time Needed
1-2시간

Designer
한승재 Han Seung Jae
www.triple-0.com
홍익대학교 시각디자인학과 학생으로, LG전자 디자인 경영센터에서 지니어스 디자인 3기로 활동하고 있습니다. 스튜디오 헤이데이에서 2년 동안 디자인 실무를 경험했고, LG전자 CTO UX파트에서 5개월간 인턴 경력을 쌓았습니다. 그 외에 학과 연간지 『ㅎㅇㅅㄷ』 32호 편집장을 맡았고, 각종 대학생 마케팅 프로그램을 수료하고 프리랜스로 다양한 프로젝트에 참여했습니다.

Creative Skills Chapter 02

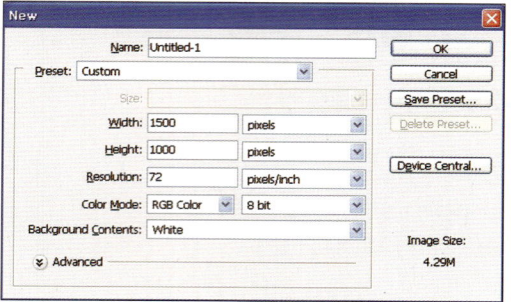

01 〈Ctrl+N〉을 눌러 '1,500px X 1,000px'의 새로운 도큐먼트를 만듭니다. 배경은 검은색으로 설정합니다.

02 이제 원 형태의 선들을 만들어보겠습니다. 배경 레이어 위에 새로운 레이어를 만들고 이름을 'eclipse'로 설정합니다. 〈U〉 키를 누르고 원형 툴을 이용해서 〈Shift〉 키를 누른 상태로 동그란 형태의 원을 그립니다.

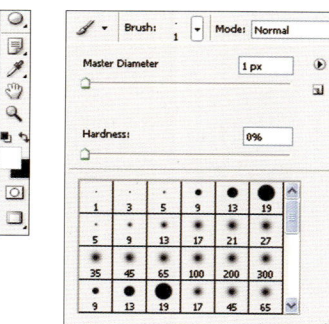

03 〈B〉 키를 눌러 브러시 툴을 선택해 크기를 '1~2px'로 설정한 후 전경색을 흰색으로 설정합니다.

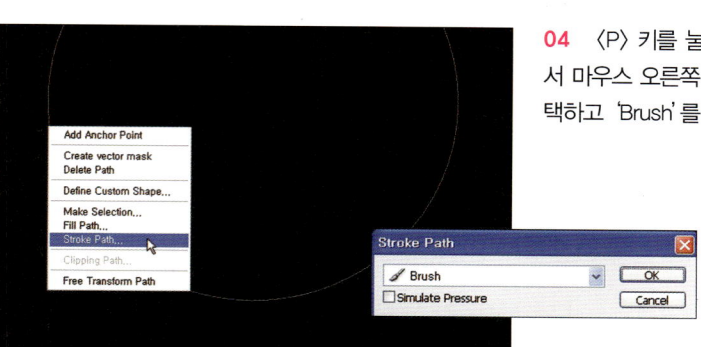

04 〈P〉 키를 눌러 펜 툴을 선택하고 작업 화면 위에서 마우스 오른쪽 버튼을 클릭해 'Stroke Path...'를 선택하고 'Brush'를 선택합니다.

Technique 19

05 04에서와 같이 다양한 두께와 크기로 변주를 적용해 원 그리기를 반복합니다. 이때 〈Alt〉 키를 누른 채 드래그하여 레이어를 복사하는 방법도 효과적이며 원 레이어들의 블렌딩 모드는 모두 'Screen'으로 설정합니다.

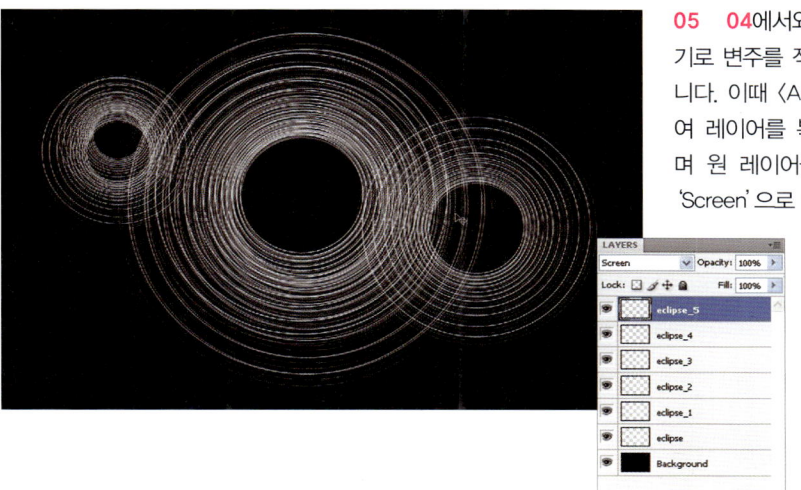

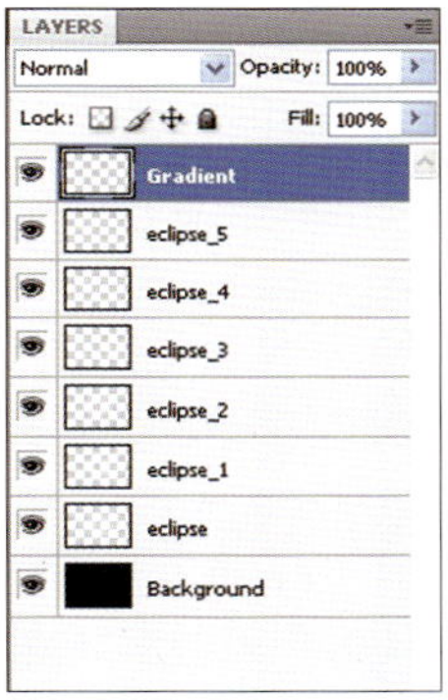

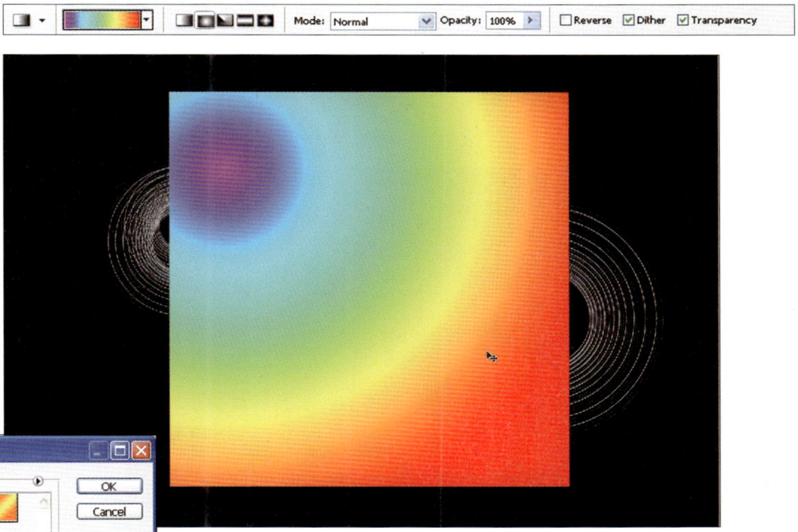

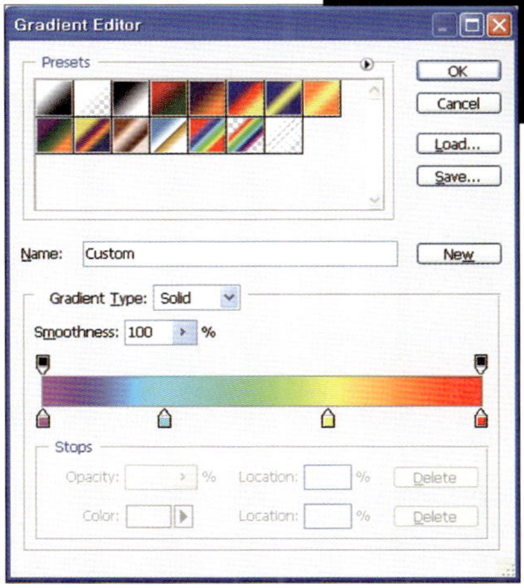

06 작업한 레이어들 위에 새로운 레이어를 만들고 레이어의 이름을 'Gradient'로 설정합니다. 〈G〉 키를 눌러 Gradient 방식은 'Radial Gradient'를 선택하고 무지개 색상을 적용합니다. 〈M〉 키를 누르고 적당한 영역을 설정하여 Gradient 효과를 적용합니다.

Creative Skills Chapter 02

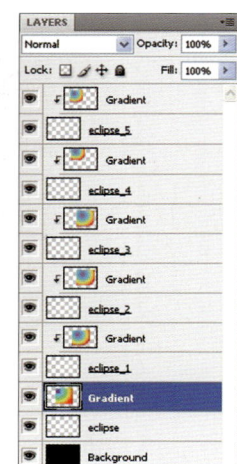

07 〈Alt〉 키를 눌러 05에서 변주를 적용했던 레이어 수만큼 복사합니다. 05에서 만든 레이어들 바로 위에 하나씩 배치한 다음 각각의 Gradient 레이어를 선택하고 마우스 오른쪽 버튼을 클릭해 'Create Clipping Mask〈Alt+Ctrl+G〉'를 클릭하면 Gradient 레이어는 선 레이어의 영역 안에서만 보입니다.

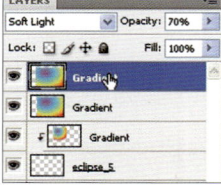

08 모든 레이어 위에 새로운 Gradient 레이어를 만들고 06에서 Gradient 레이어를 만든 방법으로 이번에는 전체 크기의 Gradient 레이어를 하나 더 만듭니다. 이때 레이어의 블렌딩 모드는 'Soft Light', 불투명도Opacity는 '70%'로 설정합니다.

09 이제 여기서부터가 중요합니다. 맨 위에 있는 레이어를 선택한 다음 〈Ctrl+A〉를 눌러 전체영역을 선택합니다. 전체영역이 선택된 상태에서 〈Shift+Ctrl+C〉를 눌러 전체 이미지를 복사한 후 〈Ctrl+V〉를 누르면 맨 위의 화면이 그대로 복사되어 레이어로 생성됩니다. 이때 레이어 팔레트에서 블렌딩 모드를 'Color Dodge'로 설정하면 반짝반짝 빛나는 LED 효과가 나타납니다. 레이어를 여러 개로 복사하고 불투명도Opacity를 변경하면서 다양하게 변주를 적용합니다.

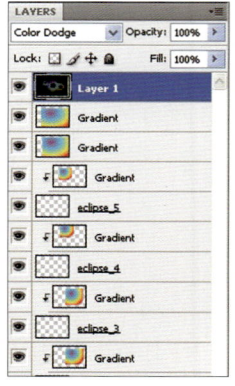

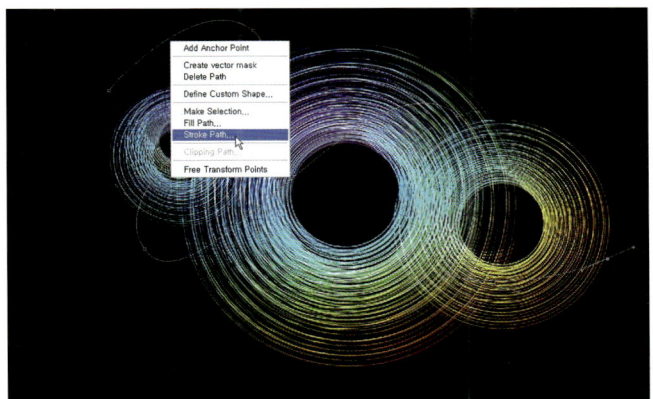

10 이번에는 선을 만들어보겠습니다. 배경 레이어 바로 위에 새로운 레이어를 만들고 레이어 이름을 'line'으로 설정합니다. 〈P〉 키를 눌러 펜 툴로 자연스럽게 곡선을 그리고 마우스 오른쪽 버튼을 클릭해 'Stroke Path…'를 클릭합니다. Stroke Path 대화상자가 나타나면 'Brush'를 선택하고 'Simulate Pressure'를 체크합니다.

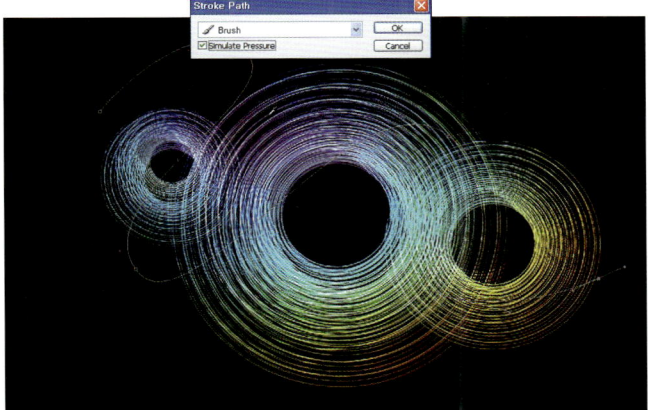

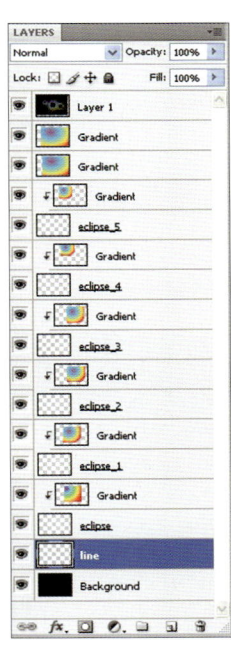

Creative Skills Chapter 02

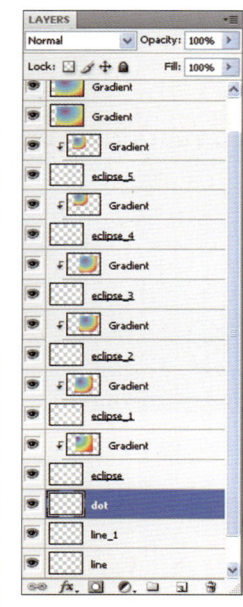

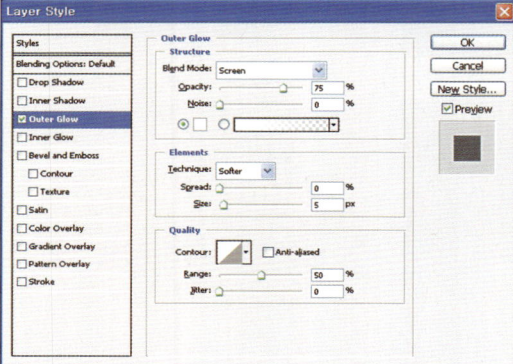

11 이번에는 점을 만들어 봅니다. 10에서 만든 line 레이어 바로 위에 새로운 레이어를 만들고 레이어 이름을 'dot'으로 설정합니다. '10px X 10px' 크기의 원을 그리고 흰색으로 채운 후 레이어를 더블클릭해 레이어 스타일에서 Color를 '흰색'으로 설정합니다. 위와 같이 여러 개를 만들어 다양한 곳에 위치시킵니다.

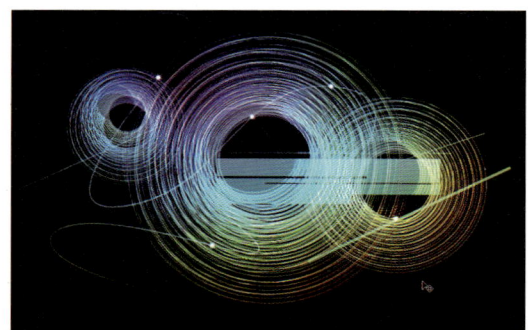

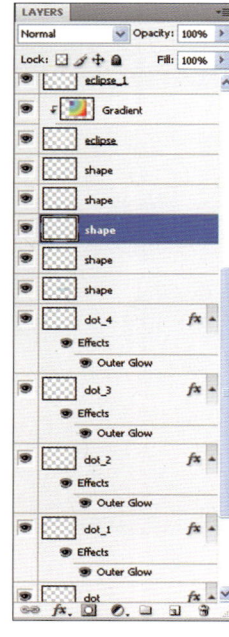

12 이번에는 면을 만들어 보겠습니다. 11에서 만든 점 레이어들 위에 새로운 레이어를 만들고 다양한 형태를 만든 후 레이어의 투명도Opacity은 '50%'로 설정합니다. 다양한 형태로 여러 개를 만들어 위치시키고 변화를 적용합니다.

Technique 23

13 다양한 형태와 색상의 모양들을 만들어 서로 다른 블렌딩 모드를 적용하면 더욱 재미있는 이미지가 나타납니다. 마지막으로 텍스트를 입력해 완성합니다. CA

Chapter 03 마스크로 오래된 이미지 되살리기

Creative Artworks-3

Chapter 03

마스크로 오래된 이미지 되살리기

이미지를 선택하여
가리고 숨기는 마스크 툴을 익혀 봅니다

Notice
마스크 기능은 이미지의 일부분을 가리고 원하는 부분만을
보여주는 데 사용되는 기능입니다. 이러한 마스크를 이용하여
이미지를 다시 제작하면 불필요한 부분을 잘라내고
작업할 수 있기 때문에 굉장히 유용합니다.
간단한 마스크를 사용하여 복잡한 이미지들을 만드는 것은
시각적으로 효과적이고 실용적입니다. 여기서는 아주 유용한 방법으로
어떤 이미지든지 재활용하고 재혼합하는 것을 보여 줄 것입니다.
독립적인 이미지를 사용하여, 넓은 범위의 색다르고 예상치 못한
결과물을 만들 수 있을 것입니다.
다양한 모양들을 적재 적소에 배치하는 연습을 해서 여러 곳에서
이용할 수 있도록 연습해 보면 아트워크 제작에 큰 도움이 될 것입니다.

Skills
마스크 사용하기
브러시 사용하기
세밀한 객체 만들기

Time Needed
2–3시간

Resurce
original_photo.jpg
mask.psd

Designer
조앙 올리베이라 Joan Oliveira
www.onrepeat.net
포르투갈의 포르토에 있는 프리랜서 디자이너 겸 일러스트레이터로,
휴고 보스, 아디다스, HP, 헤네시 코냑, 스튜디오 싸이읍, 블리드,
더 콜렉티브The KDU collective 같은 브랜드와 합작해왔습니다.

Reworked by
이상윤

Creative Skills Chapter 03

01 〈Ctrl+O〉를 누르거나 공간을 더블클릭하여 original_photo.jpg 파일을 불러옵니다. 다른 사진으로 대체해도 상관없지만, 여기서는 이미지의 일부분을 사용하기 때문에 구성과 이미지 느낌에 중심을 두고 선별했습니다.

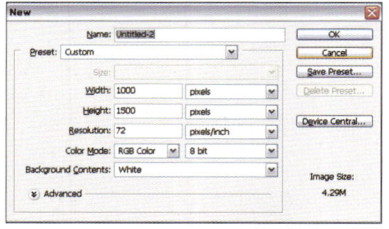

02 〈Ctrl+N〉을 눌러 '1,000px × 1,500px'의 새로운 도큐먼트를 만듭니다. 〈G〉 키를 눌러 그라디언트 툴을 설정하고 연회색과 흰색 중간의 원형 그라디언트 배경을 만듭니다.

그라디언트 색상 : ffffff(0%) – e3e3e3(100%)

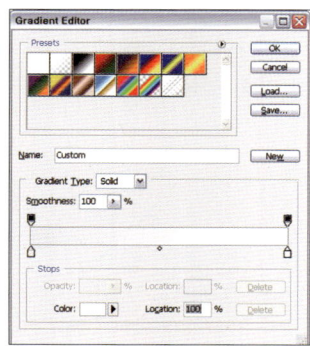

Technique 27

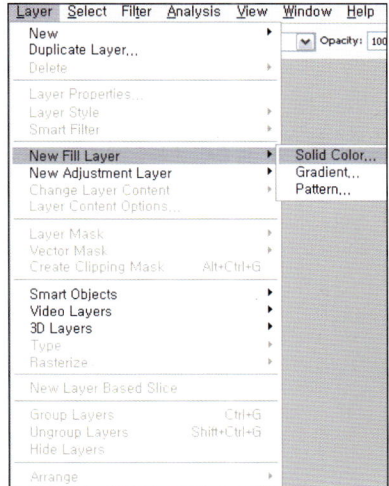

03 메뉴의 [Layer〉New Fill Layer〉Solid Color]에서 익스클루전 Exclusion 레이어를 만들고, 색상을 #28276c로 채웁니다. 레이어 팔레트 위쪽의 블렌딩 모드를 'Exclusion'으로 투명도Opacity를 '20%'로 설정합니다. 여기서는 이 레이어를 항상 맨 위에 위치시킵니다.

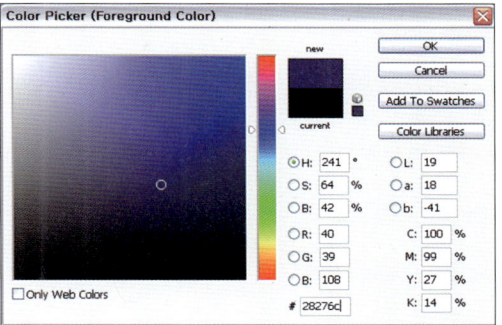

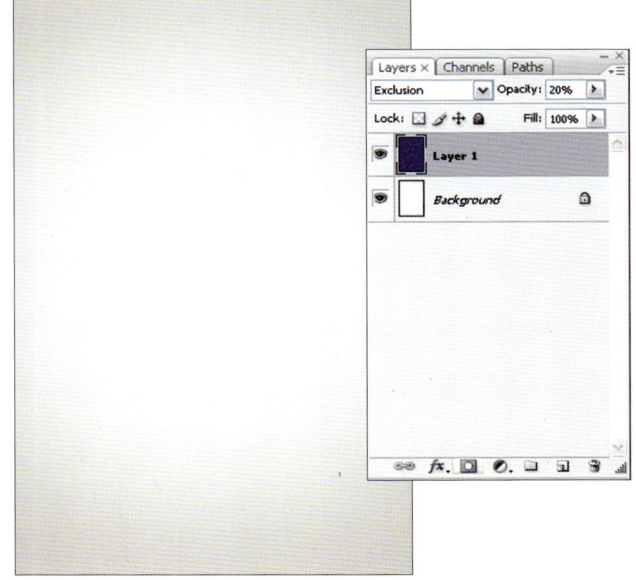

Creative Skills Chapter 03

04 레이어 팔레트 아래쪽 레이어 마스크 아이콘을 클릭한 뒤 검은색의 부드러운 원형 브러시로 마스크의 중간 부분을 칠해봅시다. 이것으로 멋진 배경이 만들어질 것입니다. 〈Ctrl+J〉를 눌러 레이어를 복제하여 투명도와 마스크를 원하는 대로 조절해 볼 수도 있습니다.

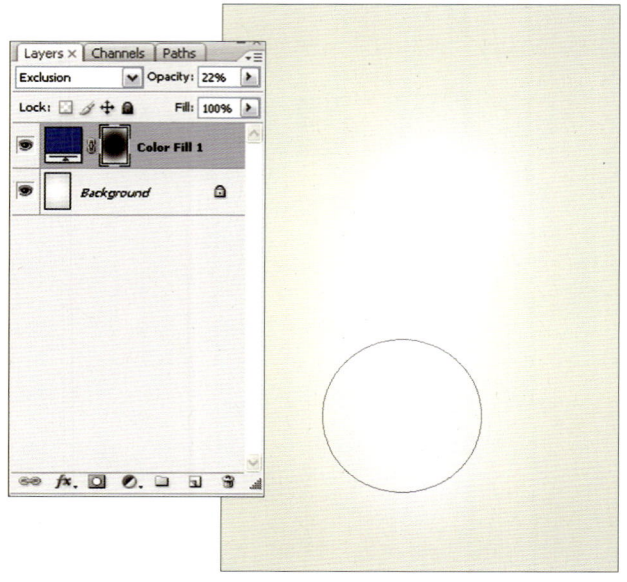

05 다각형 툴을 선택하고 위쪽의 옵션바에서 Sides 값을 '3'으로 지정합니다. 삼각형의 패스를 만들고 패스 선택 툴로 〈Alt〉 키를 누른 상태에서 드래그하여 복사해서 원본 바로 밑에 붙여 넣습니다. 다시 패스 선택 툴로 아래쪽 삼각형을 선택하고 옵션바에서 'Subtract from shape area'로 설정합니다. Subtract from shape area는 아래쪽 패스 이미지에서 위쪽 패스만큼의 부분을 제외하는 역할을 합니다.

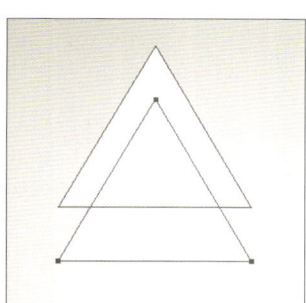

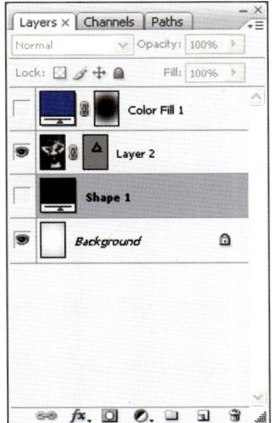

06   이미지의 레이어를 드래그하여 가져옵니다. 만들어진 다각형 이미지 레이어 옆의 회색 패스 레이어를 드래그하여 가져온 레이어 옆에 붙입니다(Edit〉Paste into). 이제 삼각형 안에 있는 이미지를 자유롭게 움직일 수 있습니다. 이 레이어를 복제하여 좋은 구성이 될 때까지 한두 번 이동시킵니다.

Creative Skills Chapter 03

07 여러 가지 툴을 이용하거나 여러 가지 모양들을 그려서 배치합니다. 여기서는 일러스트레이터 프로그램에서 만든 몇 개의 모양들을 불러와 두어 개의 노란색 원들을 더해 보았습니다.

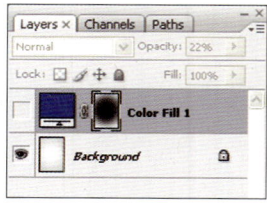

08 현재 작업하고 있는 이미지를 사용하여 세밀한 이미지를 추가로 만들 수도 있습니다. 레이어 팔레트에서 맨 위쪽 Exclusion 레이어의 눈 아이콘을 클릭해서 숨기고, 나머지 레이어를 전체 선택합니다. 〈Alt〉 키를 누른 채 드래그하여 복사한 후, 복사된 이미지가 모두 선택된 상태에서 〈Ctrl+E〉를 눌러 하나의 레이어로 합칩니다. 원형 선택 툴을 사용하여 선택영역을 만들고 메뉴의 [Image>Crop]을 이용하여 잘라내고 위치를 정렬합니다.

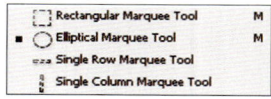

09 3D 구 이미지들을 더해 보겠습니다. 원형 툴로 흰색 원들을 만들어 옵션바에서 Exposure 값을 '20%'로 설정한 상태에서 번 툴을 선택합니다. 부드러운 원형 브러시를 선택해 원의 가장자리 부분을 문지릅니다. 멋진 구가 될 때 까지 번 혹은 닷지 툴로 브러싱을 계속합니다. 만들어진 구 이미지를 〈Alt〉 키를 누른 채 드래그하여 복제한 뒤 다양한 크기로 조절하여 이미지 주변에 붙여도 됩니다.

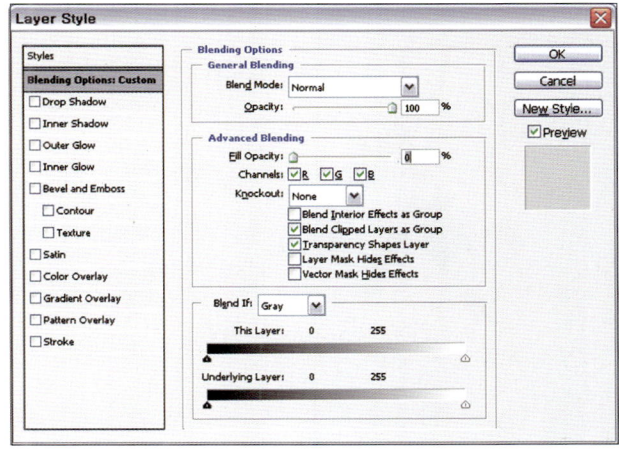

10 〈P〉 키를 눌러 펜 툴을 설정하고 다양한 크기와 모양의 구를 만들고 색상을 적용한 새로운 레이어를 만듭니다(Layer〉New Fill Layer〉Solid Color). 이때 흰 부분을 제외한 외곽선과 그림자 등에만 효과를 주기 위해서는 레이어의 Fill을 '0%'로 설정하고 각종 효과들을 적용하면 됩니다.

Creative Skills Chapter 03

11 08과 같은 방법으로 새로운 구 이미지를 만듭니다. 이번에는 질감이 있는 구 이미지로, 〈O〉 키를 눌러 번 툴이나 닷지 툴로 문질러 이미지에 다양성을 더합니다. 이때 〈Shift+O〉를 누르면 닷지와 번 그리고 스펀지 툴로 변경됩니다.

12 이번에는 3D 구로 이미지에 깊이감을 더해 줄 것입니다. 만들어진 3D 구 레이어를 원하는 곳에 〈Alt〉 키를 누른 채 드래그하여 복사한 후 다양한 크기로 조절합니다. 그리고 몇 개의 레이어에 메뉴의 [Filters>Blur>Gaussian Blur]에서 약간의 블러 효과를 더하기 위해 Radius 값을 조절하여 원하는 깊이감을 줍니다.

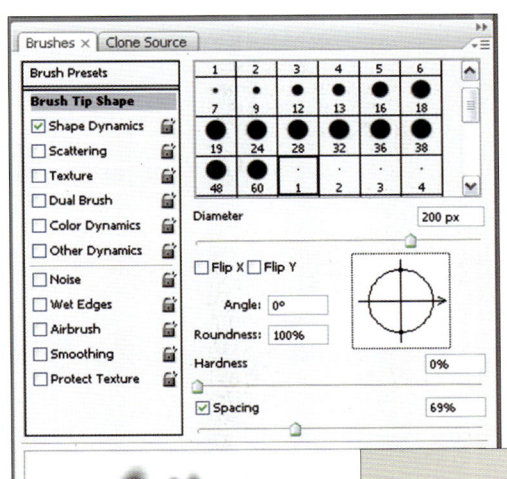

13 메뉴의 [Edit>Define Brush Preset]에서 삼각형의 브러시를 만들고, 다양한 브러시들을 이용해서 이미지 주변에 조각들을 만들어 완성합니다. **CA**

Chapter04 녹슨 철 재질의 거친 이미지 만들기

Creative Artworks-3

Chapter 04

녹슨 철 재질의 거친 이미지 만들기

블렌딩 모드와 레이어 스타일을 이용하여
다양한 효과를 만들어 봅니다

Notice
필자는 최근 거칠고 어두운 느낌의 밀도 있는 작업들을 즐깁니다.
얼마 전 공사장을 지나치다가 바리케이드와 버려져 있는 철판들을
보고 이미지로 구현해 보면 어떨까 하는 생각이 들었습니다.
이미지만 보면 어려워 보일지 몰라도 기법은 어렵지 않습니다.
몇 가지의 효과와 이미지 조합, 배치만으로 이미지를 밀도 있게
만들 수 있습니다.
여기서는 블렌딩 모드와 레이어 스타일을 십분 활용하여 투박한
질감과 다양한 부분을 표현하는 방법에 대해 알아보도록 하겠습니다.
마스크 효과와 몇 가지의 기능만으로 무에서 유를 창조해 내는
포토샵의 힘을 느껴봅시다.

Designer
한승재 Han Seung Jae
www.triple-0.com
홍익대학교 시각디자인학과 학생으로, LG전자 디자인 경영센터에서
지니어스 디자인 3기로 활동하고 있습니다. 스튜디오 헤이데이에서
2년 동안 디자인 실무를 경험했고, LG전자 CTO UX파트에서
5개월간 인턴 경력을 쌓았습니다. 그 외에 학과 연간지
『ㅎㅇㅅㄷ』 32호 편집장을 맡았고, 각종 대학생 마케팅 프로그램을
수료하고 프리랜스로 다양한 프로젝트에 참여했습니다.

Skills
마스크 사용하기
블렌딩 모드 사용하기
레이어 스타일 사용하기

Time Needed
2-3시간

Resurce
dark.psd
line.psd
rust.psd
rust_1.psd
seoul_map.psd

Creative Skills Chapter 04

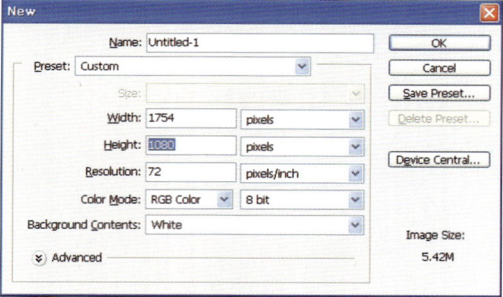

01 〈Ctrl+N〉을 눌러 '1,754px X 1,080px'의 새로운 도큐먼트를 만듭니다. seoul_map.psd 파일을 불러와서 레이어 팔레트의 배경 레이어 위에 얹습니다. 이 이미지는 서울지도를 변형한 것입니다. 다른 지도나 좋은 이미지가 있다면 직접 변형시켜도 좋습니다.

 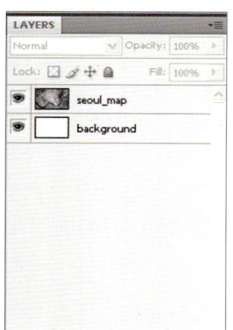

02 seoul_map 레이어 위에 'line'이라는 이름의 새로운 레이어를 만들고 line.psd 파일을 불러와 얹습니다. 이때 레이어 팔레트에서 블렌딩 모드는 'Soft Light'로 설정합니다. 이미지가 두께 2px의 선들로 이뤄지기 때문에 더 추가하거나 개수를 줄여서 다양하게 밀도 조절을 할 수 있습니다.

 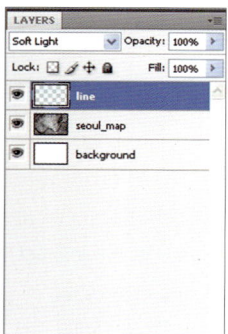

03 02에서 작업했던 line 레이어 위에 'dark'라는 이름의 레이어를 하나 더 만들고 dark.psd 파일을 불러와서 거친 배경 이미지를 완성합니다.

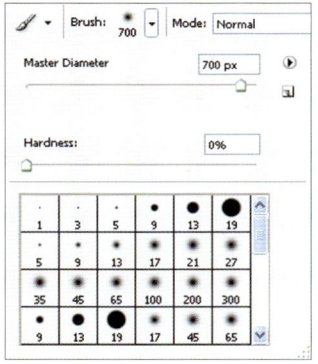 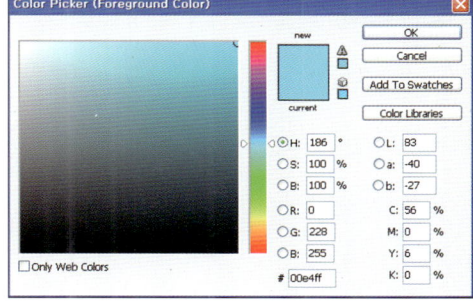

04 지금까지 작업된 레이어들 위에 그림과 같이 'brush'라는 이름의 레이어를 하나 더 만들고 블렌딩 모드를 'Soft Light', 투명도Opacity를 '30%'로 설정합니다.
〈B〉 키를 눌러 브러시 툴을 선택하고 옵션바에서 '700px' 크기로 설정합니다. 전경색은 '#00e4ff'으로 설정하고 그림과 같이 다양한 크기의 브러시를 선택하여 여러 가지 변화를 줍니다.

Creative Skills Chapter 04

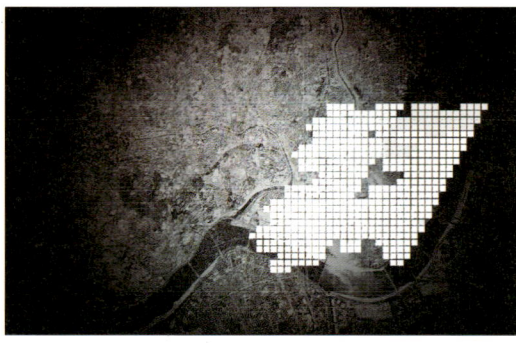

05 지금까지 작업한 레이어들 위에 그림과 같이 새로운 레이어를 하나 더 만들고 이름을 'shape'로, 블렌딩 모드를 'Soft Light'로 설정합니다. 사각형 툴을 사용하여 20px X 20px 크기의 정사각형을 만들고 흰색으로 채워 자연스러운 패턴과 같이 복사합니다.
이때 레이어의 투명도 Opacity는 원하는 느낌대로 조금씩 변화를 줘도 좋습니다.

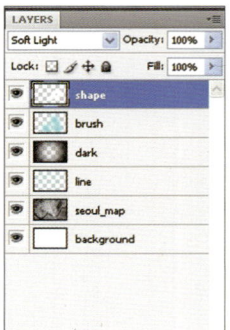

06 이번에는 철근 재질들을 만들어 보겠습니다. 일러스트레이터 프로그램을 실행하고 〈Ctrl+N〉을 눌러 새로운 도큐먼트를 만든 후 그림과 같이 노란색과 검은색의 직사각형을 만듭니다. 〈A〉 키를 눌러 직접 선택 툴을 선택하고 〈Shift〉 키를 누른 상태에서 위쪽 두 개의 기준점을 선택하여 이동시킵니다. 사선 형태의 직사각형이 완성되면, 〈Alt〉 키를 누른 상태에서 드래그하여 복제하고 〈Ctrl+D〉를 눌러 반복 복제합니다.

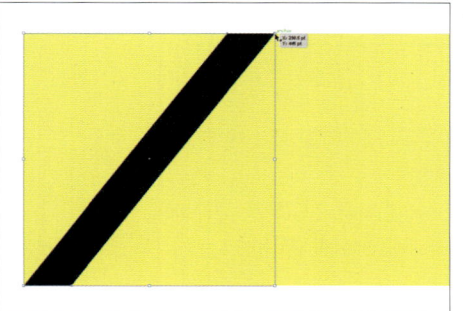

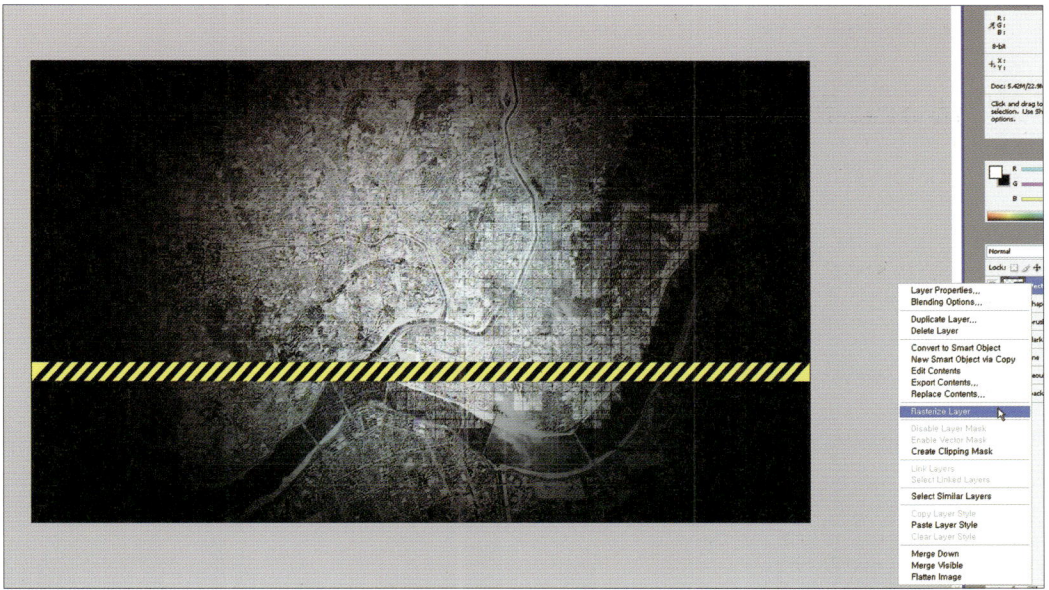

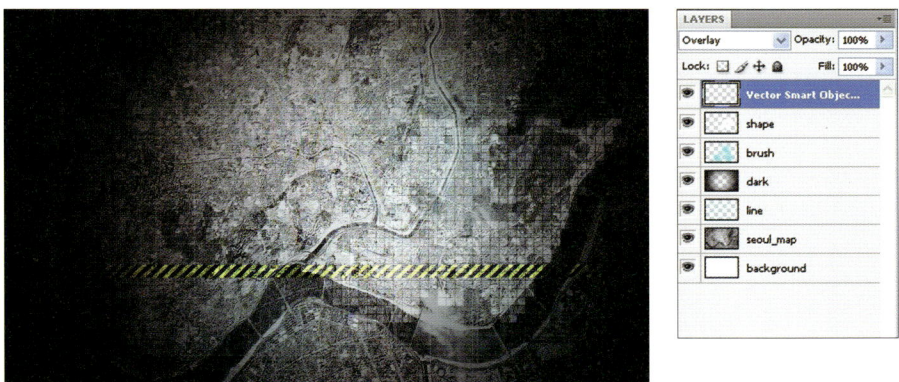

07 06에서 만든 일러스트 파일을 포토샵 프로그램으로 드래그해서 불러옵니다. 불러들인 Vector Smart Object 레이어에서 이미지를 수정하는데 한계가 있으므로 마우스 오른쪽 버튼을 클릭하여 'Rasterize Layer'를 선택하고 레이어의 블렌딩 모드를 'Overlay'로 설정합니다.

Creative Skills Chapter 04

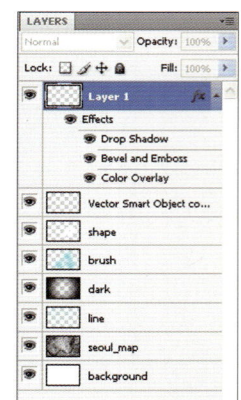

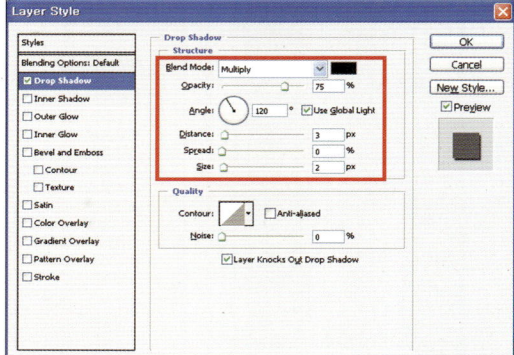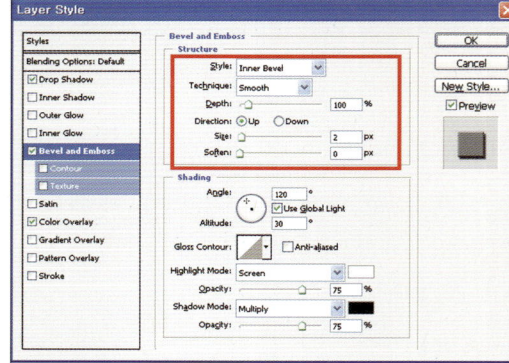

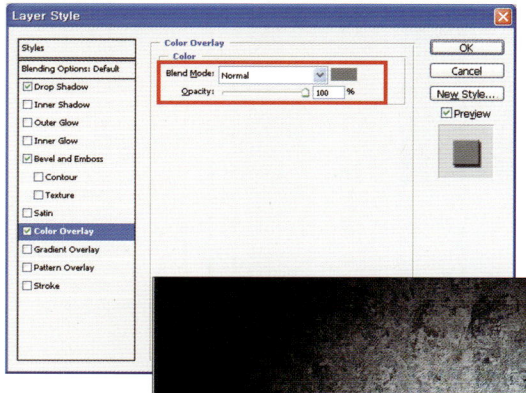

08 07에서 만든 레이어 바로 밑에 새로운 레이어를 생성하여 가로의 길이는 07에서 만든 레이어와 같이 '1,754px X 5px'의 직사각형을 만들고 흰색으로 채워줍니다. 해당 레이어를 더블클릭하여 레이어 스타일에서 그림과 같이 설정하고 블렌딩 모드는 'Overlay'로 설정한 다음 〈Alt〉키를 눌러 그림과 같이 위쪽에 하나 더 복사합니다.

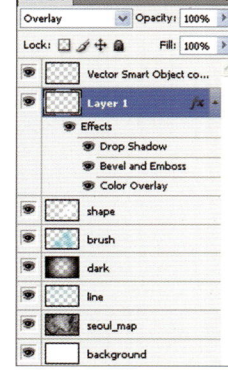

09 레이어 팔레트에 두께가 있는 위 아래 두 개의 레이어와 격자무늬 레이어 세 개가 있습니다. 세 개의 레이어를 〈Shift〉 키를 누른 채 클릭하여 다중 선택하고 마우스 오른쪽 버튼을 클릭한 후 'Merge Layers(Ctrl+E)'를 선택해 하나의 레이어로 합칩니다. 합쳐진 레이어의 블렌딩 모드를 'Overlay'로 설정하고 〈Alt〉 키를 누른 채 드래그하여 레이어를 하나 더 복사합니다.

TIP 레이어를 그 자리에 그대로 복사하려면 〈Ctrl+J〉를 누릅니다.

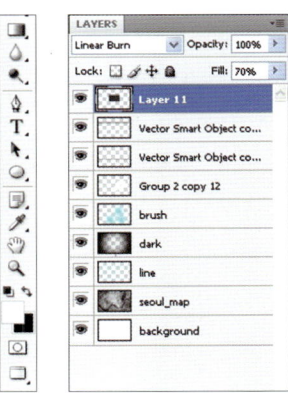

10 이번에는 철판을 만들기 위해 새로운 레이어를 추가합니다. 새로운 레이어와 철근 재질 이미지가 있는 레이어 사이에 적당한 크기의 사각형을 만든 후 '#313029' 색상으로 채우고 블렌딩 모드는 'Linear Burn', Fill 값은 '70%'로 설정합니다.

Creative Skills Chapter 04

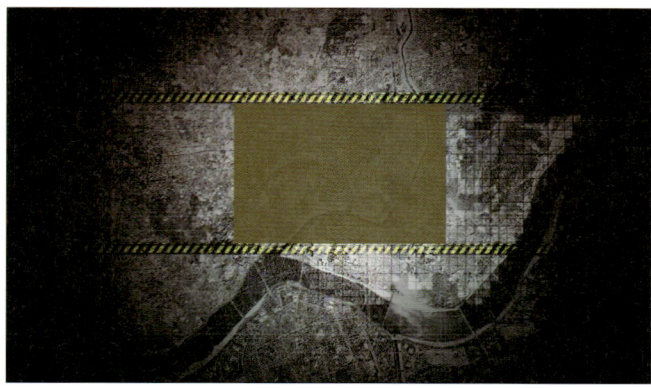
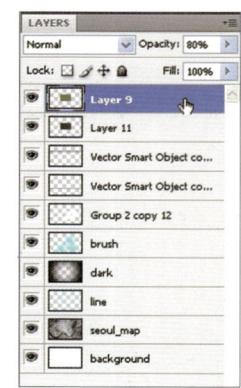

11 사각형 레이어 위에 새로운 레이어를 추가해 똑같은 크기의 사각형을 만들고 색상은 '#746a37', 불투명도Opacity는 '80%'로 설정합니다.

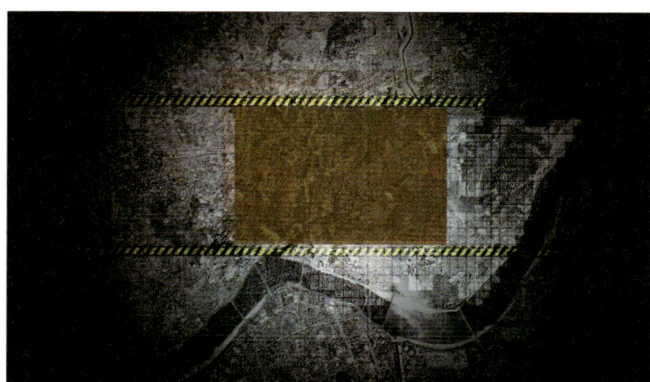

12 11에서 작업한 사각형 레이어 바로 위에 새로운 레이어를 만들고 'rust.psd' 파일을 불러옵니다. 블렌딩 모드를 'Overlay'로 설정하고 투명도 Opacity를 '40%'로 설정합니다. 메뉴의 [Layer>Create Clipping Mask]를 선택하면 Rust 레이어는 바로 밑의 레이어의 영역 안에서만 보입니다.

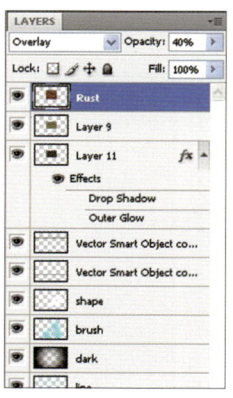

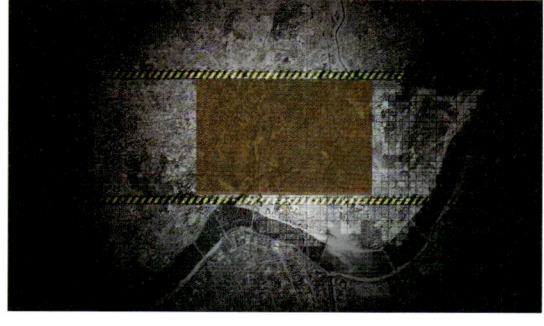

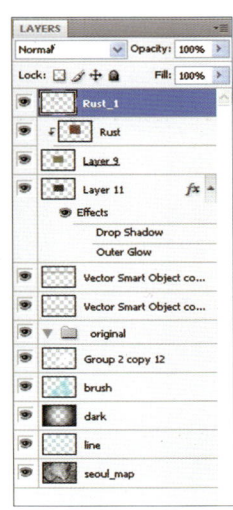

13 철판의 테두리를 작업해보겠습니다. 작업한 레이어들 위에 새로운 레이어를 만들고 rust_1.psd 파일을 불러옵니다. 작업했던 사각형의 레이어들과 위치를 맞추고 해당 레이어를 더블클릭해 레이어 스타일에서 그림과 같이 설정합니다.

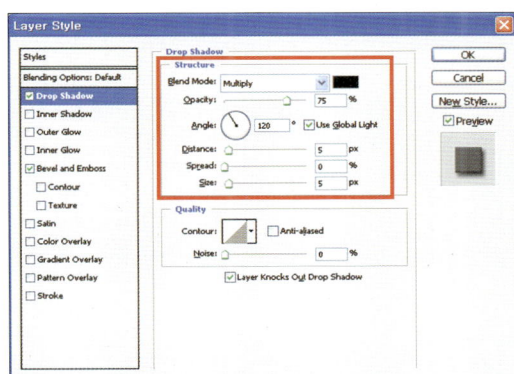
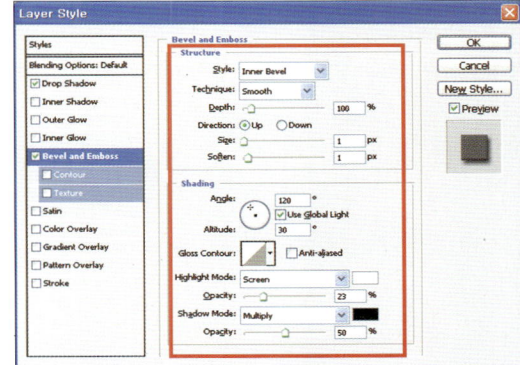

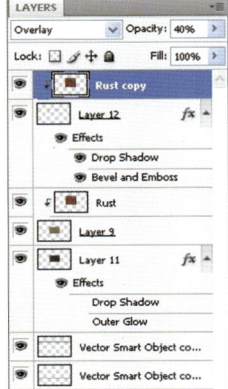
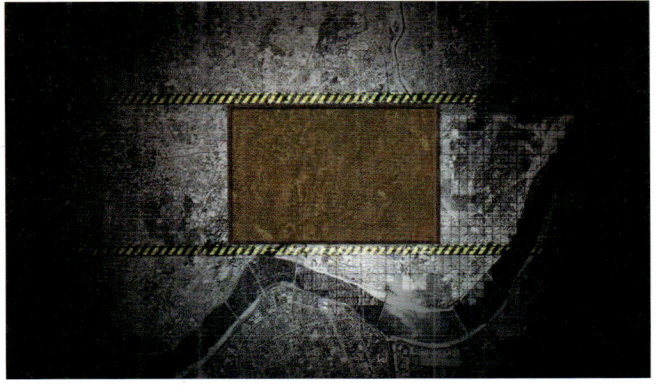

14 13에서 만든 철판 테두리도 12에서 만들었던 방법과 똑같이 Rust 레이어를 위에 두고 클리핑 마스크를 적용하면 녹슨 철판이 완성됩니다.

Creative Skills Chapter 04

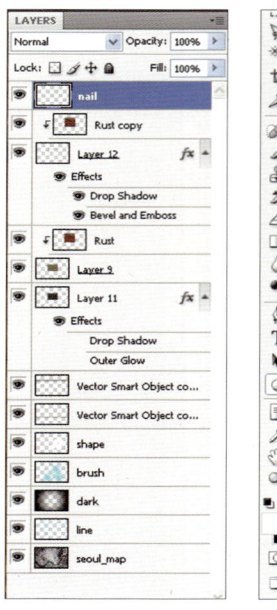

15 이번에는 못을 만들어 보겠습니다. 레이어 팔레트에서 전체 레이어 위에 새로운 'nail' 레이어를 만듭니다. 원형 툴을 이용하여 '12px X 12px'의 작은 원을 그리고 〈Ctrl〉키를 누른 채 레이어 팔레트의 섬네일 아이콘을 클릭해 선택영역으로 변경한 후 검은색으로 채웁니다. 더블클릭하여 레이어 스타일에서 그림과 같이 설정해 거친 느낌을 표현합니다.

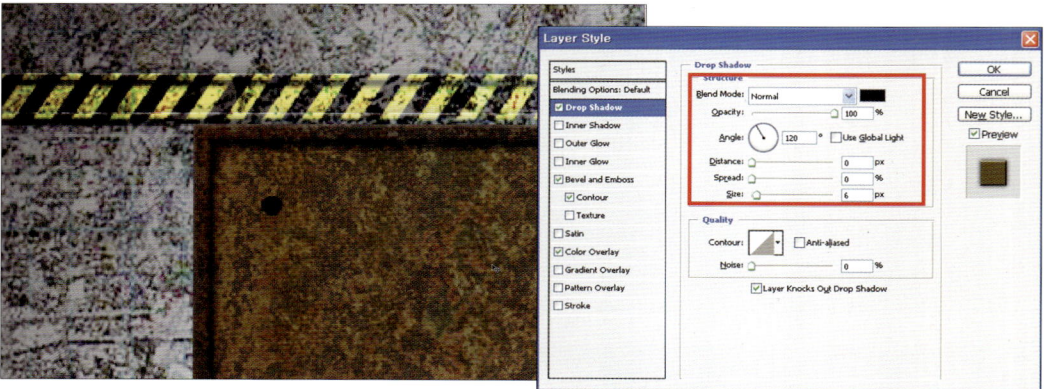

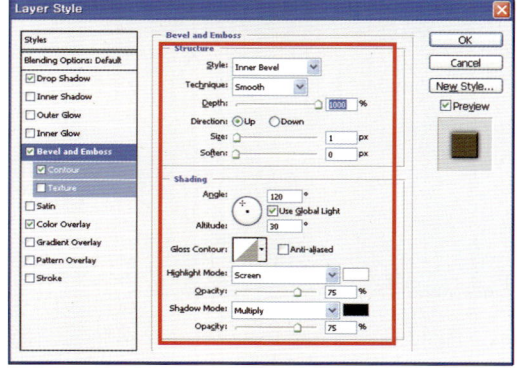
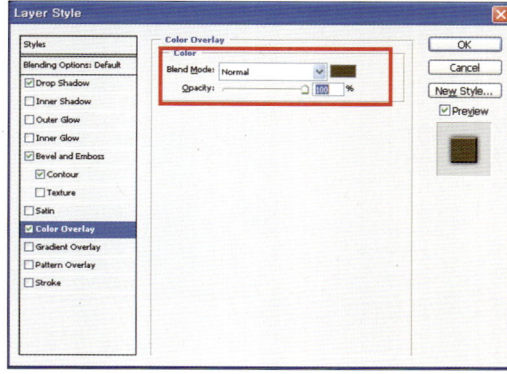

Technique 45

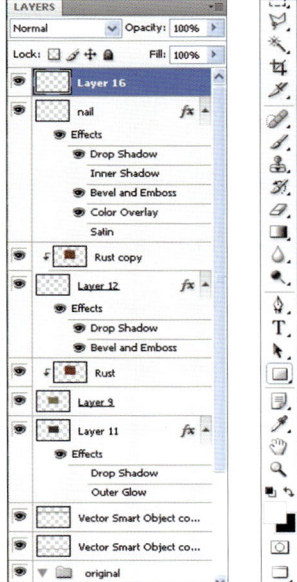

16 못을 좀더 세밀하게 표현하기 위해 십자 모양을 만들어 보겠습니다. **15**에서 작업한 nail 레이어 위에 새로운 레이어를 만들고 사각형 툴을 이용하여 '2px X 8px' 의 직사각형을 만듭니다. 레이어 스타일에서 그림과 같이 설정합니다.

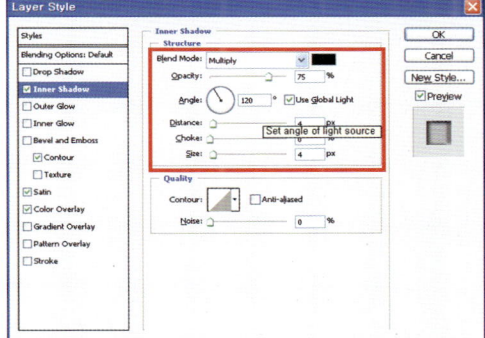

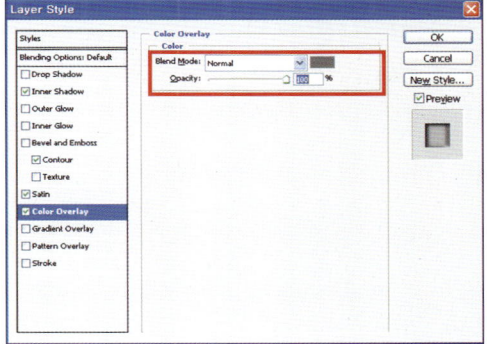

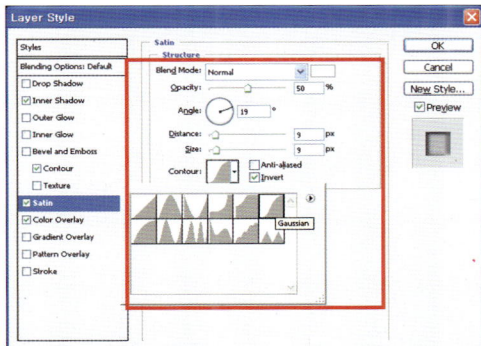

Creative Skills Chapter 04

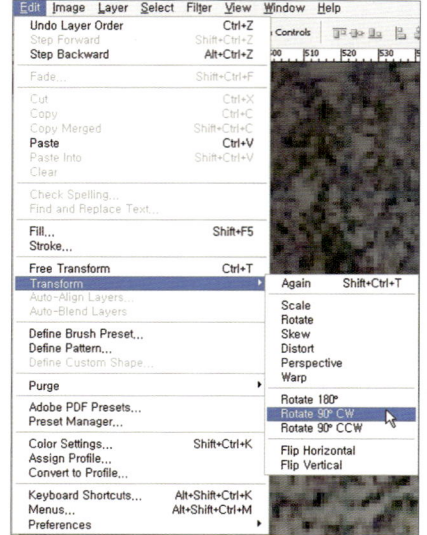

17 〈Alt〉 키를 누른 채 드래그하여 레이어를 하나 더 복사합니다. 메뉴의 [Edit>Transform>90°CW]를 클릭해 십자 모양을 완성합니다.

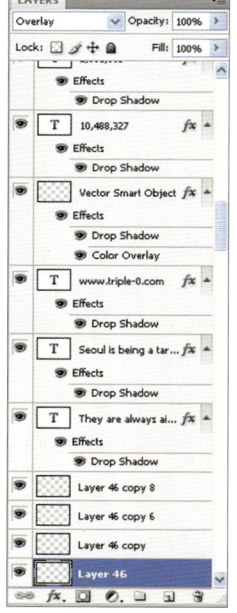

18 15와 16에서 작업한 레이어들을 09와 같이 병합하여 하나의 레이어로 만든 다음 가장자리에 하나씩 배치시킵니다.
자 이제 모든 작업이 끝났습니다. 따로 레이어들을 추가해서 블렌딩 모드를 'Color Dodge'로 설정하고 다양한 모양과 색상을 적용해 변화를 줘도 재미있습니다.

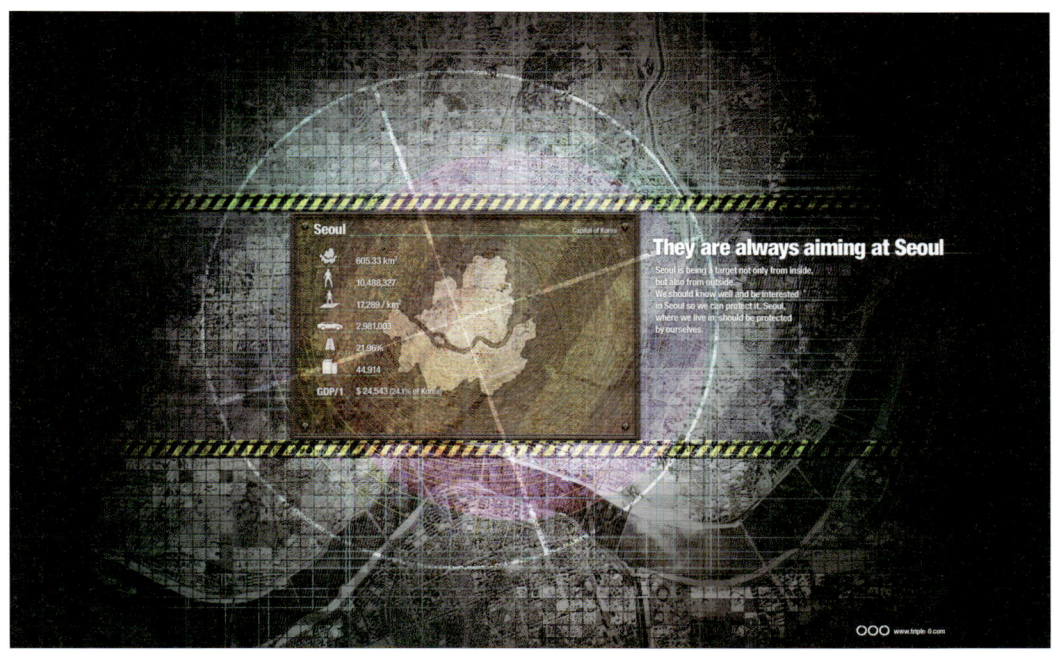

19 사각형 안에 텍스트를 입력하는 등 자유롭게 작업해 봅니다. CA

Chapter05 데칼코마니 같은 이미지 만들기

Creative Artworks-3

Chapter 05

데칼코마니 같은 이미지 만들기

우연한 결과물을 포착해 아트워크로
발전시키는 방법을 알아봅니다

Notice

여기서는 연기 이미지들을 어떻게 조정하고 다룰 것인지를 배워 볼
것입니다. 이미지를 반복하고 좌우대칭시켜 데칼코마니와 같은
이미지로 만드는 방법도 알아봅니다. 레이어 간의 균형을 조절하면서
의도하지 않았던 형상을 완성해 나가는 흥미로운 작업입니다.
이 튜토리얼에서는 정해진 형식이 없이, 자유롭게 실험하면서
의도하지 않은 이미지를 포착하는 데에 초점을 둡니다.
단순한 연기 레이어들이 겹쳐지면서 밀도 높은 이미지를 만들어
나가는 과정을 함께 살펴보도록 하겠습니다.

Skills

채널을 활용해 이미지 추출하기
일러스트레이터 프로그램의
　Envelope Distort 기능 사용하기
보정 레이어 사용하기

Time Needed

3–4시간

Resurce

ear.png
smoke_1.jpg
smoke_2.jpg
smoke_3.jpg
smoke.ai
smokestarter.psd

Designer

조시 베노버 Josh Vanover
www.spaceknuckle.com
북캐롤라이나의 샬로트에서 활동하고 있는 조시는 스페이스너클이란
이름으로도 잘 알려져있습니다. 그는 흑백 이미지를 좋아하고
기하학적인 선들과 유기적인 패턴들을 즐겨 사용하여 닐슨 발라반과
MWM그래픽스와 함께 작업하기도 했습니다.

Reworked by

손영아

Creative Skills Chapter 05

01 〈Ctrl+O〉를 눌러 smoke_1.jpg 파일을 불러옵니다. 물과 연기의 다양한 상업용 이미지들을 모아서 사용해 보는 것도 좋습니다. 이미지가 많을수록 작업의 방향은 다양해집니다.

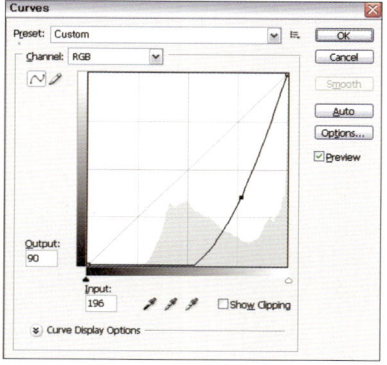

02 이미지를 좀더 두껍고 어둡게 만들기 위해 〈Ctrl+M〉을 눌러 Curves 대화상자에서 곡선의 기준점을 오른쪽으로 당겨 이미지가 더 어두워지도록 만듭니다.

03 이제 이미지를 추출할 차례입니다. 연기처럼 복잡한 이미지에는 채널 팔레트를 사용하는 것이 가장 좋습니다. 〈Ctrl〉 키를 누른 채 RGB를 클릭해서 RGB 레이어에 선택영역을 만들고 〈Ctrl+Shift+I〉를 눌러 선택영역을 반전시킵니다.

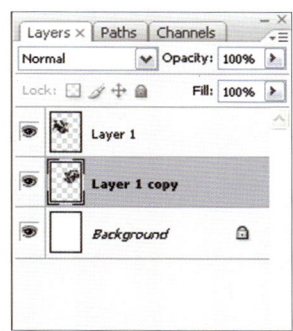

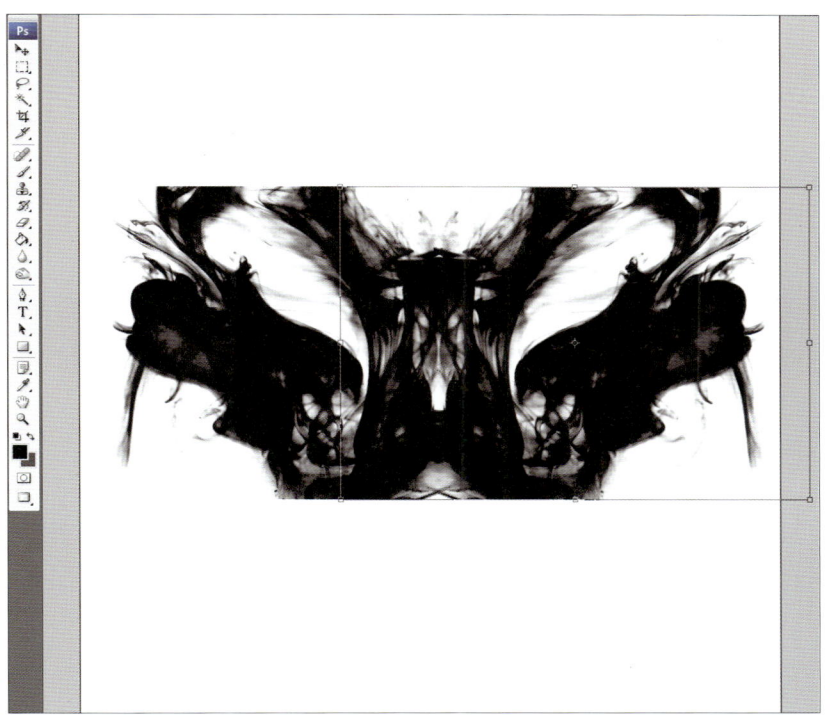

04 선택영역이 선택된 채로 레이어 팔레트에서 새로운 레이어를 만듭니다. 페인트통 툴〈G〉을 이용해 선택영역을 검은색으로 채웁니다. 이것으로 스모크를 추출해 낼 수 있 습니다. 〈Ctrl+N〉을 눌러 새로운 도큐먼트를 만들고 추출해 낸 스모크를 붙여 넣습니다. **01~04**까지의 과정을 반복해 추가적으로 연기 이미지를 추출해 냅니다.

Creative Skills Chapter 05

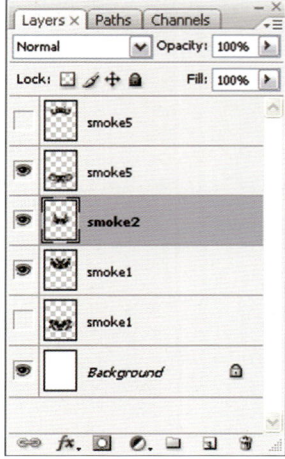

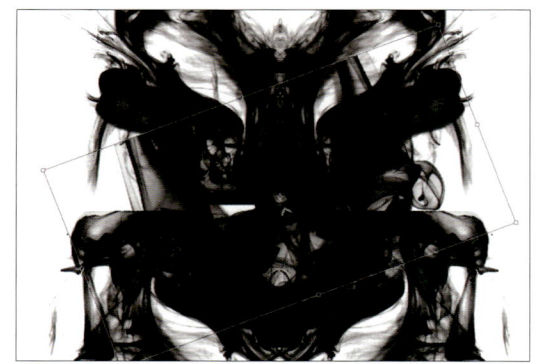

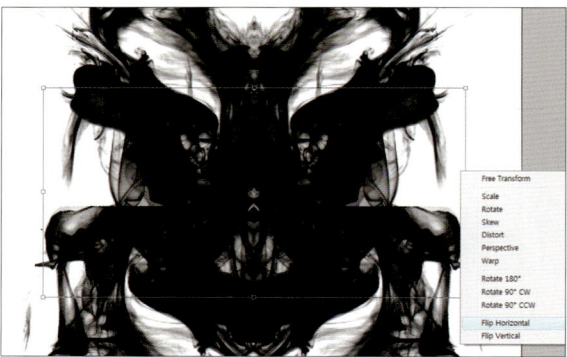

05 이제 여러 가지 이미지들을 가지고 실험해 봅니다. 잉크가 퍼진 느낌을 더하기 위해 〈Ctrl+J〉를 눌러 연기 레이어들을 복사하고 〈Ctrl+T〉를 눌러 바운딩 박스가 나타나면 뒤집고 좌우대칭합니다. 전체 구성에 만족할 때까지 계속 실험하며 여기서는 괴물 이미지를 염두에 두고 작업합니다.

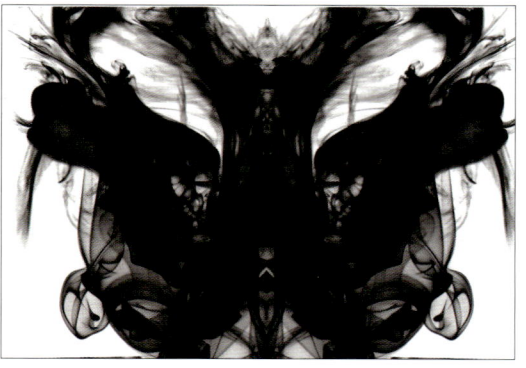

Technique 53

06 〈Ctrl+O〉를 눌러 ear.png 파일을 불러와 귀 부분을 추가합니다. 〈E〉 키를 눌러 지우개 툴로 이미지의 일부분을 다듬거나 지웁니다. 다음은 후에 확연히 드러나는 것은 모서리들이 옆 얼굴처럼 보인다는 것입니다. 여기서는 눈썹 부분이 보이도록 브러시 툴〈B〉을 이용해 눈 형태를 간단히 그렸습니다. 이 과정을 다른 면에도 반복하는데 이때 균형감을 지키는 것이 중요합니다.

07 점점 괴물의 얼굴을 드러내기 위해 일러스트레이터 프로그램을 실행하고 톱니 같은 이빨을 만듭니다. 〈P〉 키를 누르고 펜 툴로 삼각형을 만들고 〈Alt〉 키를 누른 채 삼각형을 드래그하여 복사합니다. 다양한 크기로 복사해 그림과 같은 형태가 되도록 반복하여 완성합니다.

08 이빨들을 얼굴에 맞는 모양으로 조금 더 다듬기 위해 펜 툴〈P〉을 이용해 얼굴 크기에 맞는 입 모양을 그립니다.

Creative Skills Chapter 05

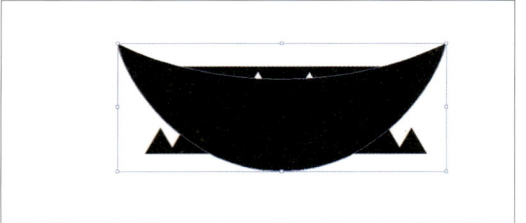

09 이빨을 입 모양처럼 만들기 위해 그림과 같이 붙여 넣고 〈Ctrl+Alt+C〉를 눌러 가장 위쪽에 위치한 객체의 형태에 따라 이미지를 변형시키는 Envelope Distort 기능을 적용합니다.

10 이빨을 〈Ctrl+C〉를 눌러 복사하여 포토샵 프로그램을 실행하여 〈Ctrl+V〉를 눌러 가져옵니다. 붙여 넣을 때 Smart Object를 선택하고 얼굴의 알맞은 부분에 위치시킵니다.

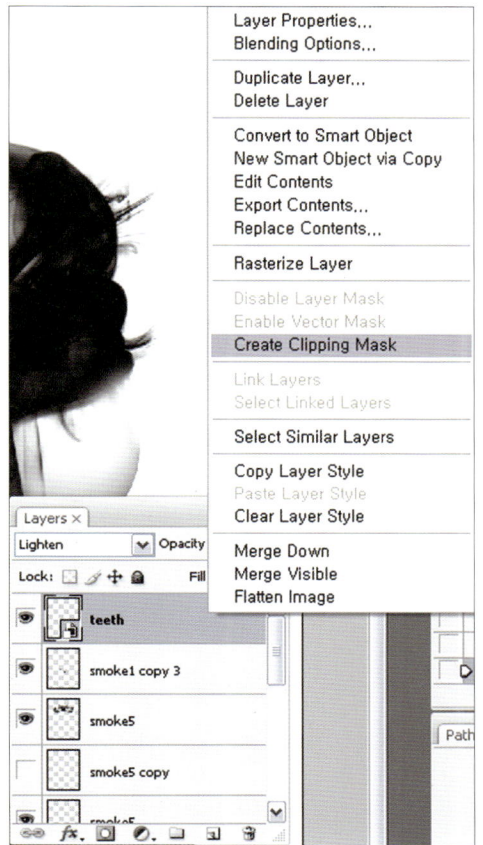

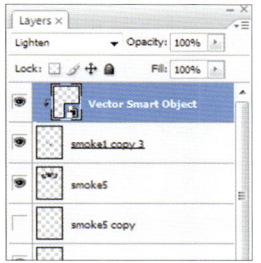

11 연기 이미지와 이빨에 마스크 효과를 적용합니다. 이빨 레이어를 연기 이미지 위에 위치시키고 마우스 오른쪽 버튼을 클릭하여 'Create Clipping Mask'를 선택한 후 레이어 팔레트에서 블렌딩 모드를 'Lighten'으로 변경합니다. 브러시 툴을 이용해 이빨을 어두운색으로 칠해서 경계 부분을 더 어둡게 만듭니다.

Creative Skills Chapter 05

12   이빨이 매우 무시무시해 보인다면 이번에는 눈에 깊이감을 표현합니다. 색상이 반전된 연기 이미지를 더해 블렌딩 모드를 'Lighten'으로 설정합니다.

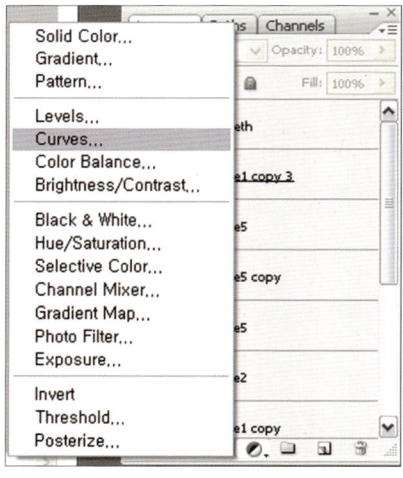

13   마지막으로 이미지를 더 강하게 만들기 위해 보정 레이어를 사용합니다. 주로 Curves와 Brightness/Contrast들을 조절해봅니다.

14 지저분한 부분을 지우개 툴〈E〉을 이용해 지우면 완성됩니다. CA

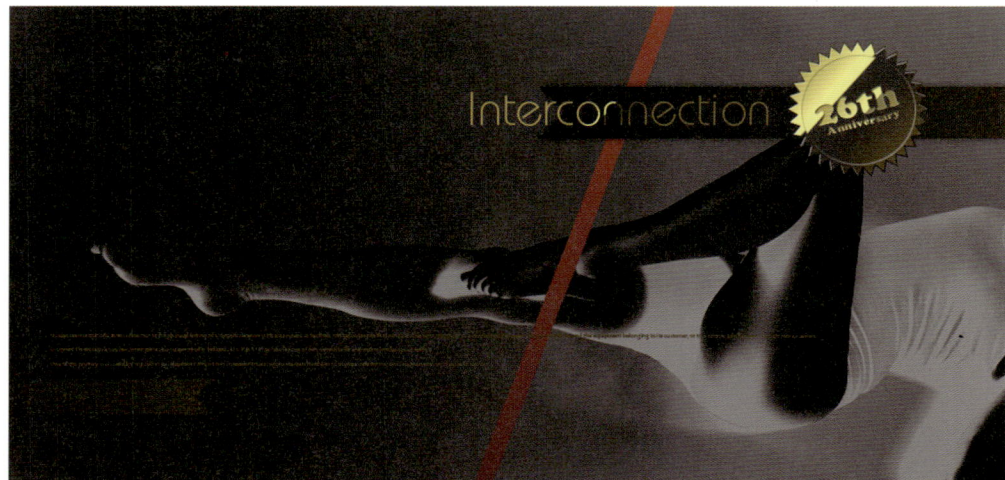

Chapter06 다양한 레이어 스타일 아트워크 만들기

Creative Artworks-3

Chapter 06

다양한 레이어 스타일 아트워크 만들기

몇 가지 레이어 설정만을 가지고 이미지를
풍부하게 표현하는 법을 익혀봅니다

Notice

무언가를 만들고자 하는 것은 디자이너의 기본적인 욕구라고도 할 수
있는데, 많은 디자이너가 그렇듯이 아름다운 것을 만들고 싶다는
순수한 열정이 작업하게 되는 가장 큰 이유입니다. 결국 스스로
무언가를 찾아서 만들어 내려는 의지가 없으면 안 되는 것입니다.
이번 작업은 아주 간단해 보이지만 구성과 색상에 있어서는 꽤 시간이
걸리는 작업입니다. 대부분의 작업들이 다양한 시도에 의해 완성되는
만큼, 실패를 두려워 말고 자신있게 진행해 보도록 합시다.
여기서는 레이어 스타일의 다양한 기능을 이용하여 간단한 모양에
다양한 질감과 입체감을 줄 수 있다는 것을 배우는 것이 목표입니다.

Skills
레이어 스타일 사용하기
그라디언트 응용하기

Time Needed
2시간

Resurce
original.jpg
inter.psd

Designer

이상윤 Lee Sang Yoon
www.prizmika.com
홍익대학교 디지털미디어디자인학과 학생으로, 삼성 디자인 멤버십
19기 회원으로 활동하고 있습니다. UX 디자이너를 목표로 하고 있으며,
디자인 에이전시 바이널에서 근무한 경험을 비롯하여
다양한 상업용 프로젝트에 참여했습니다.

Creative Skills Chapter 06

01 〈Ctrl+N〉을 눌러 '1,000px X 500px' 의 새로운 도큐먼트를 만듭니다. 여인 이미지를 가지고 작업하기 위해 〈Ctrl+O〉를 눌러 original.jpg 파일을 불러옵니다. 여기서는 이미지가 가진 곡선과 모양을 잘 이해하는 것이 중요합니다. 사각형 선택 툴을 이용해 원하는 부분을 선택합니다.

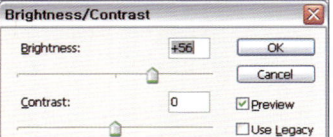
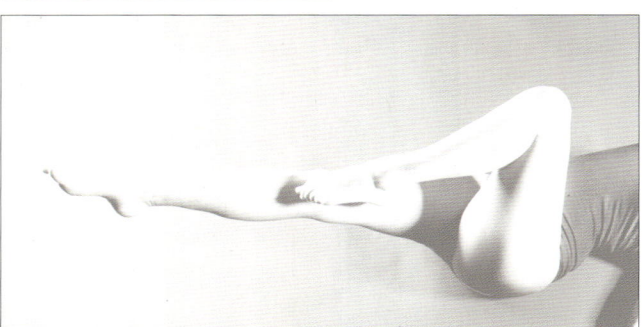

02 메뉴의 [Image〉Crop]을 이용해 선택된 부분을 자르고 좌우대칭시켜 가로로 긴 이미지 파일을 만듭니다. 메뉴의 [Image〉Adjustments〉Brightness/Contrast]를 선택하고 Brightness 값을 '+56' 정도로 설정해 이미지를 밝게 만듭니다. 커다란 이미지는 다양한 구도로 만드는 것이 가능하므로 여러모로 유리합니다. 〈Ctrl+T〉를 눌러 바운딩 박스에서 원하는 크기와 모양을 조절한 뒤 〈C〉 키를 눌러 자르기 툴로 원하는 형태와 구도를 설정합니다.

03 〈Ctrl+U〉를 눌러 Hue/Saturation 대화상자에서 Saturation 값을 원하는 만큼 조절합니다. 여기서는 채도Saturation를 '-100'으로 설정하고, 〈Ctrl+I〉를 눌러 이미지를 반전시켰습니다.

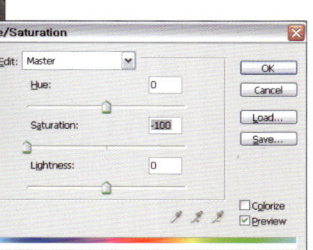

Technique **61**

04 〈P〉 키를 누르고 펜 툴을 이용해 그림과 같은 리본끈 형태를 만들고 색상을 채웁니다. 이때 색상은 자유롭게 설정해도 상관없습니다.

05 리본끈 레이어를 더블클릭하여 레이어 스타일을 수정합니다. 그림과 같이 Gradient Overlay를 이용해 원하는 색상을 채우고 Outer Glow를 'Normal'로 변경해 그림자를 만듭니다.

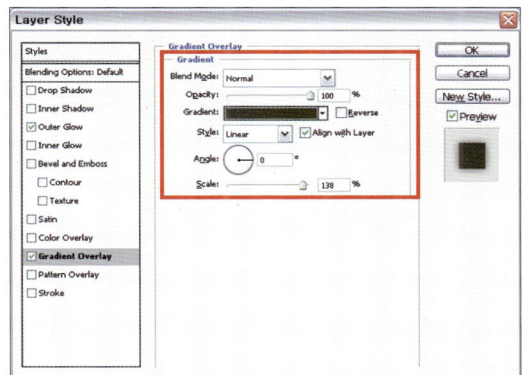 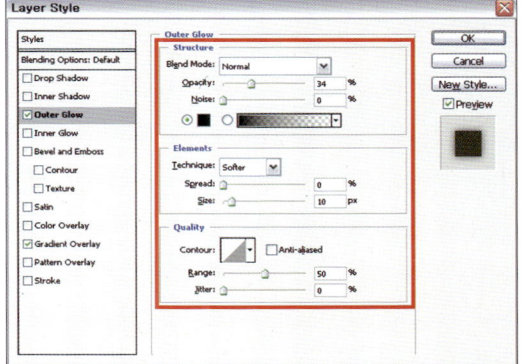

Creative Skills Chapter 06

06 레이어 팔레트에서 만들어진 리본 끈 레이어를 〈Ctrl〉 키를 누른 채 섬네일 아이콘을 클릭하여 드래그하고 〈Ctrl+T〉를 눌러 바운딩 박스를 조절해 아래쪽에도 비슷하게 배치합니다. 〈T〉 키를 눌러 적당한 위치에 텍스트를 입력하고 텍스트 레이어를 더블클릭하여 레이어 스타일의 Gradient Overlay를 선택한 뒤 그림과 같이 적용합니다. Gradient를 더블클릭하면 색상 값을 변경할 수 있습니다.

그라디언트 색상 :
6d5c1f(0%)-453b20(65%)-fff95b(67%)-b69832(100%)

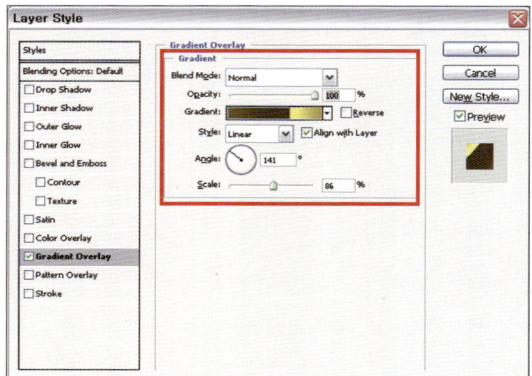

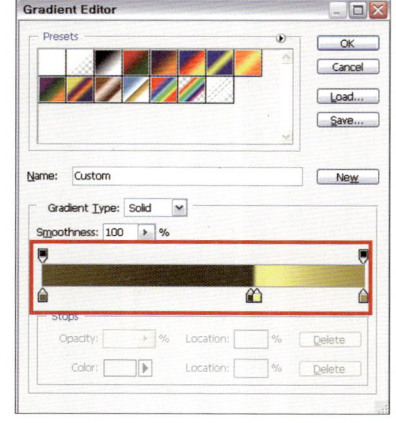

07 선 툴로 왼쪽의 작은 리본끈 위에 그림과 같이 세 줄의 가로선을 그립니다.

Technique 63

08 이번에는 포인트가 될 금장 스티커를 만들어 봅니다. 리본과 같은 방식으로 〈P〉 키를 눌러 펜 툴로 밤송이 모양을 만들어 적당한 곳에 위치시킵니다. 밤송이 모양을 만드는 데는 다각형 툴의 기본 모양에서 비슷한 모양을 선택할 수 있습니다.

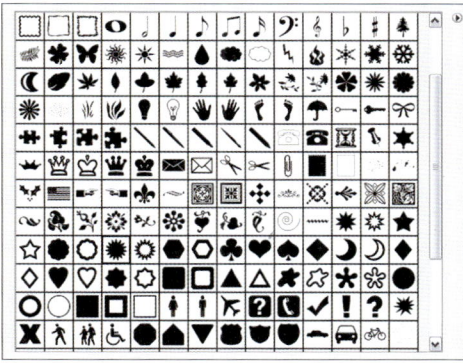

TIP 밤송이 형태를 만드는 것이 어렵다면, 일러스트레이터 프로그램에서 별 모양 툴의 기준점을 조절하여 밤송이 모양을 만든 후 포토샵 프로그램으로 가져올 수도 있습니다.

Creative Skills Chapter 06

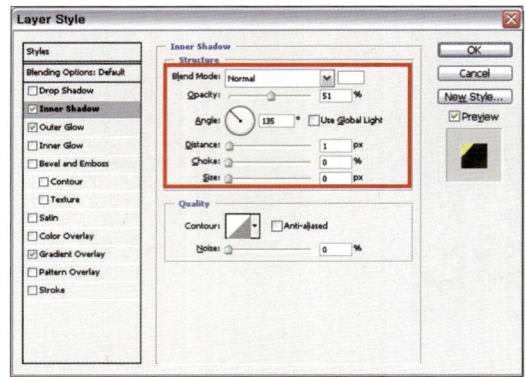
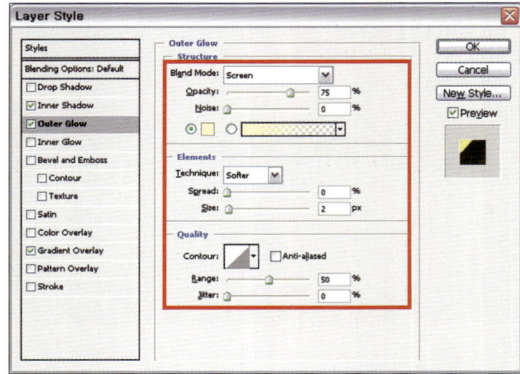

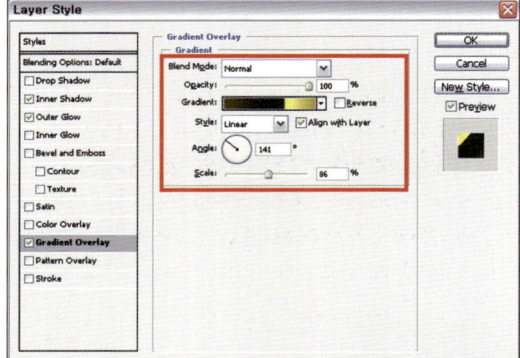

09 텍스트 레이어의 레이어 스타일을 〈Alt〉 키를 누른 채 드래그하여 방금 만든 방송이 모양 레이어 안에 넣습니다. 금장 스티커 레이어를 더블클릭하여 레이어 스타일을 열고, Inner Shadow와 Outer Glow, Gradient Overlay 값을 그림과 같이 설정해 입체감을 살립니다.

10 새로운 레이어를 추가하고, 원형 선택 툴을 이용해 셰입 안쪽에 원을 하나 만들어 봅시다.

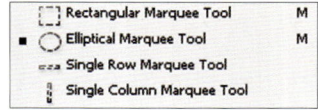

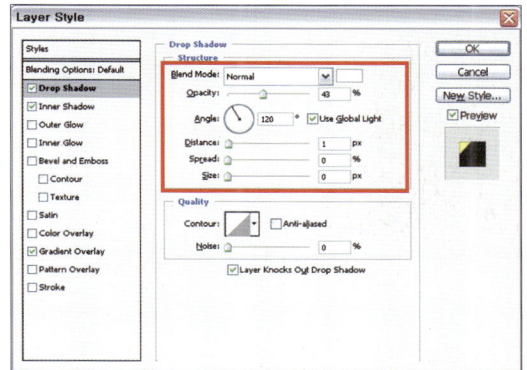
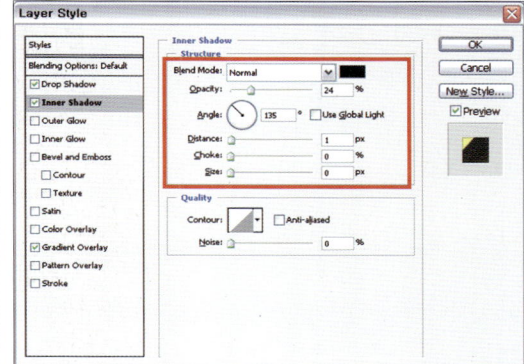

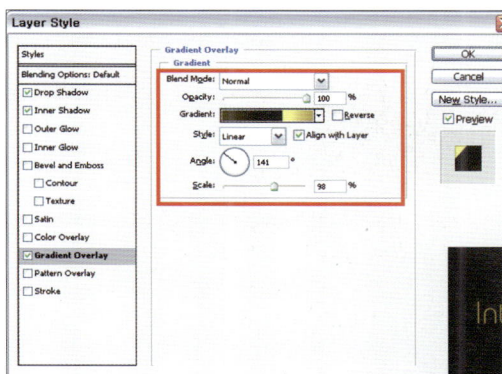

11 만들어진 원 레이어를 더블클릭하고 레이어 스타일에서 Drop Shadow와 Inner Shadow 값을 설정하여 입체감을 살립니다. 텍스트를 입력하고 레이어 스타일에서 Gradient Overlay의 Scale 값을 조절하여 약간 어긋난 형태의 이미지를 만듭니다.

12 〈P〉 키를 눌러 펜 툴을 사용해서 붉은 사선을 추가해 완성합니다.

Chapter 07 다이내믹한 왜곡 효과 만들기

Creative Artworks-3

Chapter
07

다이내믹한 왜곡 효과 만들기

커스텀 브러시를 이용하여
다양한 효과를 만들어봅니다

Notice

다이내믹한 느낌을 살리기 위해서 속도감이 강력하게 느껴지는 이미지를 컨셉으로 삼기도 하며 이런 이미지들은 커스텀 브러시를 사용하여 더욱더 역동적인 느낌을 줄 수 있습니다. 여기서는 몇 가지 단계를 밟아가면서, 쉽고 유용하게 쓸 수 있는 다이내믹한 효과를 알아보도록 하겠습니다.

여기서는 모델을 사용했지만 이 효과는 자동차나 나무 등 다른 객체에도 충분히 사용될 수 있습니다. 또한 브러시를 사용해 페인트가 번진 것 같은 효과도 집중적으로 활용할 수 있습니다. 이를 통해서 사진에 좀더 생명력을 불어넣는 것이 가능합니다.

Skills

커스텀 브러시 사용하기
펜 툴로 패션 만들기
레이어 그룹 사용하기
다이내믹하게 구성하기

Time Needed

4시간

Resurce

basketball.jpg
basketball.psd
dist_brush.zip

Designer

두산 피에르 Doucin Pierre

그래피티 아티스트로서 활동한 지 10년째로 디지털 크리에이티브에 관심을 갖고 활동을 시작하자마자 각종 포스터 대회를 휩쓸기 시작했습니다. 그의 작품은 움직임과 분할에 많이 집중되어 있습니다. 현재는 프리랜서 그래픽 디자이너이자 팩토리 311의 디자이너로 활동중입니다.

Reworked by

김지홍

Creative Skills Chapter 07

01 다이내믹한 효과를 주기 위해선 먼저 사진을 잘 고르는 것이 중요합니다. 최대한 역동적으로 표현할 수 있는 사진을 구해봅니다. 〈Ctrl+O〉를 눌러 basketball.jpg 파일을 불러옵니다. 여기서는 덩크슛을 시도하는 농구 선수의 사진을 선택했습니다.

02 〈P〉키를 눌러 펜 툴을 설정하고 사람만 따로 추출합니다. 이때 위쪽의 옵션바에서 Paths가 선택되어 있어야 합니다. 사람 주위로 패스선을 완성하고 패스를 선택합니다.

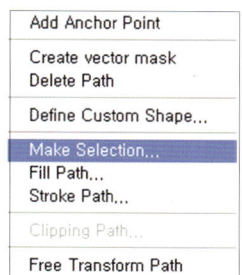
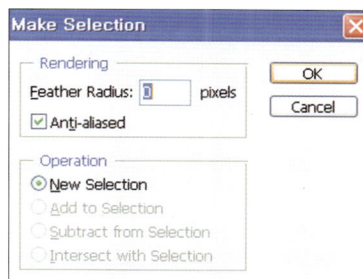

03 02에서 만든 패스선이 선택된 상태에서 마우스 오른쪽 버튼을 클릭해 'Make Selection'을 선택합니다. Make Selection 대화상자가 나타나면 Feather Radius 값을 '0'으로 설정하고 〈OK〉 버튼을 누릅니다. 사람 모양 패스선이 활성화되면 패스선 위에서 다시 한번 마우스 오른쪽 버튼을 클릭하고 'Select Inverse'를 선택하면 사람을 제외한 나머지 배경만 선택됩니다. 〈Delete〉 키를 눌러 배경만 삭제하여 사람만 따로 추출했다면 레이어 이름을 'Basketman'으로 변경합니다. 사람을 제외한 배경을 지운 후 새로운 레이어를 아래쪽에 추가하고 〈G〉 키를 눌러 자연스러운 회색 배경을 적용합니다.

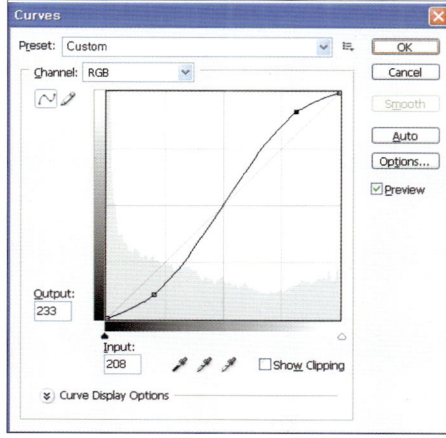

04 〈Ctrl+M〉을 눌러 Curves 대화상자에서 커브선을 당겨가며 변화를 주고 〈Ctrl+U〉를 눌러 Hue/Saturation 대화상자에서 Saturation 값을 '-32'로 설정합니다. 이때 중요한 것은 원본 사진보다 대비와 색을 좀더 거칠게 적용하는 것입니다.

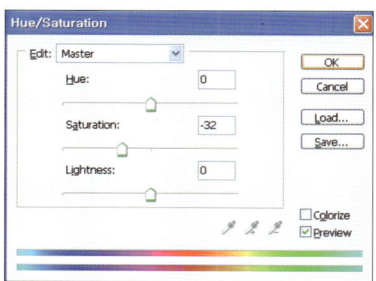

Creative Skills Chapter 07

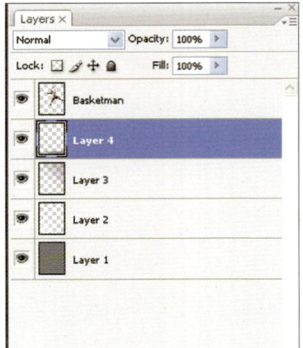

05 이제 단일 회색이었던 배경을 변경합니다. 〈G〉 키를 눌러 그라디언트 툴로 설정하고 Gradient Editor를 사용하여 그림과 같이 배경을 설정합니다. Layer 2 레이어는 흰색에서 투명으로 가는 그라디언트를 왼쪽 밑에서 오른쪽 위로, Layer 3 레이어는 검은색에서 투명으로 가는 그라디언트를 위에서 아래로 적용하며 투명도는 '25%'를 유지합니다. Layer 4 레이어는 아래쪽에, 레이어 밑부분의 일정 부분을 선택하고 어두운 회색으로 채웁니다.

06 배경 작업을 마무리하기 위해 그림자를 만듭니다. 새로운 레이어 만들어 브러시 툴을 선택하고 투명도는 '20%', Flow는 '15%'를 적용해 그림자를 그립니다. 지우개 툴〈E〉을 선택하고 투명도 '15%'를 설정하여 그림자를 완성합니다.

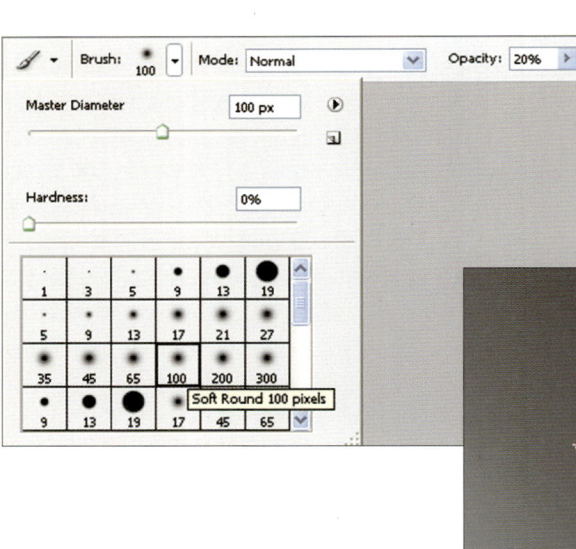

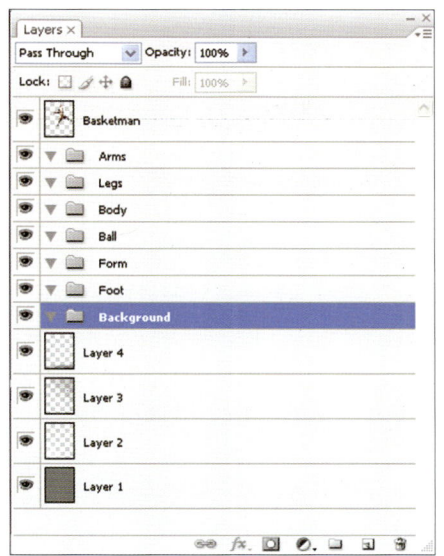

07 작업중 많은 레이어를 사용하므로 이름 설정시 이것을 염두에 둡니다. 먼저 레이어 그룹을 만들기 위해 레이어 팔레트 아래쪽의 레이어 그룹 아이콘을 클릭합니다. 인물의 부위별 레이어를 추가하기 위해 'Arms, Legs, Body, Ball, Form, Foot, Background' 등으로 그룹을 나눕니다.

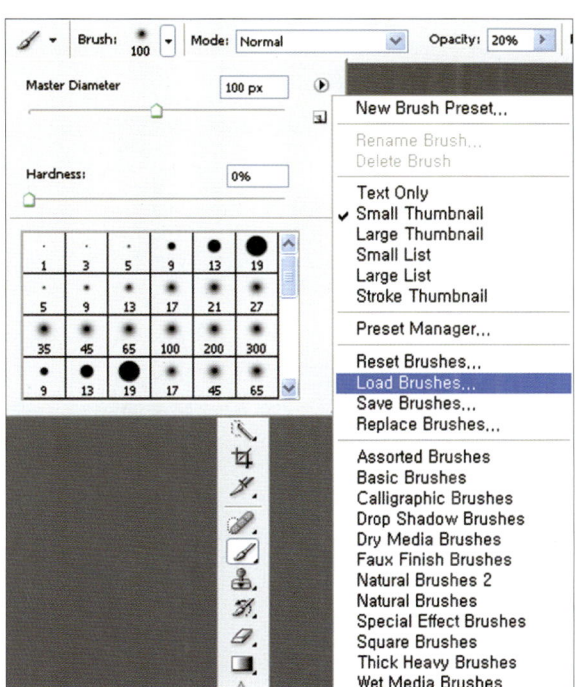

08 페인트 효과를 만들기 위해 커스텀 브러시를 사용합니다. 브러시들을 브러시 팔레트에 정렬하고 내림 버튼을 클릭하여 'Load Brushes'를 선택해 불러옵니다. 내려받은 브러시들을 포토샵 프로그램 설치 폴더의 Preset₩Brushes 폴더로 이동합니다.

TIP 그림과 같은 브러시들을 Brusheezy.com과 같은 웹 사이트에서도 찾을 수 있습니다. 이때 dist_brush.zip 파일에 있는 브러시를 사용해도 좋습니다.

Creative Skills Chapter 07

09 브러시를 불러와서 브러시 레이어 그룹을 만듭니다. 각각의 브러시마다 레이어들을 만들고 작업 중에 찾기 쉽도록 각 레이어마다 이름을 지정합니다. 여기서는 15가지 다른 커스텀 브러시를 15개의 레이어에 사용했습니다.

10 왼쪽 팔부터 변형합니다. 먼저 **09**에서 만든 모든 브러시 레이어를 보이지 않게 설정한 후 제일 먼저 사용할 것만 남깁니다. 남긴 레이어를 팔 위쪽 최적의 자리에 위치시키고 레이어를 선택합니다(브러시 레이어 그룹 가장 아래쪽에 〈Ctrl+Alt〉를 누른 채 클릭하여 복사합니다). 이때 Basketman 레이어는 브러시 레이어 그룹 아래쪽에 위치해 있어야 합니다.

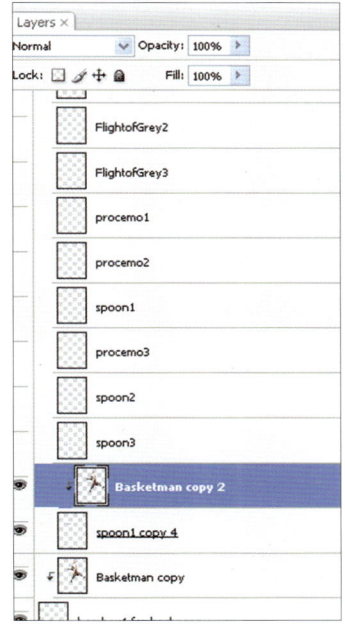
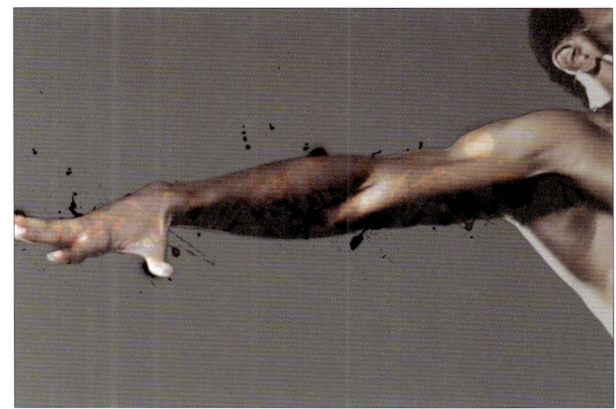

11 처음 남겨두었던 브러시 레이어를 숨기고 Basketman 레이어를 선택한 후 마우스 오른쪽 버튼을 클릭하여 'Duplicate'를 선택합니다. 복제한 레이어를 복사해둔 브러시 레이어 위에 위치시킨 후 마우스 오른쪽 버튼을 클릭하여 'Create Clipping Mask'를 선택합니다. 위와 같은 방식으로 다양한 브러시들을 팔 위에 위치시키고 마우스 오른쪽 버튼을 클릭하여 'Create Clipping Mask'를 선택합니다. 이렇게 만들어진 새로운 레이어들을 구분하기 좋도록 모두 Arms 레이어 그룹으로 드래그해서 이동합니다.

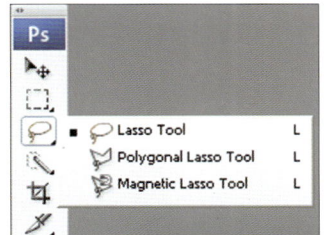

12 팔 부분의 페인트 효과를 완성했다면 이번에는 그 밑에 있던 팔을 없앱니다. 〈L〉 키를 누르고 올가미 툴을 이용해 원본 Basketman 레이어에서 팔의 일부를 선택하고 옵션바에서 Feather 값을 '10px'로 지정합니다. Feather 값이 '0'일 때 블러를 적용하면 적용하지 않은 부분과 선명히 구분됩니다. 메뉴의 [Filter〉Blur〉Gaussian Blur]를 선택하여 Radius 값을 '3.0px' 정도로 약하게 적용한 다음 〈E〉 키를 눌러 지우개 툴로 적절하게 지웁니다.

Creative Skills Chapter 07

13 같은 방식으로 공, 머리, 다리, 발 또한 변형시켜줍니다. 레이어들은 작업이 끝나는 대로 미리 만들어놓은 그룹으로 이동시키는 것이 수정하기 편합니다. 모든 부분의 작업이 끝나고 몸에서 뚝뚝 떨어지는 듯한 페인트 자국 효과가 남았는데, 여기서는 커스텀 브러시를 사용하여 완성했습니다.

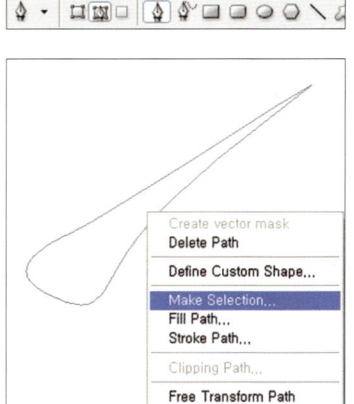

TIP 커스텀 브러시 만드는 방법
〈P〉키를 눌러 펜 툴을 선택하고 만들고 싶은 모양을 펜 툴로 그린 후 마우스 오른쪽 버튼을 클릭해 'Make Selection'을 선택하여 패스선을 활성화합니다. 패스선이 활성화된 상태에서 메뉴의 [Edit 〉Define Brush Preset]을 선택하면 브러시로 등록됩니다.

14 전체적인 균형을 맞추기 위해 전반적인 색감을 조절하고 너무 한쪽에만 브러시가 치우치지 않았는지 점검해서 마무리합니다. **CA**

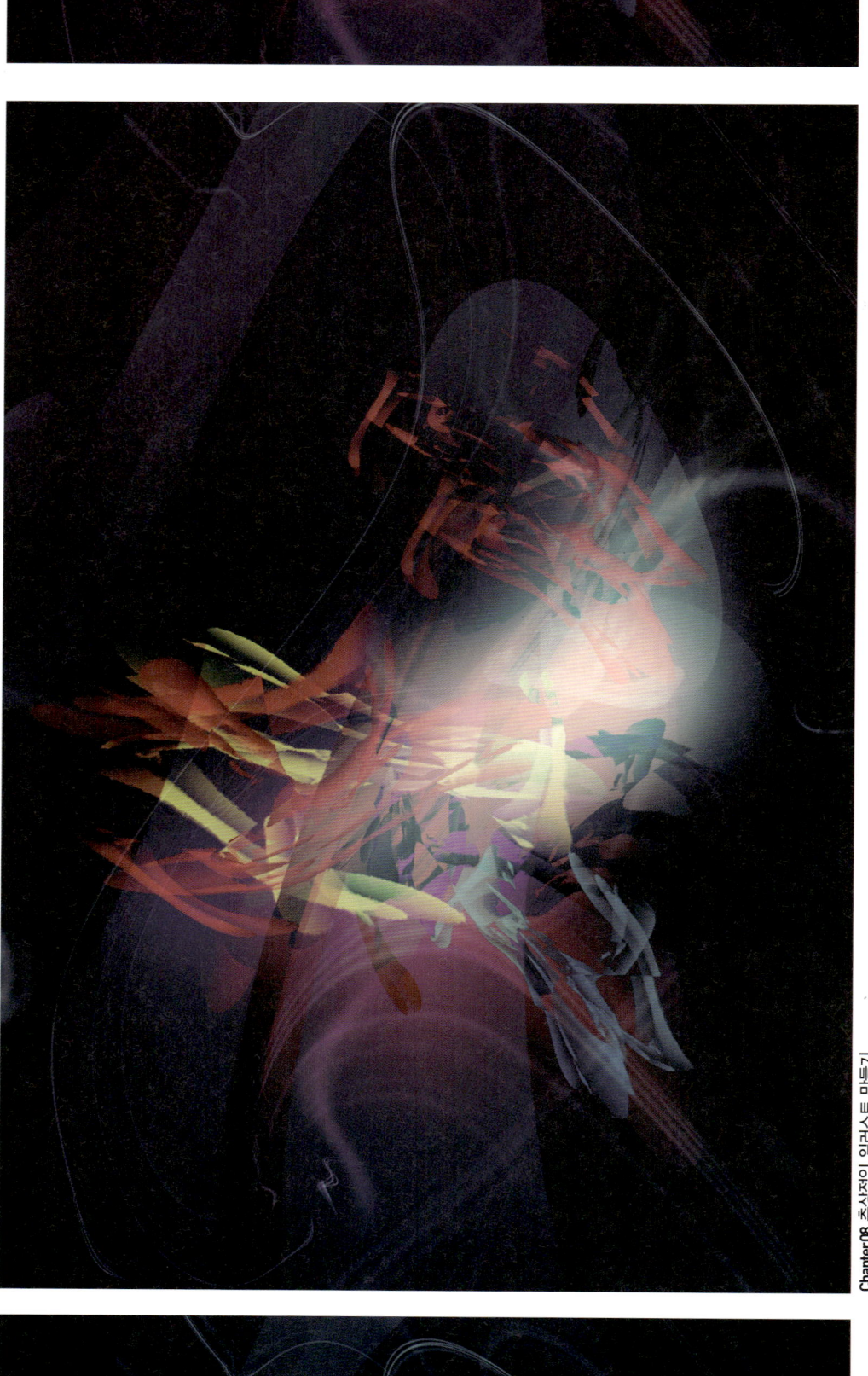

Chapter 08 추상적인 일러스트 만들기

Creative Artworks-3

Chapter 08

추상적인 일러스트 만들기

단순한 도형들로 시작해 추상적 아트워크로 발전시키는 방법을 살펴봅니다

Notice
여기서는 추상적인 구성에 깊이감을 더하는 폴라 코디네이트Polar Coordinates 필터를 사용합니다. 플러그인이 아닌 포토샵의 기본 필터만을 이용하여 작업할 것입니다.
또한, 다양한 왜곡Distort 기능을 이용하여 이미지를 왜곡하여 새로운 이미지를 만드는 다양한 방법과 그 이미지를 이용하여 새로운 아트워크를 만들어 남다른 결과물을 완성해 봅시다.
잘 만드는 것을 고민하는 것이 아닌, 무엇을 만들어낼지를 고민하며, 기법에 대한 새로운 접근을 시도하고 경계를 넓혀봅시다.

Skills
기본 필터로 작업하기
Polar Coordinates 필터 사용하기

Time Needed
1시간

Resurce
Output.psd

Designer
페르 구스타프손 Per Gustafson
www.pergustafson.com
스웨덴 그래픽 디자이너이자 아티스트이며 Modern Style
(www.modernstyle.se) 웹 사이트를 전통적인 그림이나 디지털 기술에 접목해 작품을 선보이고 발전시키는 장으로 사용합니다.

Reworked by
이상윤

Creative Skills Chapter 08

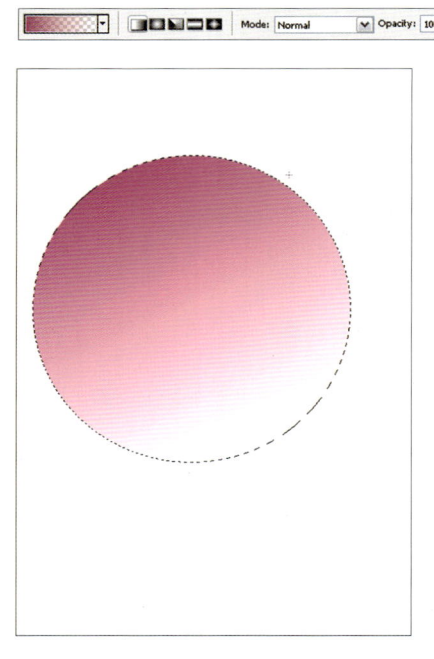

01 원은 일반적인 요소로, 만들고 복제하는데 단순할 뿐 아니라 재미있는 모양으로 완성하기도 쉽습니다. 먼저 〈Ctrl+N〉을 눌러 '1,000px X 1,500px'의 새로운 도큐먼트를 만들고 원형 선택 툴을 이용해 원을 그린 후 그라디언트 색상으로 채웁니다.

그라디언트 색상 :
e74093(0%/Opacity : 100%) - ffffff(100%/Opacity : 0%)

TIP 선택 툴은 〈M〉 키를 눌러 간편하게 선택할 수 있지만 기본적으로 사각형 선택 툴로 설정되어 있으므로, 〈Shift+M〉을 눌러서 원형 선택 툴로 변경할 수 있습니다.

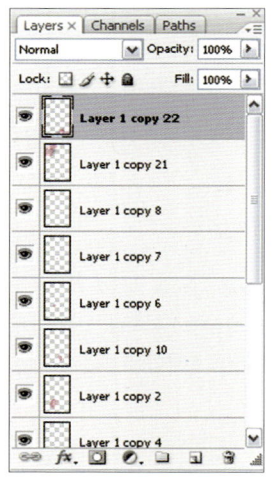

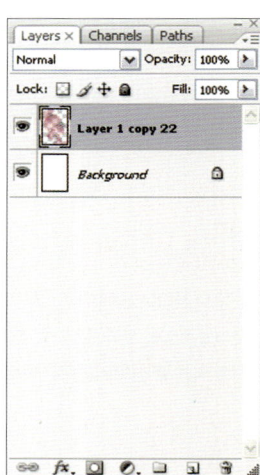

02 01에서 만든 원을 〈Alt〉 키를 누른 채 드래그하여 복사해서 다양하게 배치합니다. 다양한 색감을 연출하기 위해 검은색 그라디언트를 적용한 원도 추가합니다. 레이어 팔레트에서 배경 레이어를 제외한 나머지 레이어를 모두 선택한 후 〈Ctrl+E〉를 눌러 레이어를 합칩니다.

Technique 79

03 배경 레이어에 원형 그라디언트를 적용합니다. 위쪽 원들의 레이어를 선택하고 불투명도를 조절합니다. 색상 실험을 위해 여기서는 맨 위에 레이어를 추가하고 페인트통 툴을 이용해 노란색으로 채운 후 레이어 팔레트의 블렌딩 모드를 'Exclusion'로 선택했습니다. 이것은 아래쪽 레이어들의 색상을 교체해 새로운 느낌을 줍니다. 노란색 이외에 다른 색상을 사용하며 색감을 익혀봅니다.

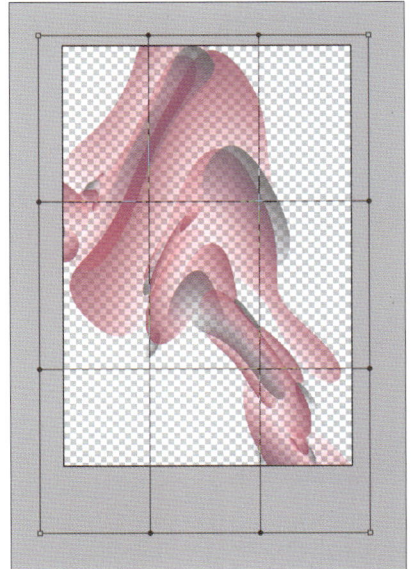

04 구성에 깊이감을 추가합니다. 맨 위의 레이어 바로 밑에 합쳐진 원을 그린 레이어를 만들고 메뉴의 [Filter>Distort>Polar Coordinates]에서 'Polar to Rectangular'를 선택하면 원 모양을 새롭게 만들고, 이미지 손상 없이도 큰 배경 요소로 사용할 수 있습니다. 〈Ctrl+T〉를 누르고 옵션바에서 Warp Mode 아이콘을 클릭해 조절점들을 조절하며 모양을 만듭니다. 이때 효과를 사용한 것이 극명하게 드러나서는 안 되므로 주의합니다.

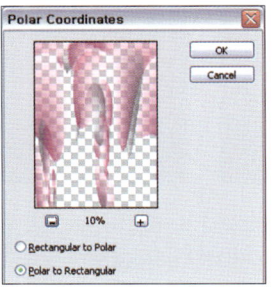

TIP 포토샵 프로그램은 픽셀 기반이기 때문에 이미지 수정이 약간 까다로울 수도 있지만, 벡터 기반인 일러스트레이터보다는 더욱 다양하게 이미지를 수정할 수 있습니다.

Creative Skills Chapter 08

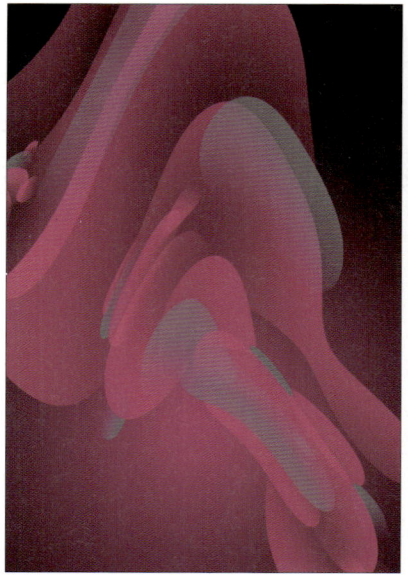

05 배경 레이어에 Polar Coordinates 필터와 같은 효과를 반복해서 적용합니다. 메뉴의 [Edit>Transform]을 선택하여 원근감 Perspective과 구부리기 Warp, 왜곡 Distort 기능을 다양하게 적용합니다. 이때, 레이어의 선명도를 위해 위의 효과들을 지나치게 적용하지 않도록 해야 합니다.

06 레이어를 복제하고, 형태를 바꿀 때마다 서로 겹치는 그림자 효과를 주기 위해 투명도가 낮은 원을 여러 개 사용합니다. 견고한 느낌으로 사용할 수 있지만, 구성상 옅은 명암 대비를 추가했습니다. **05**에서 만든 결과물을 변형하여 더 큰 객체를 만듭니다. 이것은 이미지의 중심 요소가 될 것이며, 이전에 만든 배경 위에 얹을 것입니다.

07 숨겨둔 모든 레이어의 눈 아이콘을 클릭해서 나타내고, 배경색을 조절합니다. 메뉴의 [Layer>New Adjustment Layer>Hue/Saturation]을 선택하여 만들어진 레이어를 맨 위에 두고 Hue 값을 수정합니다. 이때 이미지를 합치지 않고 요소를 각각의 레이어에 저장하는 것이 좋습니다. 레이어를 합치고 싶다면 적어도 레이어 백업을 만들어야 합니다. 이런 과정을 거쳐 프로젝트를 진행하면 다양한 색상을 가지고 큰 위험 없이 실험할 수 있습니다. 구성에 좀더 활기를 불어넣기 위해 다양한 요소들의 색상 조정을 합니다. 하나의 작업으로 보이기 위해 블렌딩 모드를 'Color'로 설정한 새로운 레이어를 만들고 분홍색 배경에서 적당한 색상을 채운 후 Opacity를 '20%' 정도로 낮춥니다.

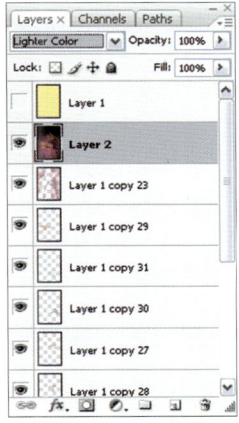

TIP 레이어의 블렌딩 모드는 포토샵의 꽃이라고 할 수 있습니다. 대다수의 아트워크는 이 블렌딩 모드에 의해 만들어지므로 각각의 기능을 잘 숙지해 두도록 합시다.

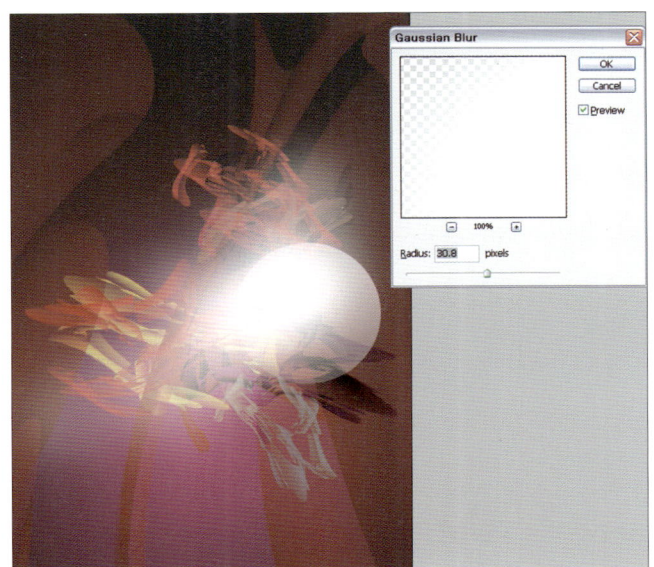

08 빛을 나타내기 위해, 새로운 레이어에 원형 선택 툴로 선택영역을 만들고 부드러운 이미지를 만들기 위해 부드러운 흰색 브러시를 이용하여 칠합니다. 〈Ctrl+D〉를 눌러 선택영역을 해제하고 새로운 레이어에서 투명도가 낮은 부드러운 브러시를 몇 번 칠해 빛나는 효과를 만듭니다. 메뉴의 [Filter>Blur>Gaussian Blur]를 선택하여 이미지를 전체적으로 흐리게 만듭니다.

Creative Skills Chapter 08

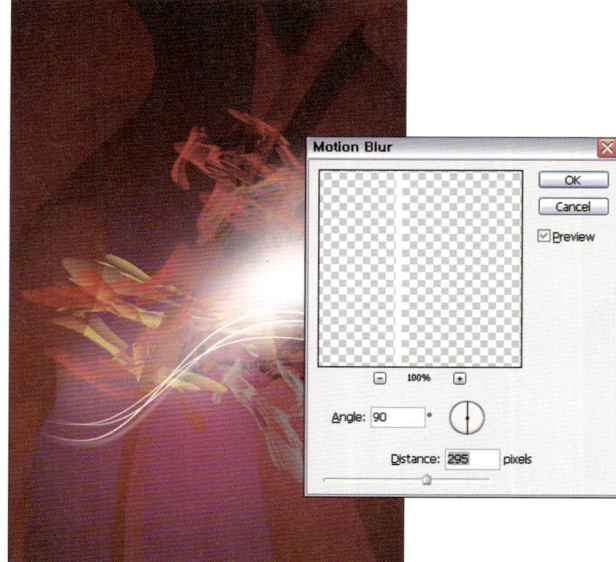

09 다시 위쪽에 새로운 레이어를 추가하고 〈M〉 키를 눌러 그림과 같이 사각형 선택 툴로 얇고 긴 직사각형을 그립니다. 메뉴의 [Filter〉Blur〉Motion Blur]에서 모션 블러Motion Blur 효과를 적용합니다. 다시 메뉴의 [Filter〉Distort〉Shear]를 사용하여 S자 형태를 만듭니다. 줄 레이어를 〈Alt〉 키를 누른 채 드래그해서 여러 개 복제하고 만들어진 줄 레이어들을 합칩니다. 다시 〈Alt〉 키를 누른 채 드래그하여 복제하고, 위치를 움직여서 패턴을 만든 후 만들어진 레이어들을 모두 선택하고 〈Ctrl+E〉를 눌러 합칩니다.

TIP 모션 블러(Motion Blur)는 가우시안 블러(Gaussian Blur)와는 다르게 흐림에 빠르게 움직여서 생기는 잔상과 같은 방향성을 적용할 수 있습니다.

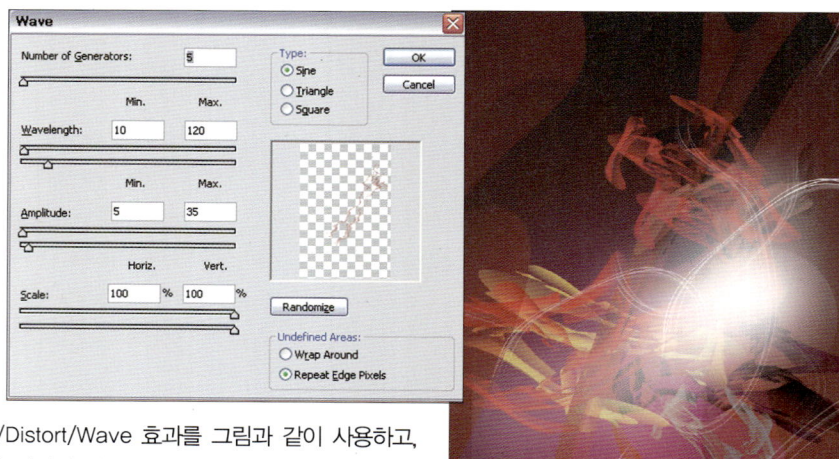

10 이번에는 Filter/Distort/Wave 효과를 그림과 같이 사용하고, 원하는 형태가 나타날 때까지 반복해 적용합니다. 만들어진 레이어들을 복제하고, 회전시키면 빛 효과를 증가시킬 수 있습니다. 빛줄기를 완성하면 다시 복제하고 Color Balance를 조정하여 생동감을 부여합니다.

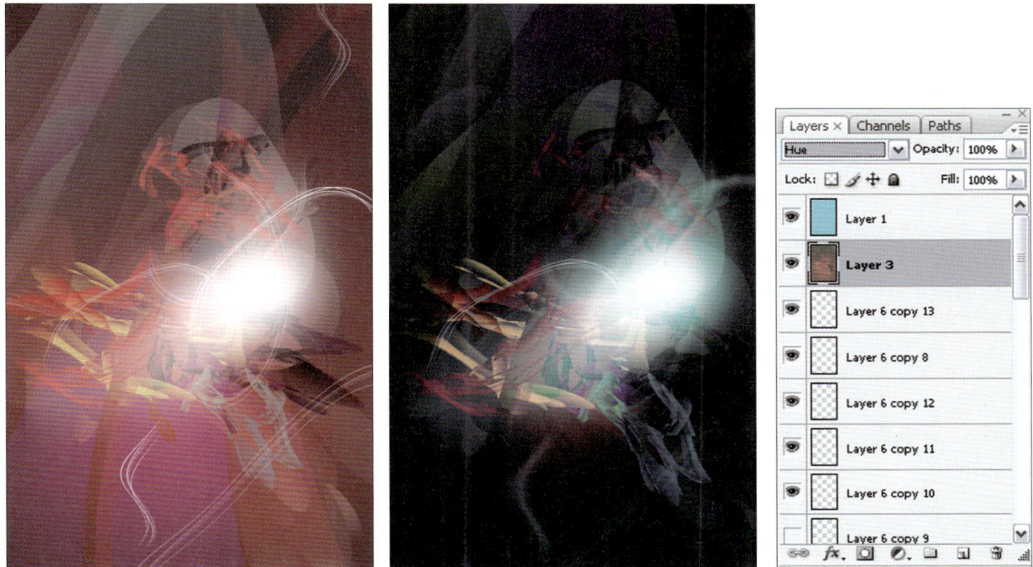

11   레이어 팔레트의 블렌딩 모드를 조절하면서 복제 레이어를 추가하는 등의 방식을 통해 자신만의 색을 입혀 보도록 합니다.

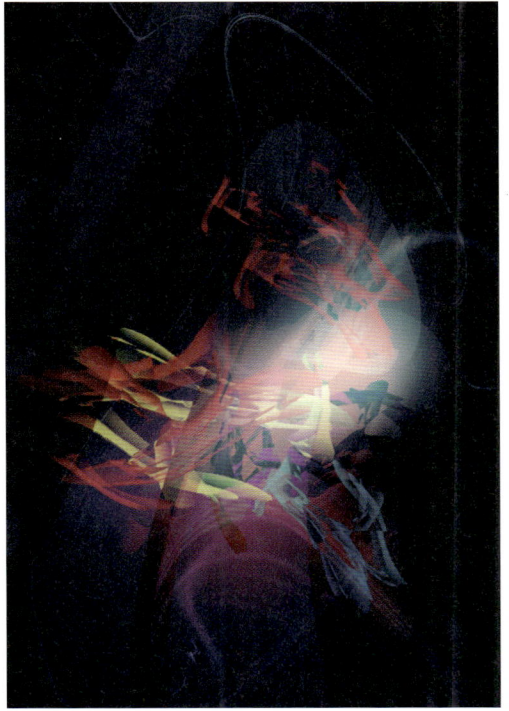

12   마지막으로 모든 요소 위에 '#52c1db' 색상으로 색을 채운 레이어를 만들어 완성합니다. CA

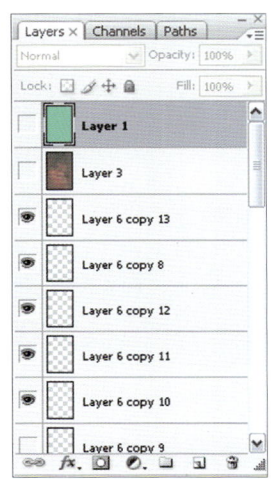

Chapter 09 강렬한 빛 효과 만들기

Creative Artworks-3

Chapter 09

강렬한 빛 효과 만들기

빛 효과로 이미지를 돋보이게 하는 방법을 알아봅니다

Notice
빛 효과는 어두운 이미지를 밝게 빛나는 작품으로 바꾸어 마음의 평화를 가져옵니다. 빛 효과를 만드는 것은 어렵지 않지만, 작품의 완성도는 조화로운 구성 능력에 의해 좌우됩니다. 훌륭한 빛 효과를 아트워크에 적용하기는 쉽지 않지만, 강렬한 오버레이Overlay 이미지를 만드는 것은 쉽습니다.
여기서는 블렌딩 모드와 브러시 제작, 필터의 사용, 마스크와 최종 색상 작업에 이르는 기능들과 함께 단순하고 다기능적 효과에 대해 알아볼 것입니다. 아울러 각자 상상하는 이미지를 표현할 수 있는 방법도 배우게 될 것입니다.

Skills
마스크 사용하기
브러시 만들어 사용하기
필터 사용하기
블렌딩 모드 사용하기

Time Needed
2–3시간

Resurce
shape.psd
cliff.psd

Designer
조앙 올리베이라 Joan Oliveira
www.onrepeat.net
포르투갈의 포르토에서 활동하고 있으며 인쇄, 모션, 웹디자인 전반을 다루는 프리랜서 디자이너자 일러스트레이터입니다. Hugo Boss, Adidas, HP, Hennessy 꼬냑 등의 브랜드와 Psyop and Bleed 스튜디오와 함께 일했습니다.

Reworked by
한승재

Creative Skills Chapter 09

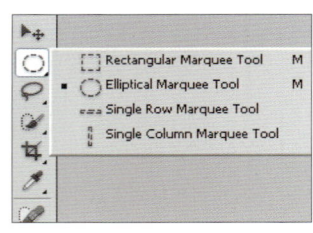

01 〈Ctrl+N〉을 눌러 '605px X 774px' 크기의 검은색 도큐먼트를 만듭니다. 원형 선택 툴을 선택하여 원을 만들고 〈G〉 키를 눌러 그라디언트 툴을 선택한 후 그림과 같이 풀 스펙트럼 그라디언트 색상을 적용합니다. 이때 색상은 크게 신경쓰지 않아도 되며 같은 방법으로 원을 하나 더 그립니다.

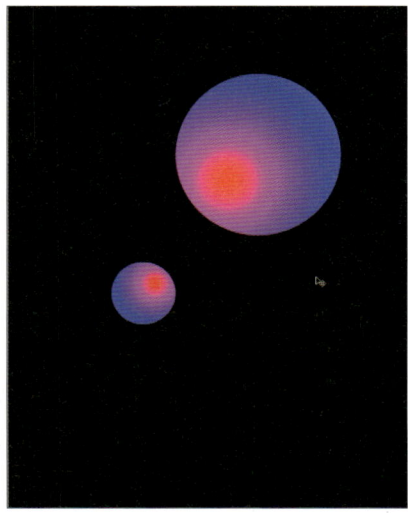

02 〈Ctrl+O〉를 눌러 shape.psd 파일을 불러옵니다. 〈V〉 키를 눌러 이동 툴을 선택하여 01의 레이어 위에 이동시킵니다. 이때 원하는 형태대로 작업하고 싶다면 직접 그려도 됩니다.

03 이번에는 〈Ctrl+O〉를 눌러 cliff.psd 파일을 불러옵니다. 〈Ctrl+Shift+C〉를 눌러 Copy Merged한 후 작업 창에서 각각의 모양 레이어를 〈Ctrl〉 키를 누른 채 클릭합니다.

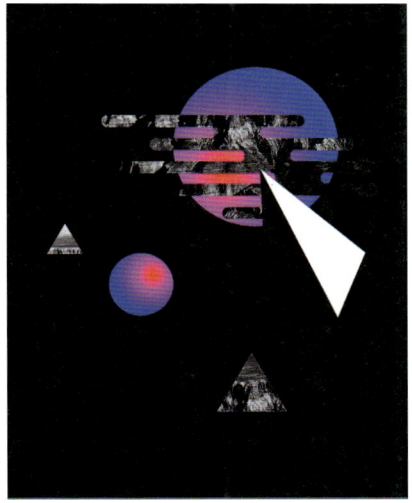

04 메뉴의 [Edit]Paste into]를 선택해 모양 안에 사진을 붙입니다. 이때 한 번에 한 가지의 모양만 다루도록 합니다.

05 01에서 적용했던 그라디언트 색상을 수정합니다. 새로운 레이어를 만들고 이름을 'Gradient'로 설정합니다. 이 레이어를 모든 레이어 위쪽에 위치시키고 블렌딩 모드를 'Hue'로 설정합니다. 레이어를 원하는 색상으로 채우고, 전경색에서 투명으로Foreground to Transparent, 원형 그라디언트를 적용합니다. 여기서는 '#00C6FF'와 '#FF004F' 색상을 선택했는데, 각자 여러 가지 색상을 적용해봅니다.

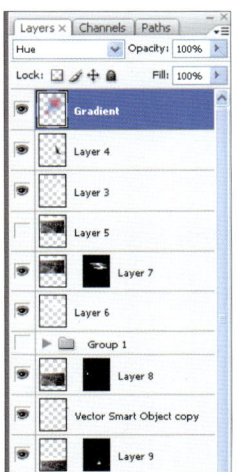
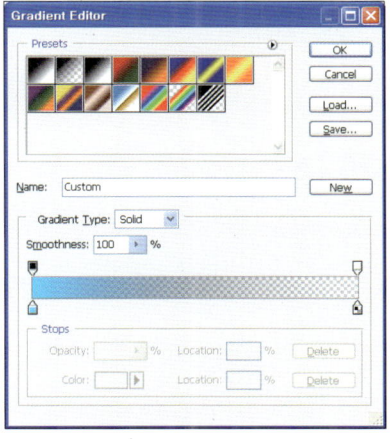
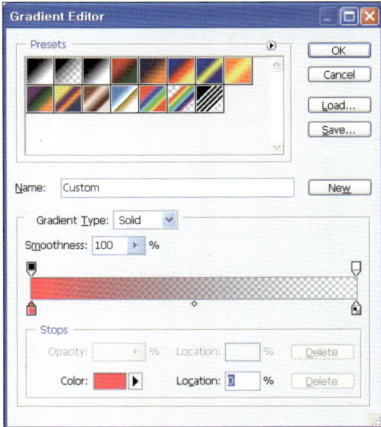

Creative Skills Chapter 09

06 빛 효과를 적용하기 위해 전경색은 '#FF0057', 배경색은 '흰색'으로 설정합니다. 〈F5〉 키를 눌러 브러시 팔레트에서 Hardness를 '100%', Spacing을 '1,000%'으로 설정해 큰 원 모양의 브러시를 선택합니다.

Shape Dynamics에서 Size Jitter를 '100%'로, Scattering은 '100%'로 변경하고 Color Dynamics에서 Foreground/Background Jitter를 '100%'로 설정합니다. 이때 Other Dynamics의 Opacity Jitter를 '100%'로 설정합니다.

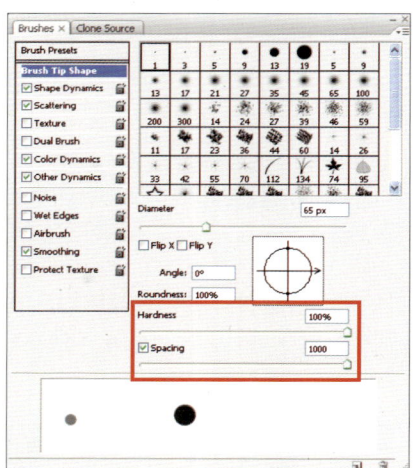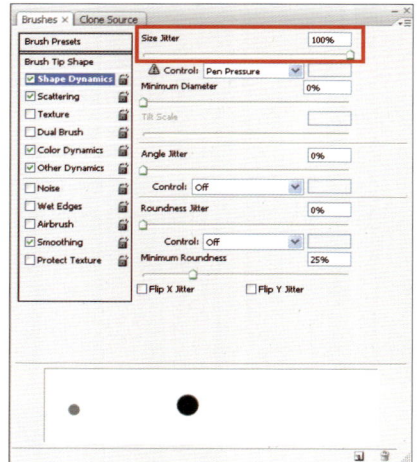

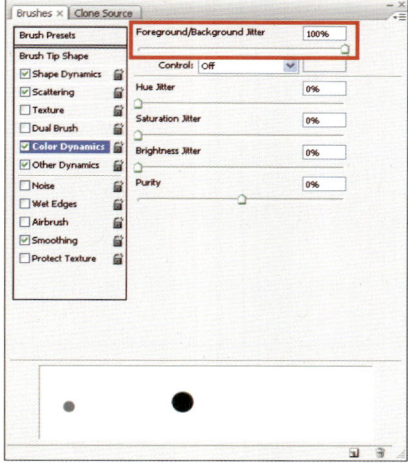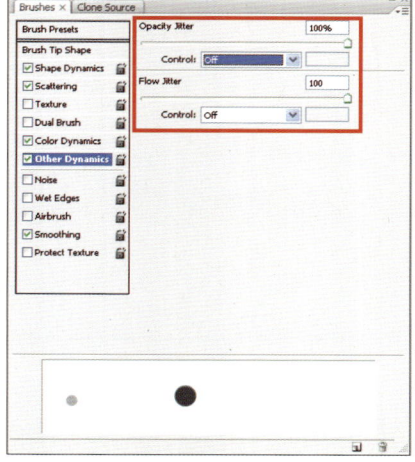

Technique 89

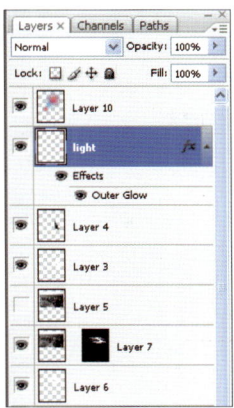

07 새로운 레이어를 만들고 이름을 'light'로 설정한 후 맨 위의 레이어 밑에 위치시킵니다. 레이어 팔레트에서 light 레이어를 더블클릭하여 레이어 스타일에서 Out Glow의 블렌딩 모드를 'Linear Dodge(Add)'로 설정하고 불투명도를 '75%'로 설정합니다. 부드럽고 큰 브러시로 캔버스를 가로지르며 자유롭게 칠합니다.

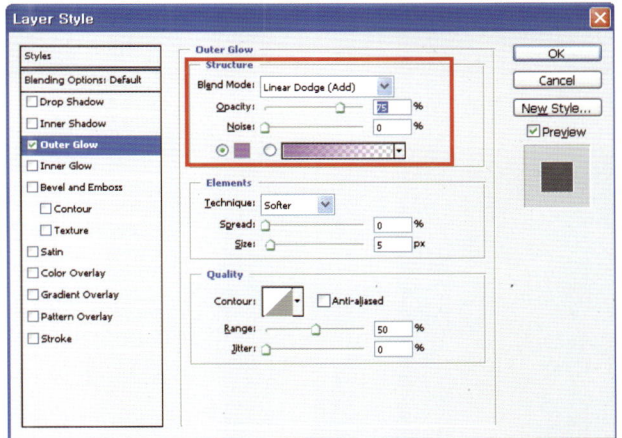

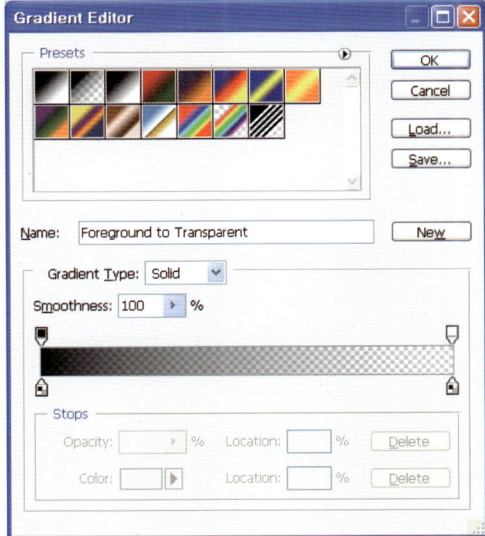

08 구성에 움직임을 주기 위해 〈Q〉키를 눌러 퀵 마스크 모드에서 '전경색(검은색)에서 투명으로Foreground to Transparent' 원형 그라디언트를 선택하여 중앙에 그라디언트를 적용합니다.

Creative Skills Chapter 09

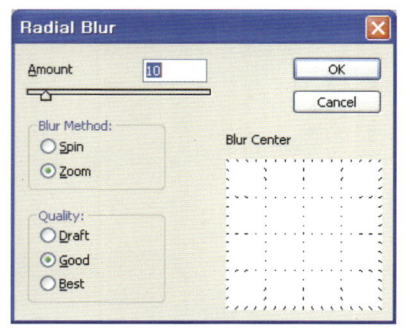

09 퀵 마스크 모드를 해제하기 위해 다시 〈Q〉 키를 누르면, 선택영역이 나타납니다. 메뉴의 [Filter〉Blur〉Radial Blur]에서 Blur Method를 'Zoom'으로 선택하고 '2~10px' 사이의 부드러운 블러 효과를 적용합니다.

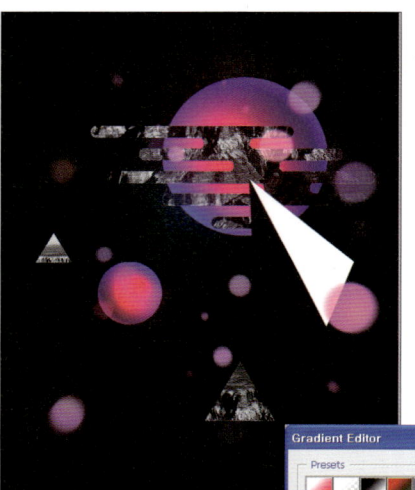

10 빛 효과를 더 나타내기 위해 맨 위의 레이어 아래쪽에 새로운 레이어를 만들고 블렌딩 모드를 'Linear Dodge(Add)', 투명도는 '20%'로 설정합니다. '전경색에서 투명으로' 원형 그라디언트를 적용하고 색상은 '#fe9e02, #ff1a75' 등의 밝은색을 지정한 후 빛나는 효과를 나타내고 싶은 부분에 그라디언트를 적용합니다. 좀 더 빛 효과를 나타내고 싶다면, 새로운 레이어를 만들고 05에서 만들었던 Hue 레이어 위에 위치시킨 후 블렌딩 모드는 'Linear Dodge(Add)', 불투명도는 '20%'을 10번 정도 반복하여 점차적인 빛 효과의 완성도를 높입니다.

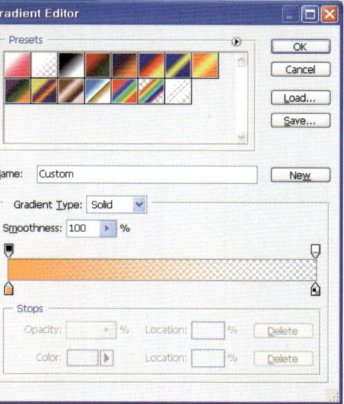

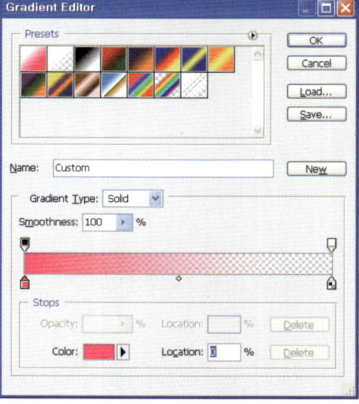

11 이제 하이라이트를 적용하기 위해 레이어 맨 위에 새로운 레이어를 만들고 블렌딩 모드는 'Overlay', 투명도는 '100%'를 설정합니다. 다시 한 번 '전경색(흰색)에서 투명'으로 원형 그라디언트를 적용하고 원하는 부분에 깊이감을 주기 위해 하이라이트를 그려 나갑니다.

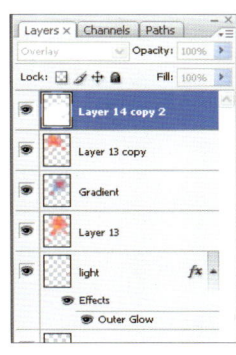 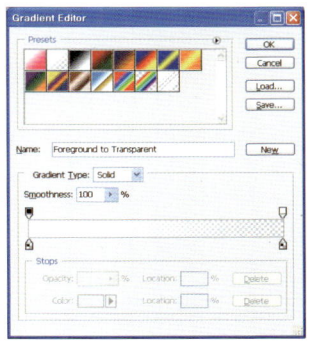

12 06의 방법은 어떤 브러시 모양에도 적용시킬 수 있으므로, 여기서는 삼각형 브러시를 시도합니다. 〈Ctrl+N〉을 눌러 '200px X 200px'의 새로운 도큐먼트를 만들고 다각형 툴을 선택합니다. 도큐먼트 중앙에 삼각형을 그리고 메뉴의 [Layer〉New Fill Layer〉Solid Color]에서 색상을 설정하여 검은색 삼각형으로 만듭니다. 메뉴의 [Layer〉Flatten Image]로 이미지를 합친 다음 메뉴의 [Edit〉Define Brush Preset]에서 삼각형 브러시로 만듭니다.

13 원래의 도큐먼트로 돌아와서 〈F5〉키를 누르고 브러시 팔레트에서 직접 만든 새로운 브러시를 선택하고 Brush Tip Shape에서 Spacing을 '1,000%'으로 설정합니다.

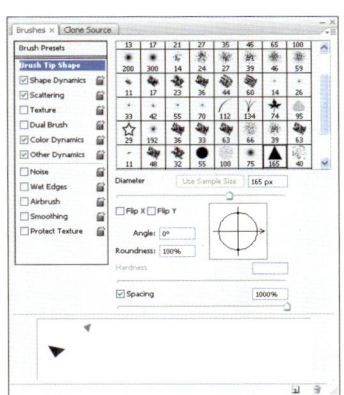

Creative Skills Chapter 09

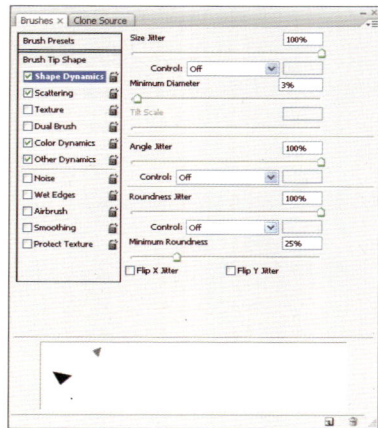 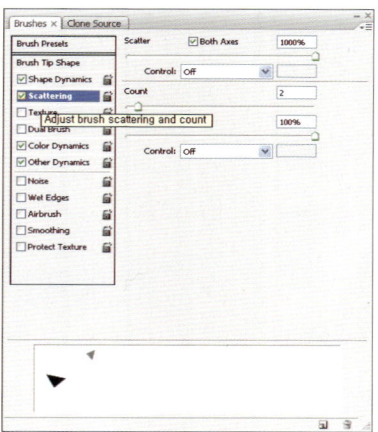

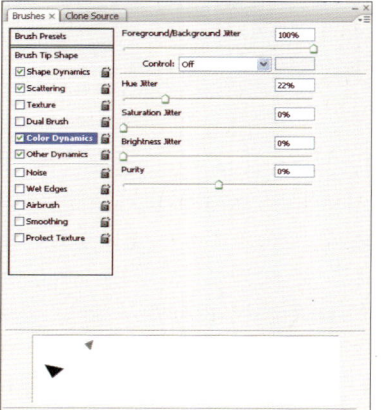 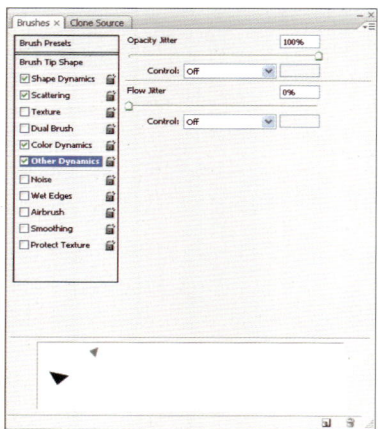

14 브러시 팔레트에서 Shape Dynamics를 선택하고 Size Jitter를 '100%', Angle Jitter를 '100%', Roundness Jitter를 '100%'로 설정합니다. Scattering을 선택하고 Scatter를 '1,000%'로 설정한 후 Color Dynamics를 선택하고 Foreground/Background Jitter를 '100%'로, Other Dynamics를 선택하고 Opacity Jitter를 '100%'로 설정합니다.

15 이번에는 다양한 변화를 적용하기 위해 새로운 레이어를 만들어 블렌딩 모드를 'Linear Dodge(Add)', 투명도를 '100%'로 설정합니다. 전경색은 밝은색으로, 배경색은 흰색이나 검은색으로 설정하거나 명암 대비가 높은 색상으로 실험해 봅니다. 이때 블렌딩 모드를 'Overlay'로 변경해서 07에서와 같이 자유롭게 칠합니다.

Technique 93

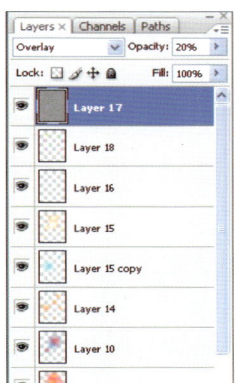 

16 이미지에 거친 필름 느낌을 나타내고 싶다면, 새로운 레이어를 만들어 맨 위에 위치시키고 흰색으로 채웁니다. 메뉴의 [Filter>Noise>Add Noise]에서 Amount는 '400%', Distribution은 'Gaussian', 'Monochromatic'를 체크해 적용합니다. 메뉴의 [Blur>Gaussian Blur]에서 부드러운 블러 효과를 추가하고 Blur 값을 '0.5~2px' 사이로 지정합니다. 블렌딩 모드를 'Overlay'로 설정하고 투명도는 거친 느낌에 따라 적용합니다.

17 05~15까지의 작업을 반복해서 정교하게 작업합니다. 새로운 브러시를 실험하거나 05에서의 Hue 레이어 색상을 여러 가지로 실험해 마무리합니다. CA

EVERYONE

6 countries Summit
-
Rep Korea
DPR Korea
USA
China
Japan
Rissia

Summit Title
-
Peace for The Far Esat Asia

YES I HOPE THE PEACE FOR EVERYONE

Do you want the peace as one?

Yes, I hope the peace for everyone

Chapter10 캐리커쳐를 이용한 포스터 만들기

Creative Artworks-3

Chapter 10

캐리커처를 이용한 포스터 만들기

단순하지만 강렬한 아트워크를
빠르게 만드는 노하우를 배워봅니다

Notice
2010년 12월 Cut & Paste 디자인 행사가 서울에서 열렸습니다.
2D 디자인 부문 준결승은 15분간 주제를 듣고 디자인을 완성하는
것이었습니다.
이 아트워크는 위의 행사에서 필자에게 우승을 안겨준
작품으로 특징은 빠르게 효과적으로 느낌을 전달하는 데 있습니다.
가장 기본적인 툴로 다양한 효과를 끌어내 빠른 시간에 효과적으로
펜 툴을 사용하는 방법을 알리고자 했습니다.
여기서는 펜 툴을 효과적으로 사용하여 감각적으로 연출하고,
멀티플라이Multiply를 사용하여 다양한 입체감을 적용하는 것이
목표입니다. 기본 툴을 가지고 단순하지만 강렬한 디자인에
도전해봅시다.

Skills
펜 툴 응용하기
멀티플라이 효과 적용하기
객체 정렬하기
기본 툴 응용하기

Time Needed
3시간

Resurce
Poster.ai

Designer
장순규 Jang Soon Kyu
http://jeansk.egloos.com
단국대학교 시각디자인학과 학생으로, 삼성디자인 멤버십 회원으로
활동하고 있습니다. 어도비 디자인어워드 2010에서 일러스트레이션
부문 대상과 제품디자인 부문 보건복지가족부장관상을 수상한 것을
비롯하여, 30여 차례의 국내외 디자인 어워드에서 수상했습니다.
디자인 에이전시 바이널에서 2년 동안 근무한 경력이 있으며,
다양한 상업용 프로젝트에 참여했습니다.

Creative Skills Chapter 10

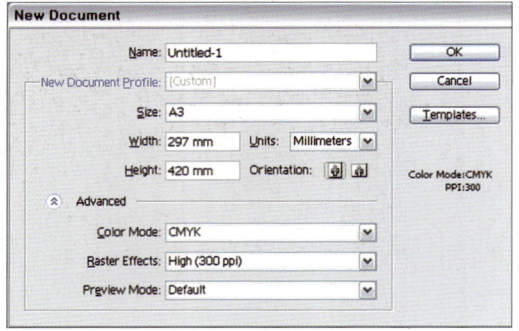

01 A3 크기의 포스터를 제작하기 위해 일러스트레이터 프로그램을 실행하고 A3 크기의 새로운 도큐먼트를 만듭니다.

02 〈Ctrl+R〉을 누르고 자Ruler를 활성화시킵니다. 자Ruler 부분을 클릭한 채 드래그하면 가이드 선이 생성됩니다. 도큐먼트의 상하좌우 부분에서 '15mm' 떨어진 곳에 가이드 선을 만듭니다. 여기서 가이드 선은 포스터의 이미지와 텍스트를 배치할 수 있게 만들어 둡니다.

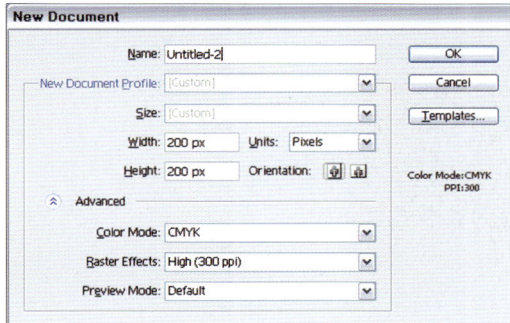

03 이번에는 캐릭터를 만들어 사용할 수 있도록 〈Ctrl+N〉을 눌러 '200px X 200px'의 새로운 도큐먼트를 만듭니다.

04 펜 툴을 이용해 쉽게 그릴 수 있도록 수작업으로 모눈종이 위에 캐릭터를 그립니다. 일러스트레이터 프로그램에서 〈Ctrl+'〉을 누르면 그리드가 나타나 편리하게 작업할 수 있습니다. 수작업으로도 모눈종이에 스케치하면 여러모로 편리합니다.

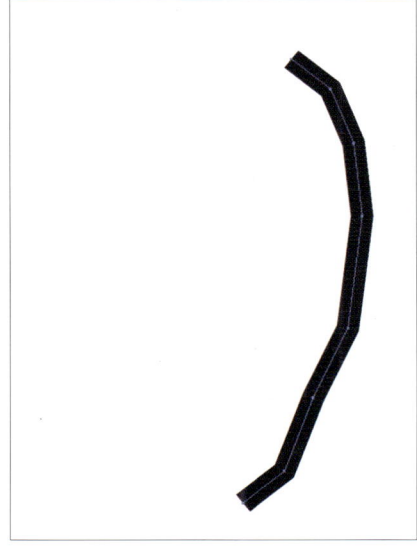

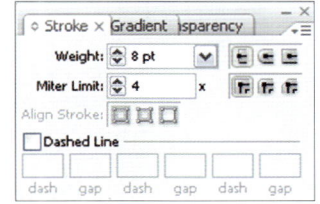

05 펜 툴Pen Tool을 사용해 스케치한 캐릭터의 얼굴 선을 그립니다. 얼굴 형태를 그릴 때 스트로크 팔레트에서에서 Weight를 '8pt'로 설정합니다. 최종 형태의 세밀한 부분을 염두에 두고 작업합니다.

Creative Skills Chapter 10

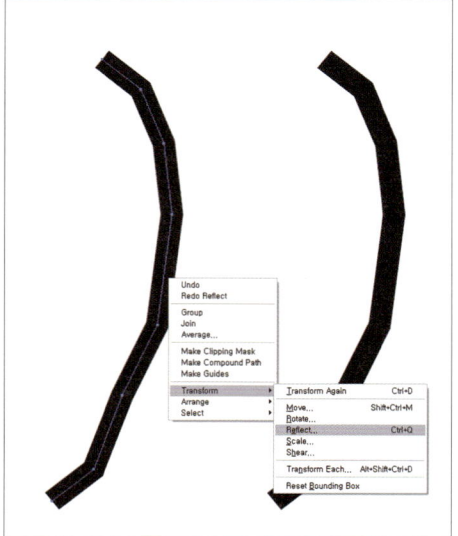

06 얼굴 선을 선택하고 〈Alt+Shift〉를 누른 채 드래그하면 똑같은 선을 복사하여 옮길 수 있습니다. 마우스 오른쪽 버튼을 클릭하여 나타나는 메뉴의 [Transform〉Reflect]에서 'Vertical'을 선택하면 좌우반전이 됩니다. 이것을 바탕으로 얼굴 선을 좌우 똑같이 맞출 수 있습니다.

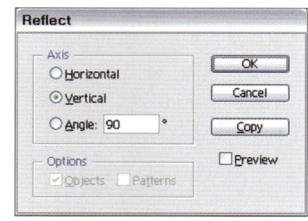

07 캐릭터의 얼굴 형태가 완성되면 눈, 코, 입, 머리, 귀를 그리고 윤곽선을 정리하기 위해 정렬 팔레트에서 'Horizontal Align Center(가로 가운데 정렬)'을 선택해 가운데 정렬을 합니다. 이때 정리하기 쉽도록 눈과 귀 그 외 부분이 좌우로 있는 부분은 〈Ctrl+G〉를 눌러 그룹으로 설정하면 편리합니다.

Technique 99

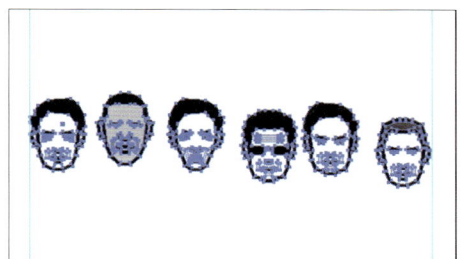

08 04~07의 순서를 통해서 각기 다른 캐릭터를 만듭니다. 6개의 캐릭터가 완성되면 정리할 수 있도록 캐릭터를 전체 선택한 후 정렬 팔레트의 'Vertical Align Center' 아이콘을 클릭하고 'Horizontal Distribute Center' 아이콘을 클릭해 정렬합니다.

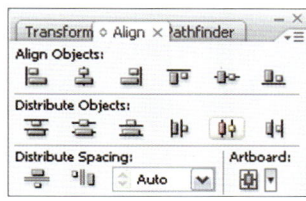 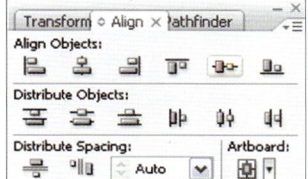

09 캐릭터가 정렬되면 전체 선택하고 〈Ctrl+G〉를 눌러 그룹화시킵니다. 그룹을 위쪽 가이드 선부터 아래쪽 가이드 선까지 7줄로 배치합니다. 그룹화된 캐릭터들을 위쪽과 아래쪽 가이드 선에 처음과 끝에 배치하고 정렬 팔레트의 'Vertical Distribute Center' 아이콘을 클릭해 정렬합니다.

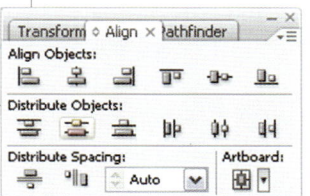

Creative Skills Chapter 10

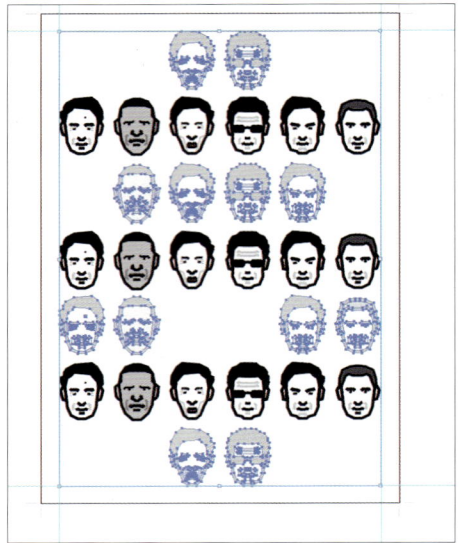
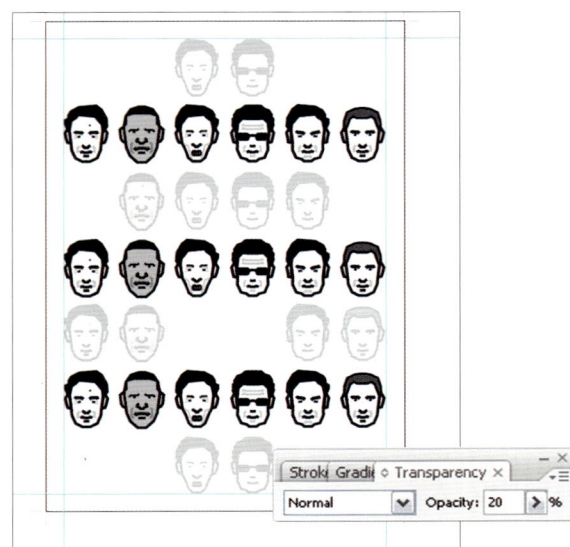

10 선택 툴로 캐릭터의 홀수 줄을 선택합니다. 몇 개의 캐릭터를 지우고 메뉴의 [Window〉 Transparency]를 선택해 투명 팔레트에서 투명도Opacity를 '20%'로 설정합니다.

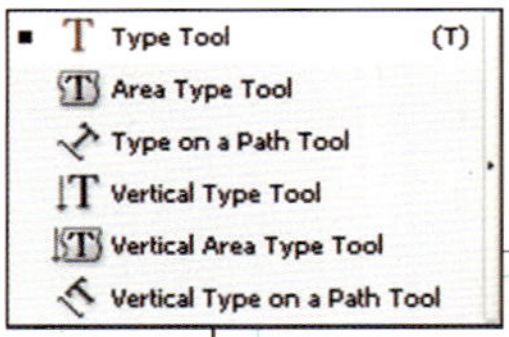

11 타입 툴〈T〉을 사용해 텍스트를 입력하고 배치합니다. 단락 팔레트에서 'Align Center' 아이콘을 클릭하여 가운데 정렬하고 텍스트 색상을 'C:0 M:100 Y:80 K:0'로 설정합니다.

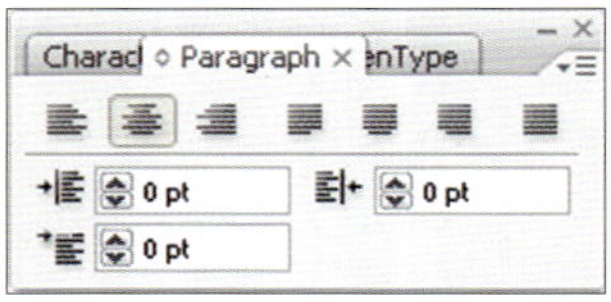

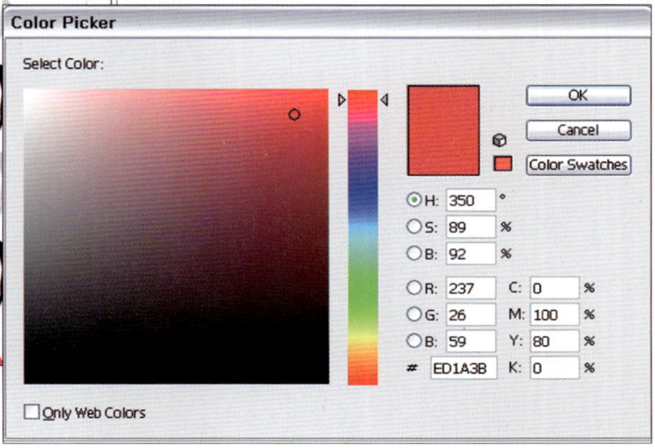

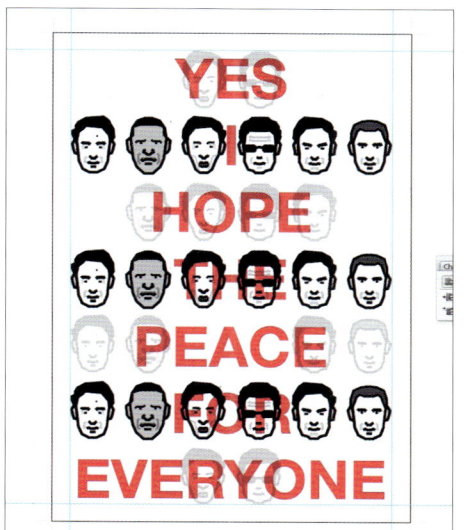

12 텍스트를 선택한 상태에서 메뉴의 [Window>Transparency]를 선택해 투명 팔레트에서 'Multiply'를 선택합니다.

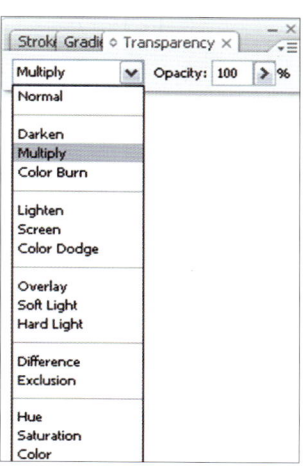

13 제목으로 입력한 텍스트 HOPE와 PEACE 아래쪽에 가이드 선을 만듭니다. 가이드 선에 맞춰서 '14pt'의 텍스트를 배치합니다. 자신의 스타일에 맞게 글자를 배열하면 A3 크기의 포스터가 완성됩니다. **CA**

TIP 이 포스터는 기초 툴만 응용하는 포스터로, 화려한 기법보다는 캐릭터를 만드는 데 중점을 둡니다. 화려하고 세밀한 디자인도 중요하지만 펜 툴 하나로도 얼마든지 재미있고 흥미로운 디자인을 할 수 있습니다.

Chapter 11 속도감 있는 3D 객체 만들기

Chapter 11

속도감 있는 3D 객체 만들기

포토샵과 일러스트레이터 프로그램만으로
3D 효과를 연출해봅니다

Notice
3D 작품을 만들 때는 3D 프로그램을 사용하는 것이 가장 확실한 방법이지만 경우에 따라서는 일러스트레이터와 포토샵 프로그램만으로 3D 효과를 나타내야 할 때도 있습니다. 일러스트레이터 프로그램의 3D 기능과 속도감 있는 물체의 잔상처럼 표현되는 Radial Blur 효과를 이용해서 간단하지만 입체감 있는 이미지를 만들어 보도록 하겠습니다.
일러스트레이터 CS 이상의 버전 사용자라면 누구나 쉽게 만들 수 있고 설정 값을 실험하다 보면 3D 프로그램에서 만든 것만큼 매력적인 질감의 결과물을 얻을 수도 있습니다. 여기서 필요한 것은 약간의 시간과 실험 정신, 그걸로 충분합니다.

Skills
일러스트레이터 프로그램의
3D 효과 사용하기
Radial Blur를 이용해
속도감 표현하기

Time Needed
1시간 30분

Resurce
bouncy_sample.ai

Designer
손영아 Son Young-A
http://golgye.com
건국대학교 커뮤니케이션디자인학과 학생으로, 골계GolGye라는 이름으로 활동하고 있다. 한일 디자인문화교류 전시회인 ≪이때다ETTEDA≫와 ≪테츠손Tetsuson≫에 총 4회 참가한 바 있으며, 최근 도쿄디자인센터 전시에 참여했습니다.

Creative Skills Chapter 11

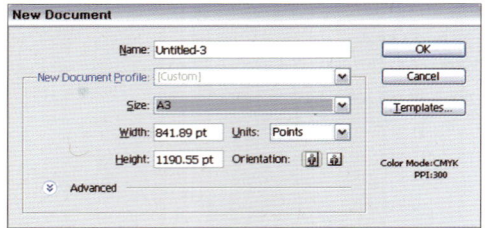

01 일러스트레이터에서 A3 크기의 새로운 도큐먼트를 만듭니다.

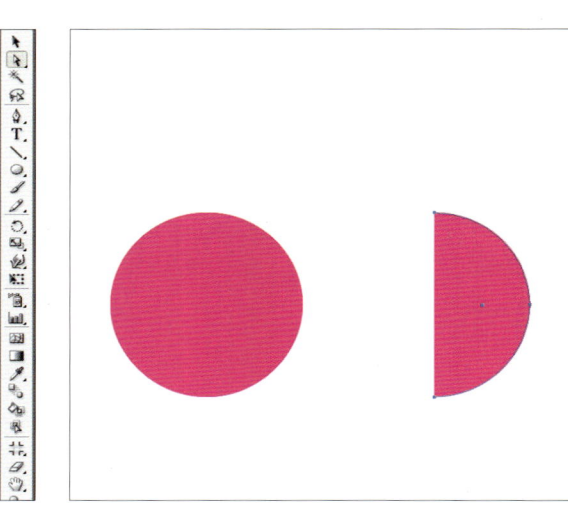

02 원형 툴 이용해 원을 그린 후 〈A〉 키를 눌러 직접 선택 툴을 이용해 반원 모양의 부분만 선택합니다. 〈Delete〉 키를 눌러 나머지 기준점을 지워서 반원을 만듭니다.

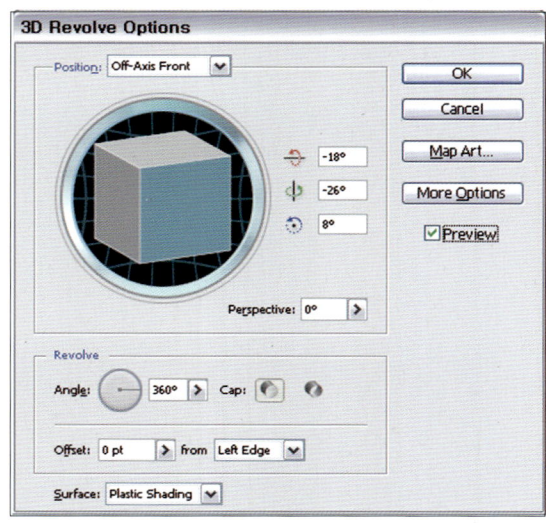

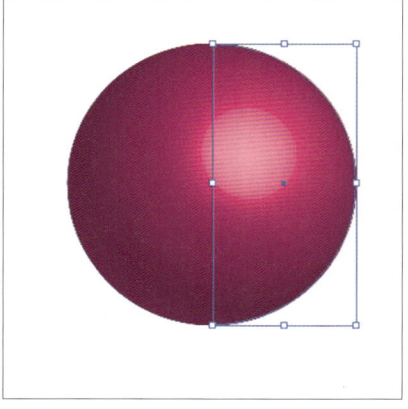

03 반원을 선택한 상태에서 메뉴의 [Effect〉3D〉Revolve]를 클릭해 'Preview'를 체크하면 3D 상태가 된 객체의 모습을 미리 볼 수 있습니다. 이때의 3D 형태는 자연스럽지 않으므로 고무공과 같은 질감의 구를 만들기 위해 More Options 버튼을 누릅니다.

Technique **105**

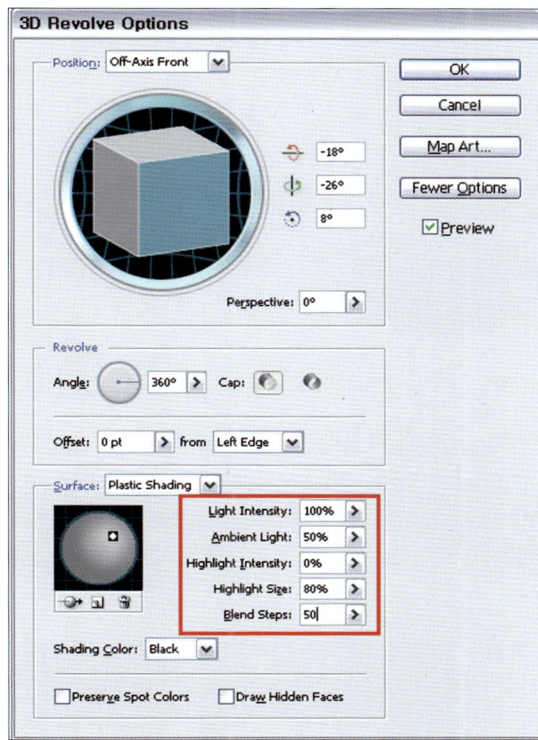

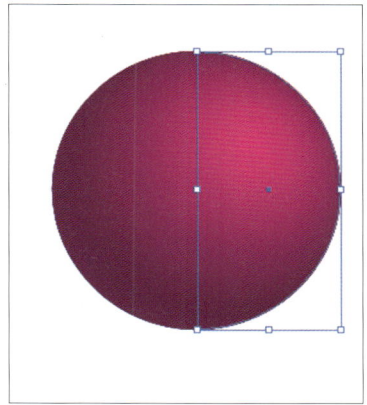

04 이어서 Surface 부분의 설정을 변경합니다. 'Light Intensity:100%, Ambient Light:50%, Highlight Intensity:0%, Highlight Size:80%, Blend Step:50'으로 설정을 변경하면 좀더 부드러운 질감의 구가 완성됩니다.

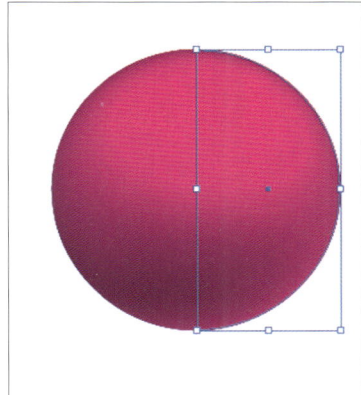

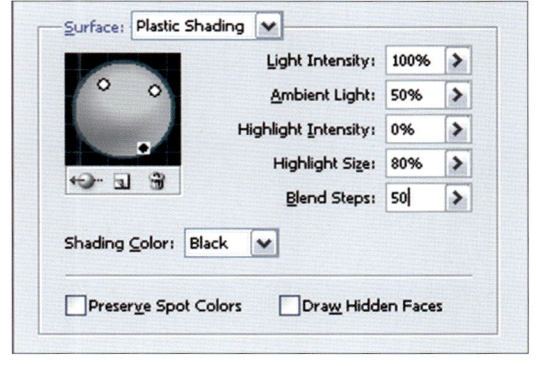

05 이번에는 조명을 추가해 봅니다. 미리보기에서 구 위의 점을 이동시키면 구에 비치는 조명의 방향을 조절할 수 있습니다. 조명을 추가해 좀더 맑은 색감으로 만들어 봅니다. 구 밑의 'New Light' 아이콘을 클릭하여 두 개의 새로운 조명을 만들고 그림과 같이 위치시킨 후 가장 아래쪽에 있는 조명을 선택하여 'Move Selected light to back of object' 아이콘을 클릭해 물체 뒤로 위치시켜 역광으로 만듭니다.

Creative Skills Chapter 11

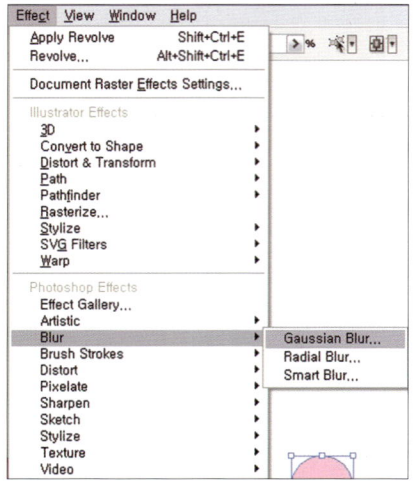

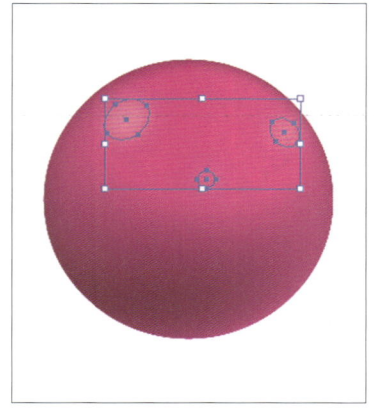

06 구에 하이라이트를 더합니다. ⟨L⟩ 키를 눌러 원형 툴을 선택하고 'C:0, M:60, Y:100, K:0' 색상의 원을 그립니다. 메뉴의 [Effect〉Blur〉Gaussian Blur]에서 Radius 값을 '50 pixel'로 설정해 원의 경계를 부드럽게 만들고 그림과 같이 구 위에 위치시킵니다.

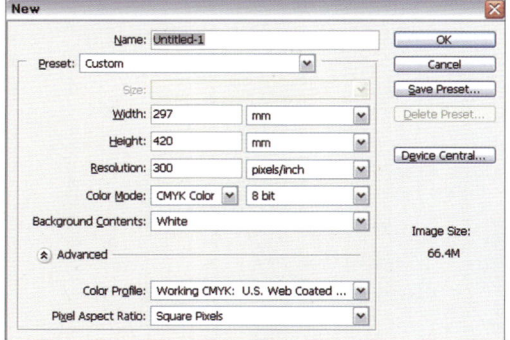

07 포토샵 프로그램을 실행하고 ⟨Ctrl+N⟩을 눌러 일러스트레이터 프로그램과 마찬가지로 A3 크기의 새로운 도큐먼트를 만든 후 페인트통 툴을 이용해 검은색으로 배경을 채웁니다.

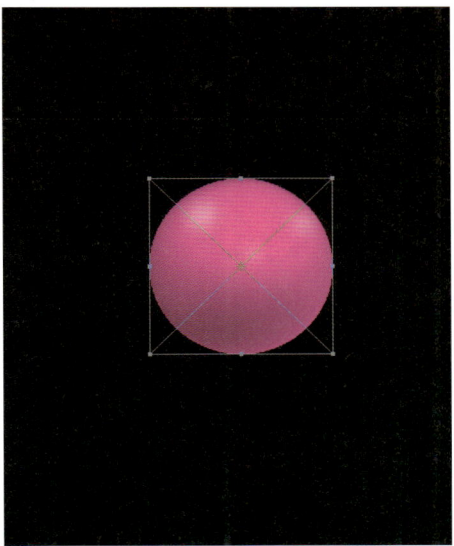

08 일러스트레이터 프로그램에서 구를 선택해 〈Ctrl+C〉를 누르고 포토샵 프로그램에서 〈Ctrl+V〉를 눌러 복사합니다. 복사한 이미지를 붙여 넣을 때에는 Smart Object로 선택해야 데이터의 손실 없이 가져올 수 있습니다.

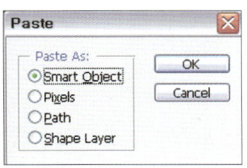

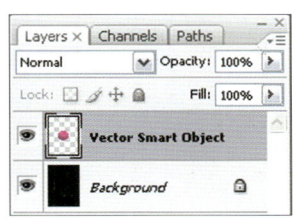

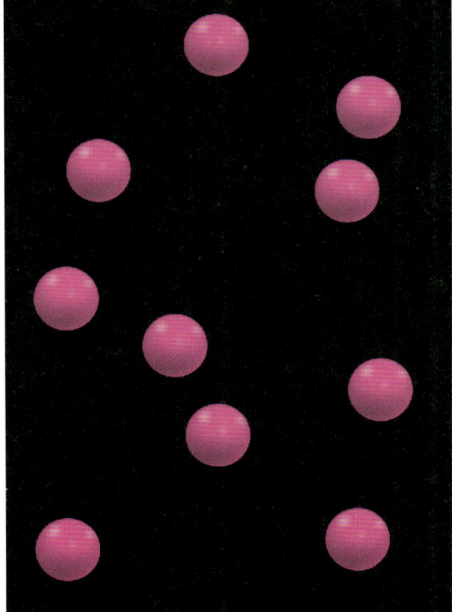

09 구를 몇 개 더 복사한 뒤 〈Ctrl+T〉를 눌러 바운딩 박스를 조절해 크기를 작게 조절합니다. 색감을 조정하기 위해 레이어 팔레트에서 전체 레이어를 선택하고 마우스 오른쪽 버튼을 클릭해 'Rasterize Layers'를 선택해서 이미지화합니다.

Creative Skills Chapter 11

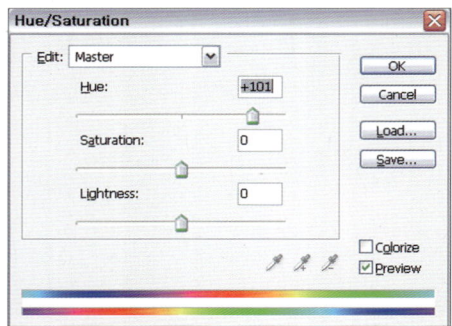

10 메뉴의 [Image〉Adjustments〉Hue/Saturation]에서 Hue 값을 조절하여 자유롭게 여러 가지 색상 값을 조절하면서 다양한 색상의 구를 만듭니다.

11 다양한 구가 만들어졌으면 이번에는 구를 배치합니다. 입체감 있는 이미지를 위해 중앙에서 외곽 순서로 크기를 점점 더 크게 배치하는 것이 좋습니다.

Technique **109**

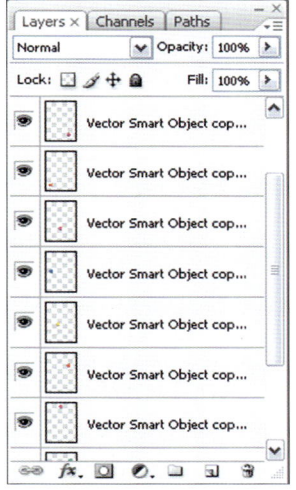

12 배치가 끝나면 레이어 팔레트에서 구 레이어를 전부 선택해 〈Ctrl+E〉를 눌러 합칩니다. 전부 합친 레이어를 클릭하고 〈Ctrl+J〉를 눌러 한번 더 복사합니다. 메뉴의 [Filter〉Blur〉Radial Blur]를 선택해 Blur Method를 'Zoom', Amount를 '50'으로 설정합니다. 두 개의 레이어를 선택하고 〈Ctrl+E〉를 눌러 다시 합칩니다.

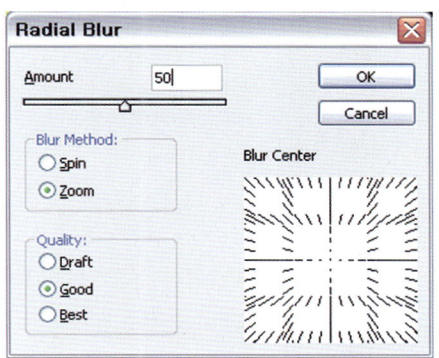

13 튀어 오르는 고무공처럼 구에 속도감이 나타나기 시작합니다. 〈Ctrl+J〉를 눌러 레이어를 다시 한번 복사하고 〈Ctrl+T〉를 눌러 바운딩 박스가 나타나면 오른쪽 모서리의 기준점을 오른쪽으로 45도 정도 돌립니다.

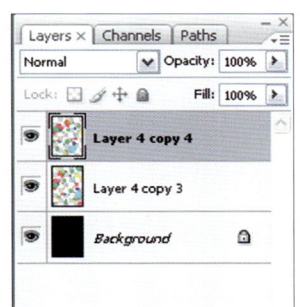

Creative Skills Chapter 11

14 속도감은 충분히 생겼으나 색감이 중복되어 있어 단조로워 보입니다. 10과 같은 방법으로 메뉴의 [Image〉Adjustments〉Hue/Saturation]에서 Hue 값을 '61' 정도로 조절해 색감을 변경합니다.

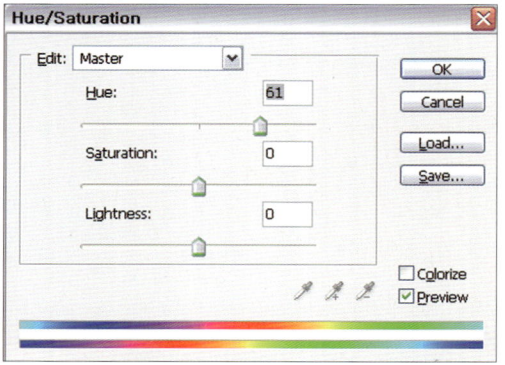

15 원경과 근경의 차이를 두기 위해 색상을 변경한 레이어를 〈Ctrl+J〉를 눌러 복사하고 Radial Blur를 한 번 더 적용해보겠습니다. 색감을 조절한 레이어를 복사한 후 메뉴의 [Filter〉Blur〉Radial Blur]에서 Method를 'Zoom' 으로 선택하고 Amount 값을 '80' 으로 적용하면 블러로 인한 잔상이 좀 더 길어짐을 알 수 있습니다.

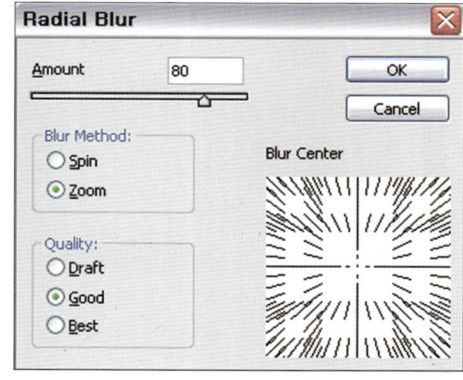

16 레이어를 추가하면서 탁해진 색감을 수정하기 위해 레이어 팔레트에서 **14**의 Blur를 적용한 레이어를 선택해 블렌딩 모드를 'Screen'으로 변경합니다.

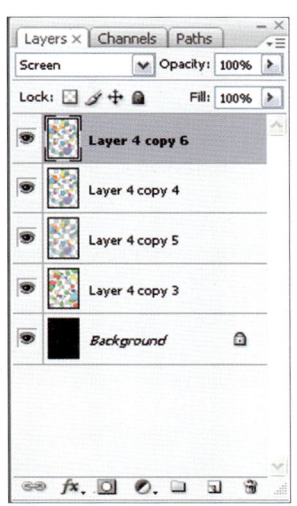

17 일러스트레이터 프로그램에서 구를 더 가지고 와서 빈 부분에 적절히 더 추가해 줘도 좋습니다. 전체 구성에 방해되지 않도록 레이어 팔레트에서 투명도를 조절하여 완성도를 올릴 수도 있습니다. **CA**

Chapter 12 입체적인 아트워크 만들기

Creative Artworks-3

Chapter 12

입체적인 아트워크 만들기

임팩트 효과를 줄 수 있는
다양한 효과를 익혀봅니다

Notice
무에서 유를 창조하듯 이목을 끄는 추상적 심상을 디지털 작업으로
재미 삼아서 놀듯 쉽게 표현하는 방법에 대해 궁금했던 적이
있습니까?
여기서는 상업용 이미지나 이미 만들어져 있는 배경을 사용하지
않고도 강렬한 이미지를 만드는 첫 단계부터 설명하고자 합니다. 자주
사용하는 포토샵과 일러스트레이터 프로그램의 기본 툴과 상상력으로
임팩트 있는 아트워크를 완성해 봅니다.

Designer
아우그스토 지오바네티 Augusto Giovanetti
www.prrr.tv
1980년 우루과이의 몬테비데오 출생이며 일러스테이션과 조각,
비디오 작업을 주로 하고 있습니다. 순수미술과 조각을 전공한
디자이너로 편집, 광고, 패션사진 분야에서 일하고 있으며,
Nylon과 Moviemaker지를 위해 일하기도 했습니다.

Skills
마스크 사용하기
색상 사용하기
일러스트레이터 프로그램에서
　드로잉하기
메시Mesh 사용하기

Time Needed
2시간

Resurce
A.ai
A.psd
A_ai_fin.ai

Reworked by
강우성

Creative Skills Chapter 12

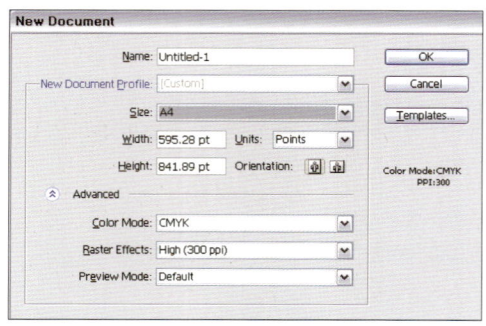
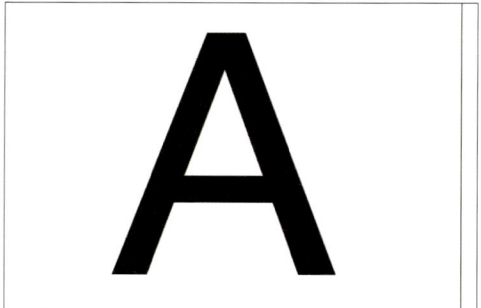

01 일러스트레이터 프로그램을 실행해 A4 크기의 새로운 도큐먼트를 만들고 타입 툴(T)을 이용해 A를 입력합니다. 여기서는 Helvetica 서체를 활용했고 A.ai 파일을 이용해서 작업할 수도 있습니다.

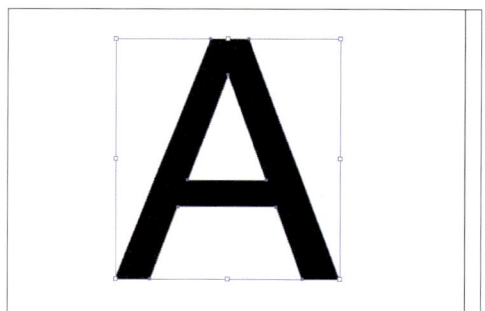
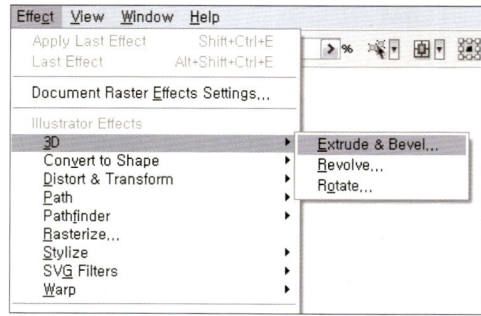

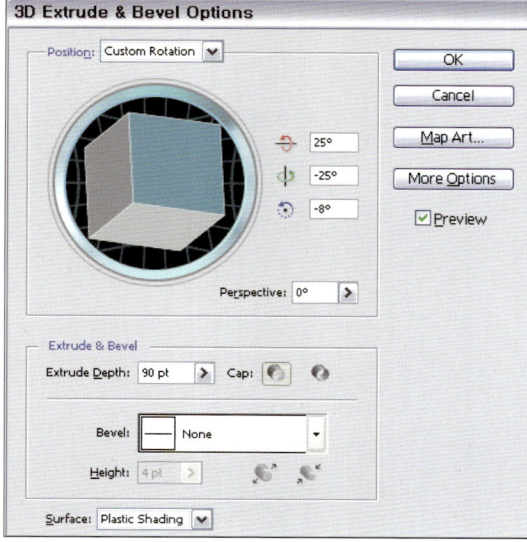
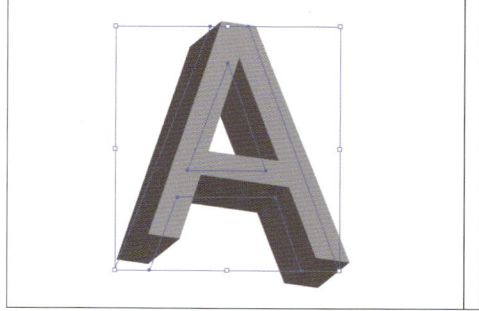

02 텍스트를 선택하여 회색으로 변경하고 메뉴의 [Effect>3D>Extrude & Bevel]에서 각도를 '25, -25, 8' 로 Extrude Depth 값은 '90'으로 설정해 입체적으로 변경합니다.

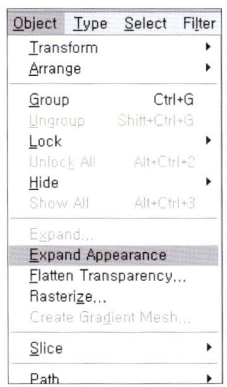 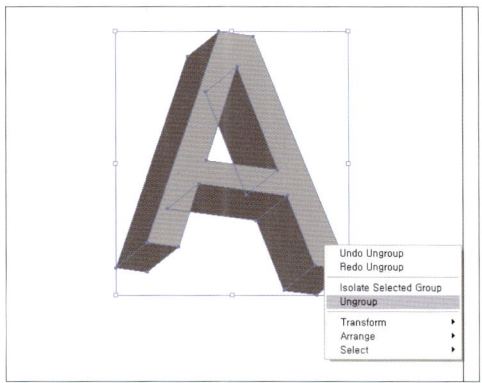

03 텍스트 입체 면에 각각 그라디언트를 적용하기 위해 텍스트를 선택하고 메뉴의 [Object〉Expand Apperance]를 선택합니다. 그룹 설정된 면들에서 마우스 오른쪽 버튼을 클릭해 'Ungroup'으로 그룹 설정을 해제합니다.

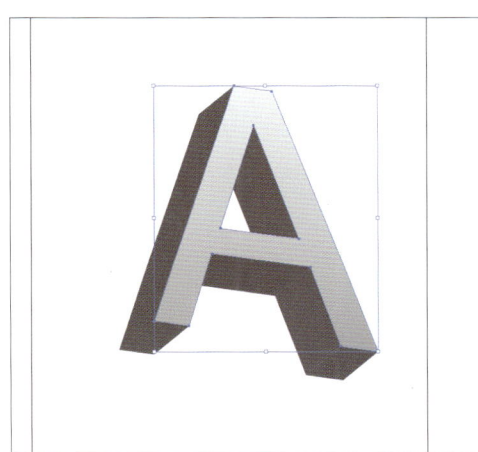 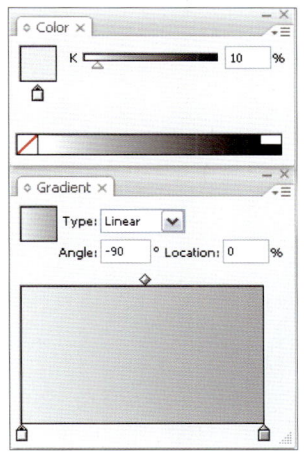

04 각각의 면들을 선택하고 그라디언트 툴〈G〉을 이용하여 밝기를 조절합니다. Type은 'Linear'로 설정하고 면마다 Angle 값을 조절합니다. 명암이 완성되면 텍스트를 선택한 후 〈Ctrl+G〉를 눌러 다시 그룹으로 설정합니다.

TIP 그라디언트 팔레트가 작게 보이면 그라디언트 팔레트 제목 표시줄에서 마우스 오른쪽 버튼을 눌러 'Show Option'을 선택합니다. 그라디언트 팔레트의 색상 아이콘을 클릭해 색상을 변경할 수 있고, 좌우로 움직여 그라디언트 범위를 조정할 수도 있습니다.

Creative Skills Chapter 12

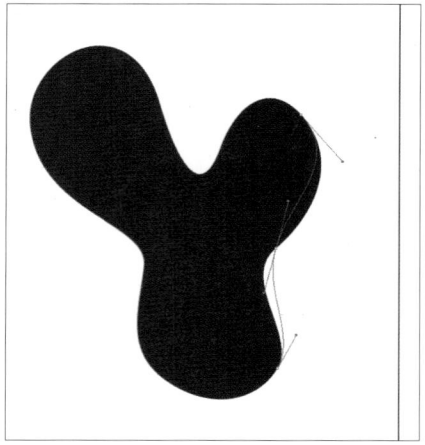 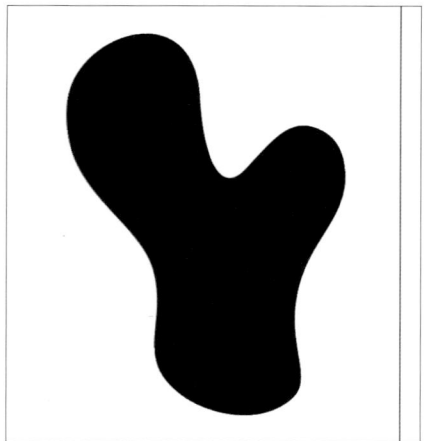

05 〈P〉 키를 눌러 펜 툴을 이용하여 A 뒤에 들어갈 객체를 만듭니다. 펜 툴로 드래그하며 어느 정도 모양을 만든 후 〈A〉 키를 눌러 직접 선택 툴로 각각의 포인트마다 곡면의 패스선을 조정합니다.

 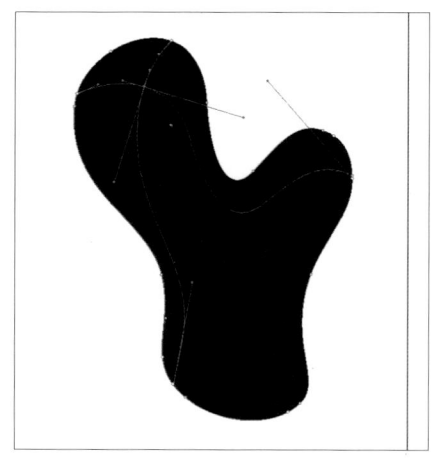 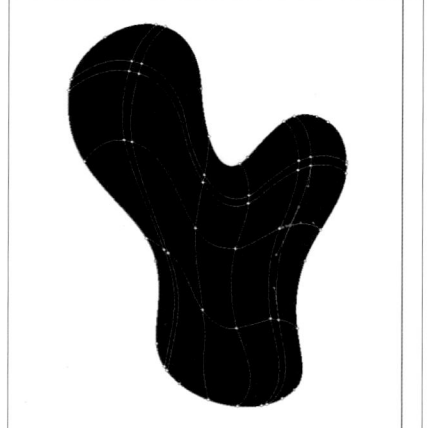

06 모양이 어느 정도 잡혔다면 객체를 선택하고 다음과 같이 적당한 위치에 메시 포인트를 찍습니다. 여기서 메시 선 위에 정확하게 메시 포인트를 찍어야 한 선에 여러 개의 메시 포인트들을 만들 수 있습니다.

Technique 117

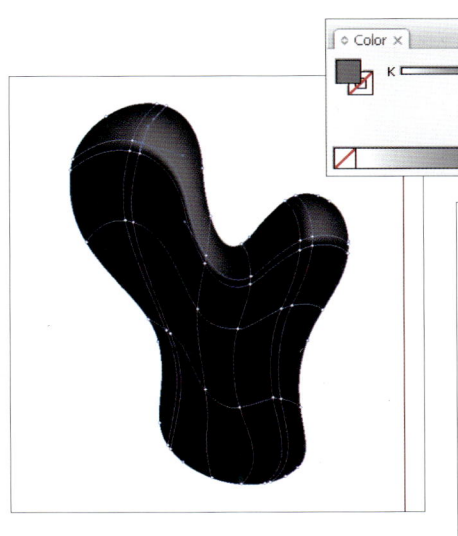

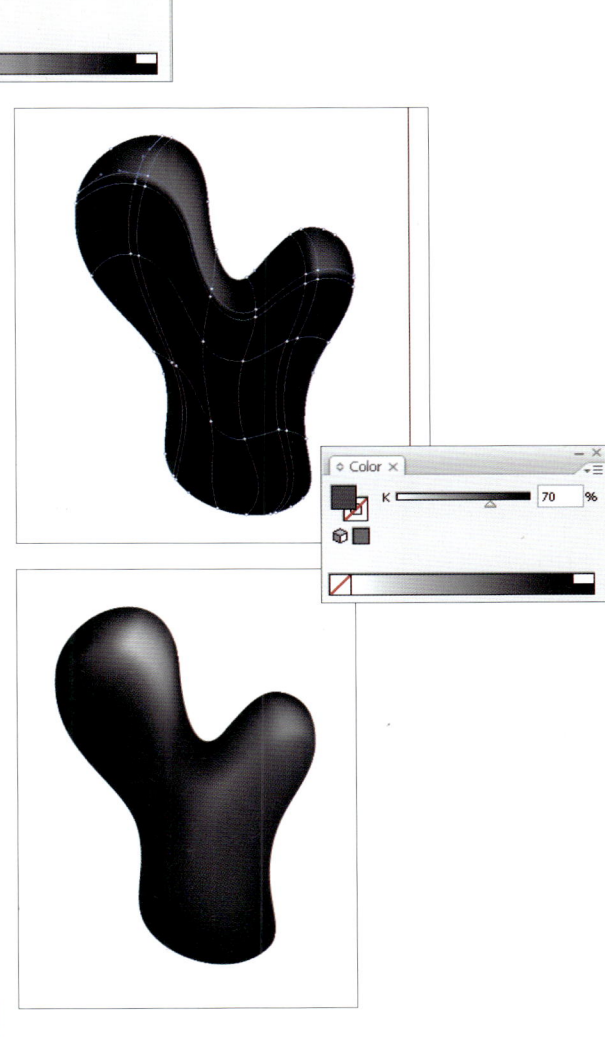

07 메시 포인트를 이용하여 이제 명암을 넣어봅니다. 〈A〉 키를 눌러 직접 선택 툴로 메시 포인트마다 적당한 색상 값을 적용합니다. 이때 메시 포인트가 밀집되어 있는 부분의 경우 포인트 간에 차이를 적당히 두어야 자연스럽게 메시 효과를 적용할 수 있습니다.

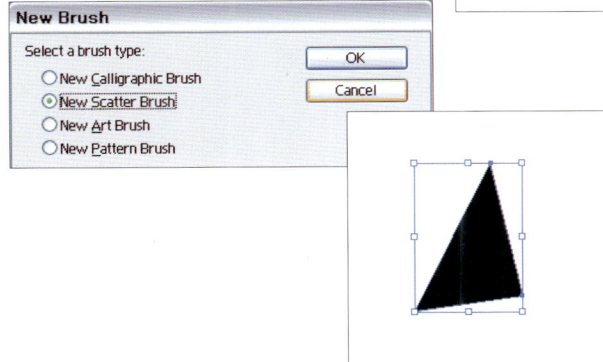

08 이번에는 작은 삼각형 조각들을 만들어 봅니다. 하나씩 만들 수도 있지만 여기서는 브러시를 이용하여 만드는 법을 알아보고자 합니다. 우선 〈P〉 키를 눌러 펜 툴로 삼각형을 만든 후 브러시 팔레트의 내림 버튼을 클릭하여 'New Brush'를 클릭합니다. Select a brush type을 'New Scatter Brush'로 선택한 후 OK 버튼을 누릅니다.

Creative Skills Chapter 12

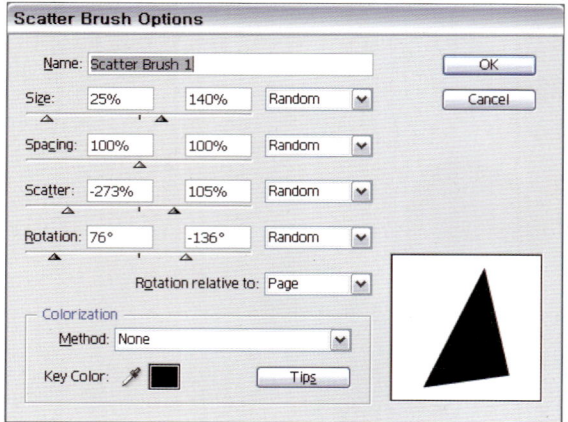
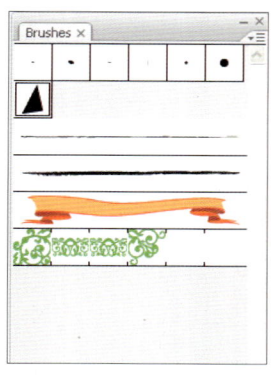
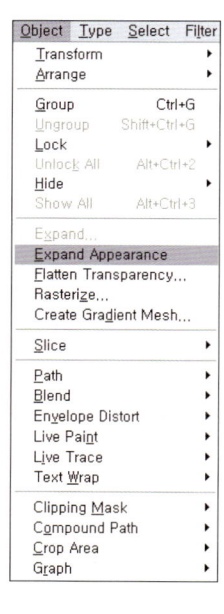
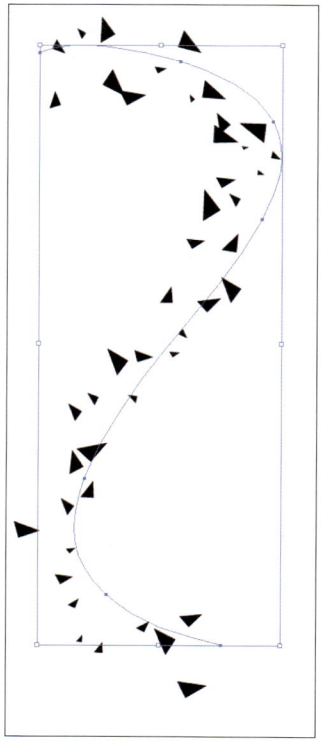
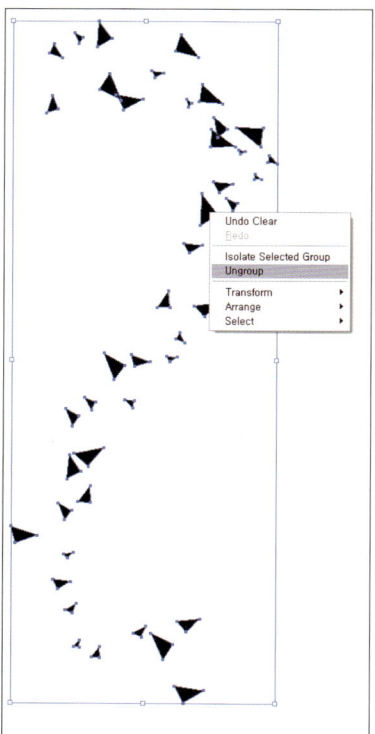

09 이제 Scatter Brush의 수치 값을 조정해 봅니다. 모두 'Random'을 적용하고 크기에 차이를 주어 브러시를 생성합니다. 브러시 툴(B)이나 펜 툴(P)을 선택하고 방금 생성된 브러시를 적용합니다. 브러시 크기가 크다면 Stroke 값을 조절합니다. 생성된 삼각형들을 각각 사용할 수 있도록 메뉴의 [Object〉Expand Appearance]를 선택하고 그룹으로 묶여있는 삼각형들에서 마우스 오른쪽 버튼을 클릭해 'Ungroup'으로 그룹 설정을 해제합니다.

Technique

10 삼각형 조각들을 적당히 배치하고 포토샵 프로그램으로 가져가기 전에 레이어를 정리합니다. 레이어 팔레트에서 새로운 레이어를 만듭니다. 다른 레이어에서 옮겨올 객체를 선택한 후 〈Ctrl+X〉를 누르고 빈 레이어를 선택해 〈Ctrl+F〉를 누르면 정확한 위치에 복제됩니다.

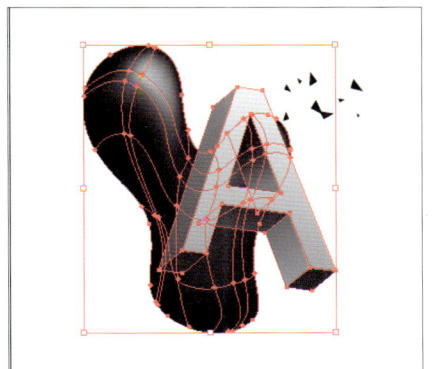
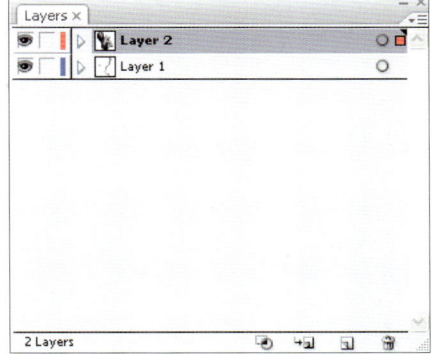
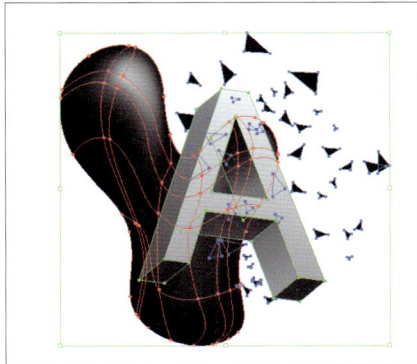
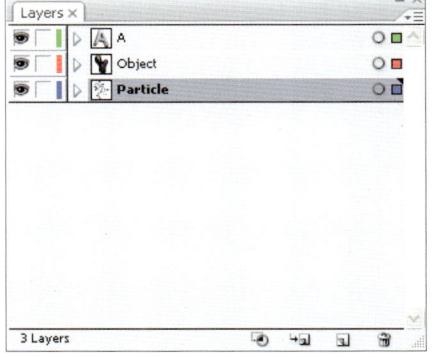

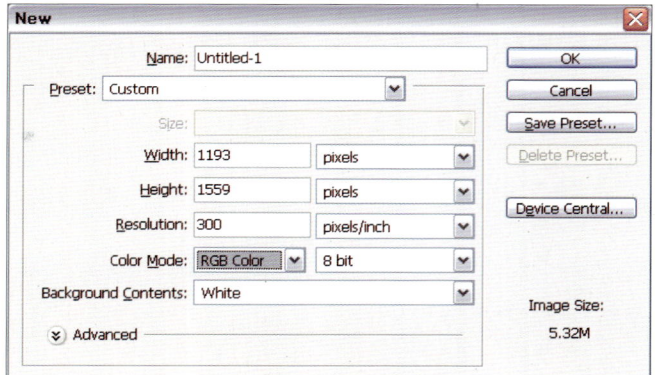

11 포토샵 프로그램을 실행하고 〈Ctrl+N〉을 눌러 새로운 도큐먼트를 만듭니다. 이때 다양한 이펙트를 적용하기 위해서는 Color mode를 'RGB Color'로 설정해야 합니다.

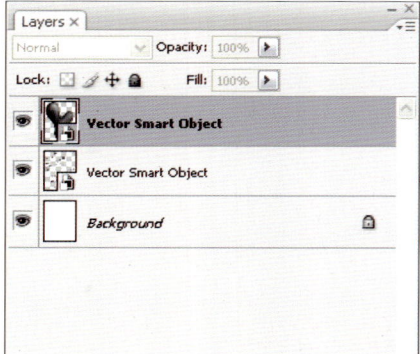

12 일러스트레이터 프로그램에서 각 레이어를 선택하고 〈Ctrl+C〉를 눌러 복사한 후 포토샵 프로그램에서 〈Ctrl+V〉를 눌러 붙여 넣고 크기를 조정합니다. 이때 레이어 이름은 'A, object, Paticle'로 설정했습니다. 위와 같은 방법으로 레이어들을 가져옵니다. 포토샵 프로그램으로 가져올 때는 Smart Object로 가져온 뒤 크기와 위치를 지정하고 레이어 팔레트에서 레이어를 선택한 후 마우스 오른쪽 버튼을 클릭하여 'Rasterize Layer'를 설정합니다.

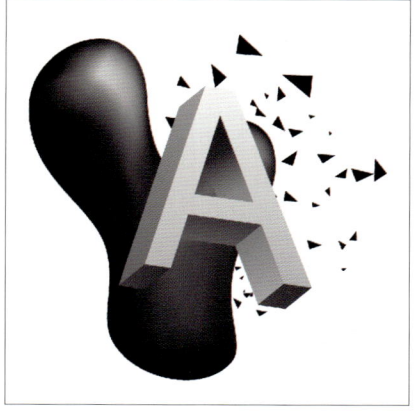

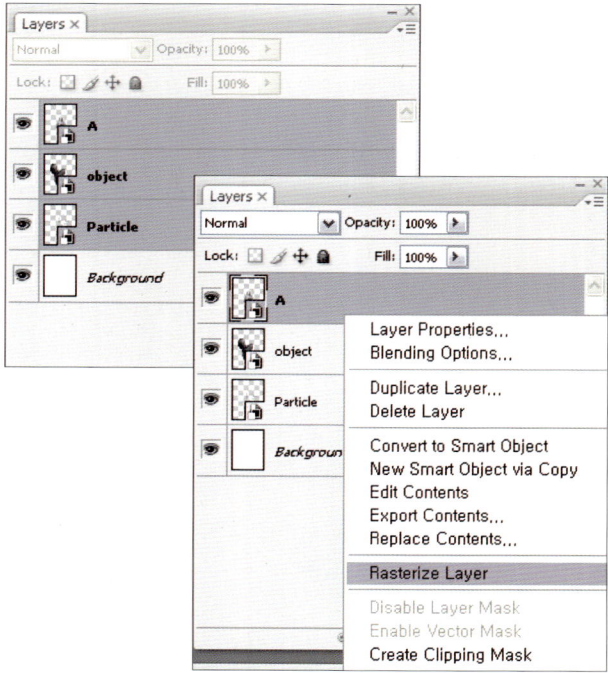

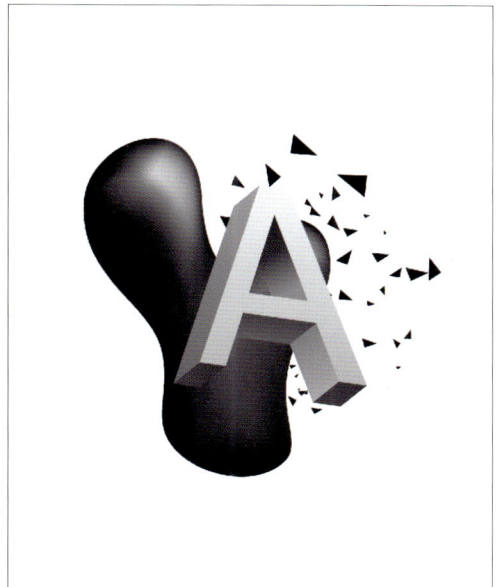

13 새로운 레이어를 만들고 이름을 'gradation'으로 설정한 후 〈G〉 키를 눌러 그라디언트 툴로 배경을 만듭니다.

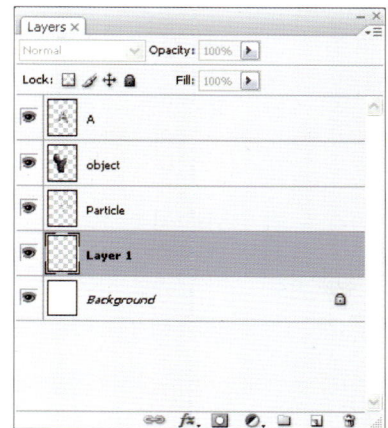

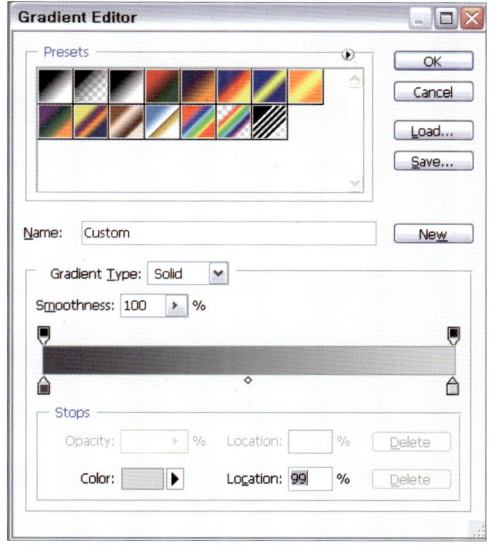

Creative Skills Chapter 12

14   삼각형 조각 레이어를 선택하고 〈Ctrl+I〉를 눌러 색상을 반전시킵니다.

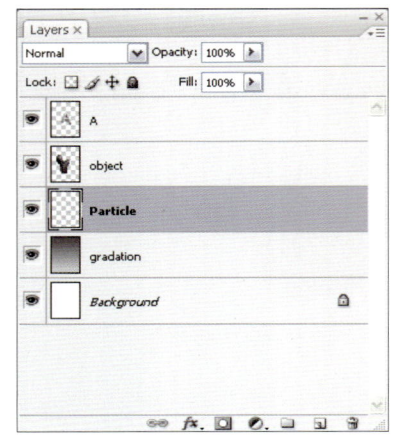

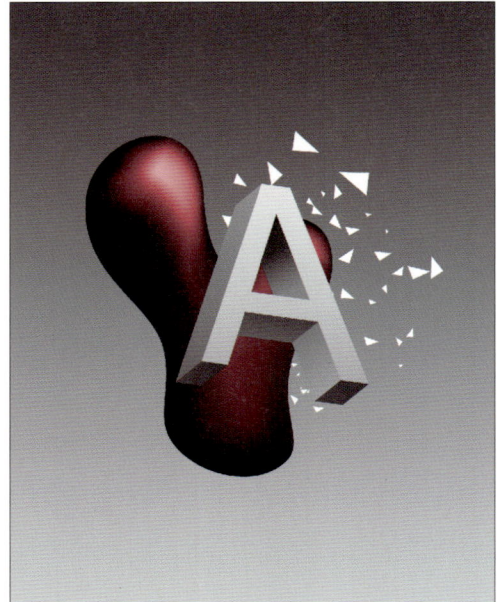

15   object 레이어를 선택하고 〈Ctrl+U〉를 눌러 Hue 값과 Saturation 값을 '349, 58'로 조정한 후 왼쪽 아랫부분의 'Colorize'를 체크합니다.

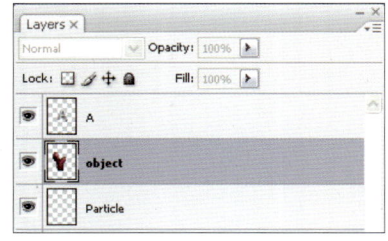

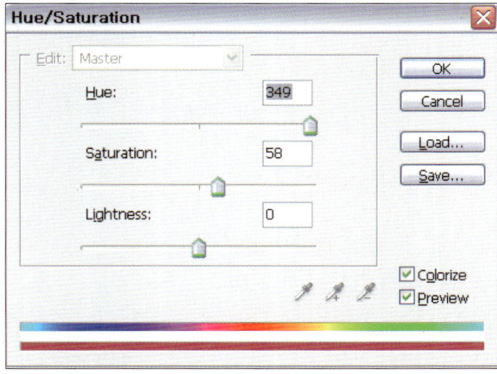

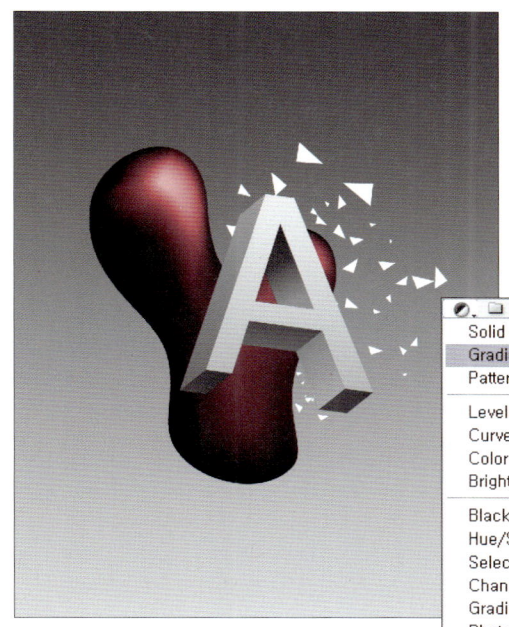

16 레이어를 맨 위에 위치시킨 후 전체적으로 비네팅 효과를 적용하기 위해서 레이어 팔레트의 보정 레이어 아이콘을 클릭해 'Gradient'를 선택합니다. Gradient Fill 대화상자에서 Style은 'Radial'로 설정하고 Scale 값을 '150%'로 조정합니다. 레이어 팔레트에서 블렌딩 모드를 'Multiply', Opacity를 '58' 정도로 설정하고 gradation 레이어의 밝기도 조절합니다.

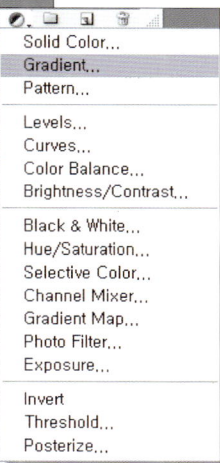
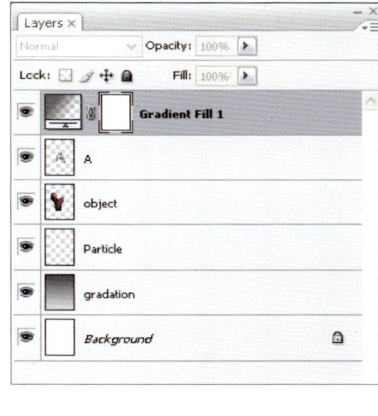
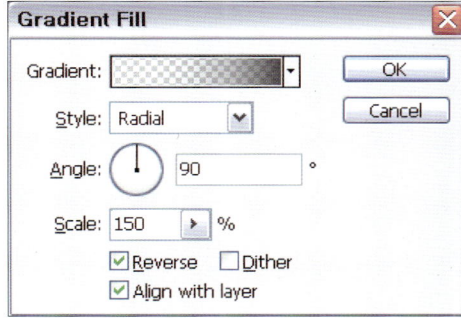
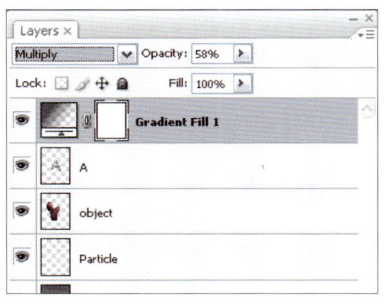
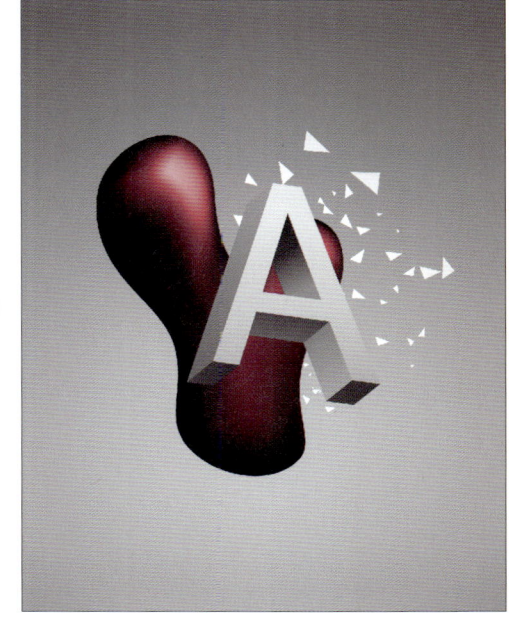

Creative Skills Chapter 12

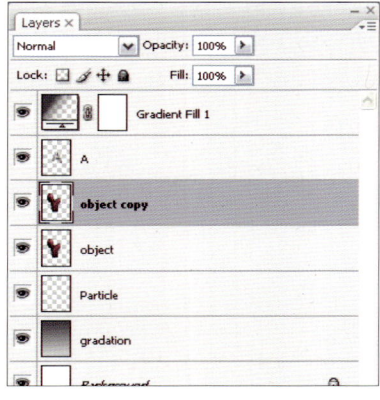

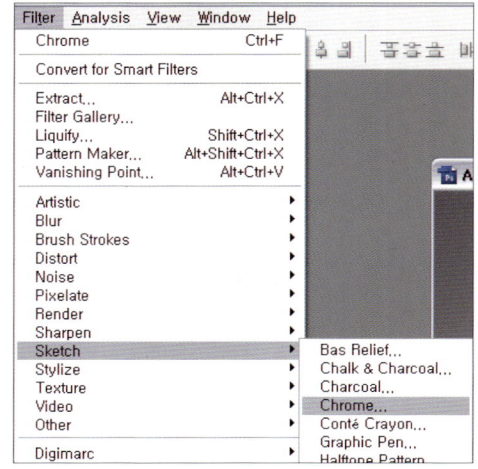

17 object 레이어를 선택하고 〈Ctrl+J〉를 눌러 같은 위치에 복제합니다. 메뉴의 [Filter〉Sketch〉Chrome]에서 Detail 값은 '0', Smoothness 값은 '10'으로 조정하고 레이어 팔레트에서 블렌딩 모드를 'Linear Dodge'로 변경합니다.

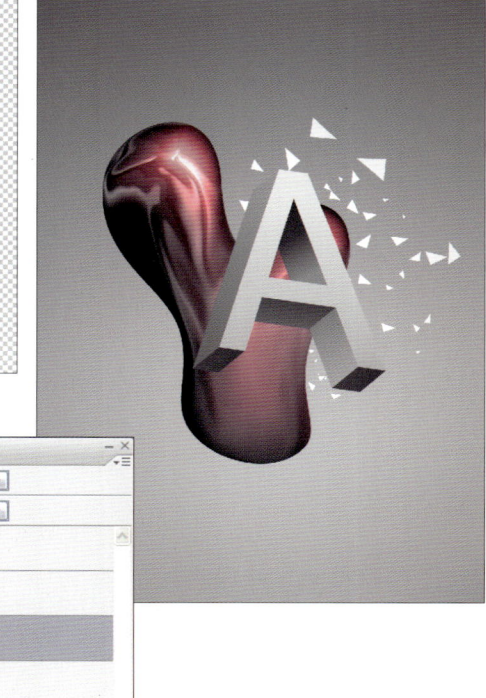

Technique 125

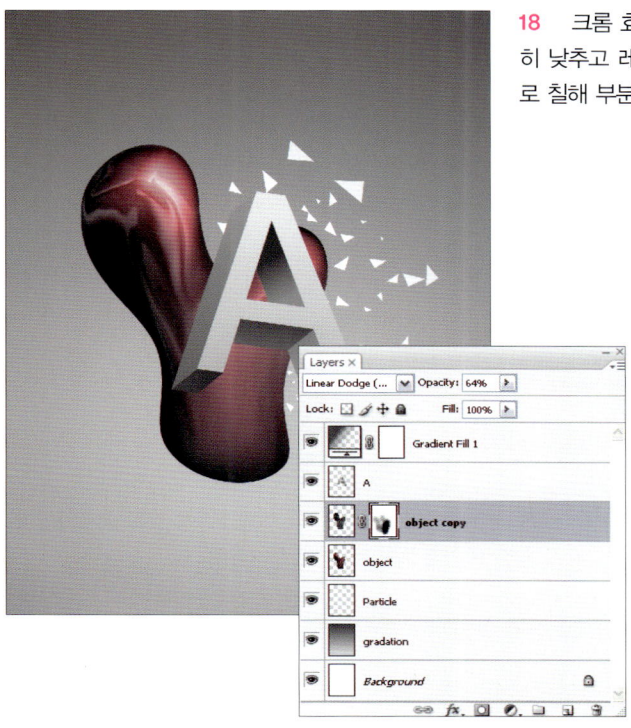

18 크롬 효과가 너무 진하다면 Opacity를 '64%'로 적당히 낮추고 레이어 팔레트에서 마스크를 생성한 후 브러시로 칠해 부분적으로 적용시킬 수 있습니다.

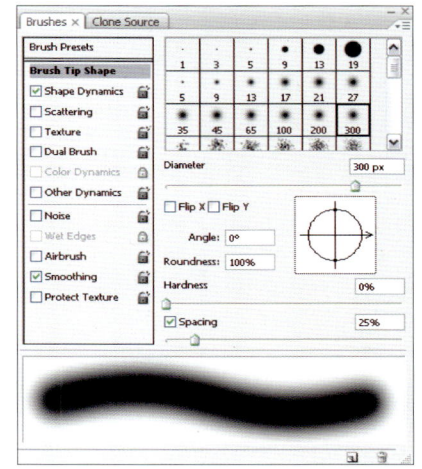

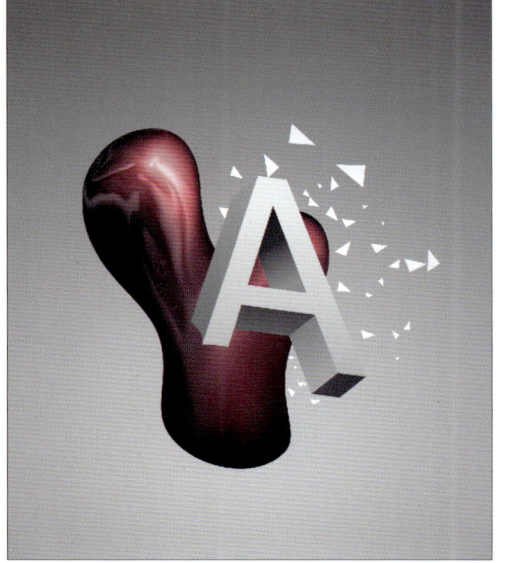

19 A 레이어를 선택하여 마스크를 적용시키고 A 글자의 끝부분을 지워 없앱니다.

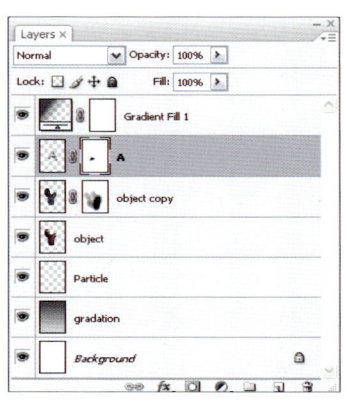

Creative Skills Chapter 12

20 빛 효과를 만들기 위해 새로운 레이어를 만듭니다. 사각형 선택영역을 만들고 〈B〉를 눌러 흰색 브러시로 그림과 같이 칠합니다. 〈Ctrl+T〉를 눌러 바운딩 박스를 조절해 위치와 각도를 지정하고 레이어 이름을 'light'로 설정합니다. A 레이어 아래쪽에 위치시켜 글자 뒤에 나타나도록 합니다.

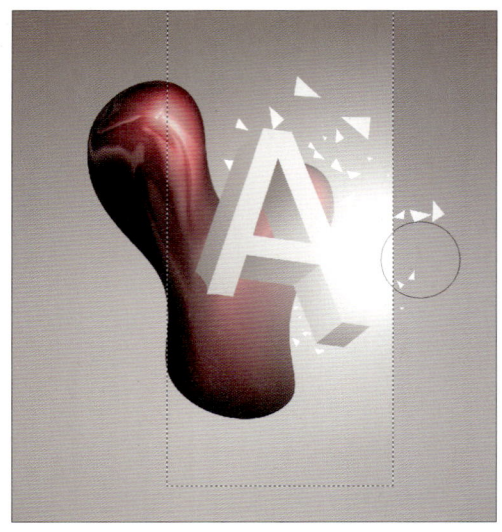

21 메뉴의 [Filter〉Blur〉Gaussian Blur]에서 Radius 값을 '1.5' 정도로 설정합니다. 〈Ctrl+J〉를 눌러 복제해서 다양한 위치에 적용합니다.

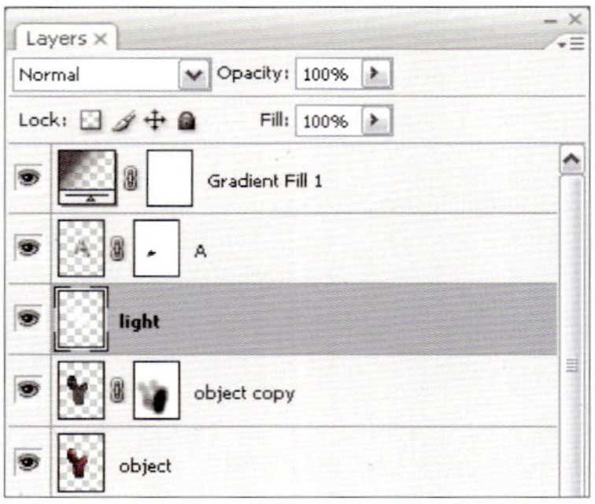

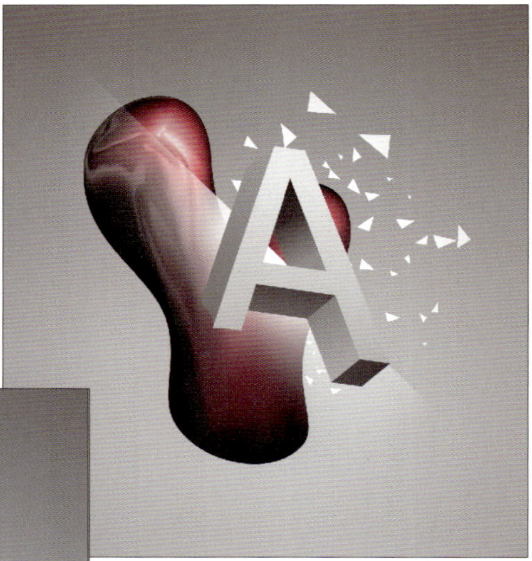

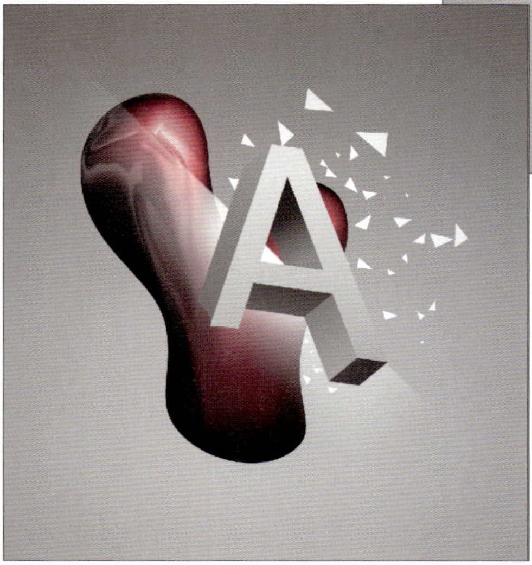

Technique

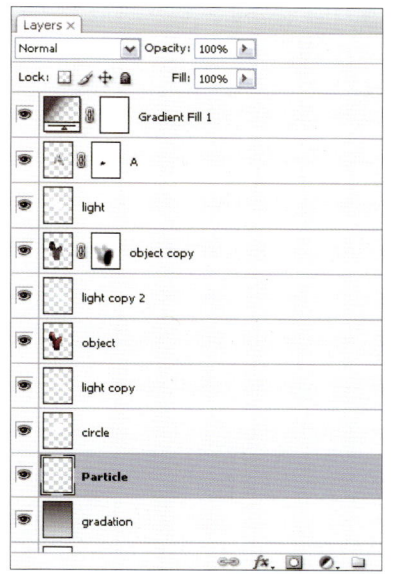
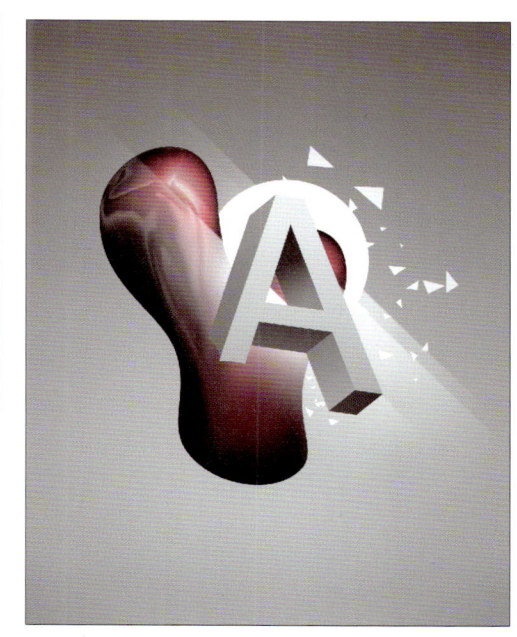

22 새로운 레이어를 만들고 이름을 'circle'로 설정합니다. 원형 선택 툴로 원을 만들고 페인트통 툴 〈G〉을 이용하여 흰색을 채운 후 삼각형 조각 레이어 위에 위치시킵니다.

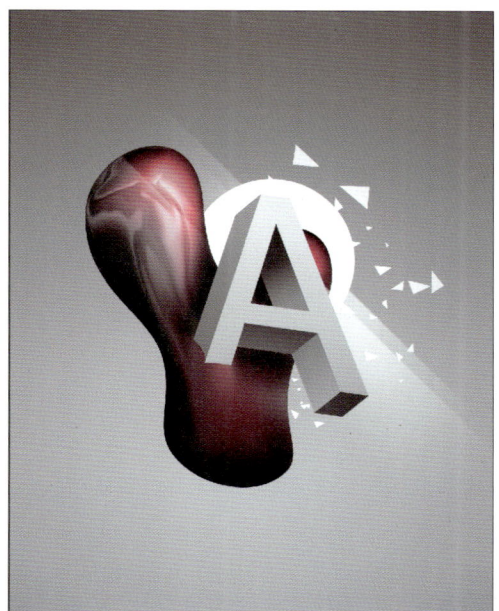

23 새로운 레이어를 만들고 이름을 'A_shadow'로 설정하고 object 레이어와 〈Alt〉 키를 누른 채로 레이어 사이를 클릭하여 연결합니다. light 레이어도 같은 방법을 적용시키고 브러시와 마스크를 이용해서 A 글자 뒤에 그림자를 만들어 줍니다.

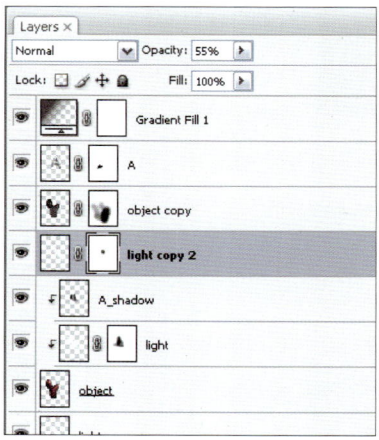

Creative Skills Chapter 12

24 원형 선택 툴〈M〉과 메뉴의 [Filter〉Blur〉Gaussian Blur]를 이용해서 글자 아래 그림자를 만든 뒤 color 레이어를 새로 만들고 object 레이어와 연결합니다. 블렌딩 모드를 'Hue'로 설정하고 브러시로 색상을 칠합니다.

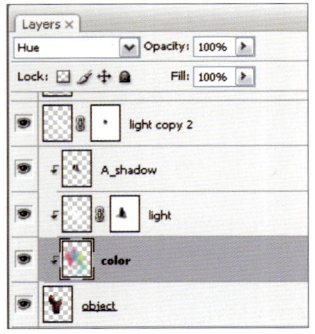

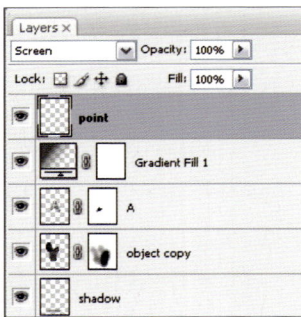

25 삼각형 조각들을 〈Ctrl+J〉를 눌러 복제해 다른 곳에도 위치시키고 하이라이트 부분에 흰색 브러시를 적용시킵니다. 글자색이 연하다면 마술봉 툴 〈W〉을 이용하여 글자 면을 선택한 후 〈Ctrl+L〉을 눌러 그림과 같이 Level 값을 조정합니다.

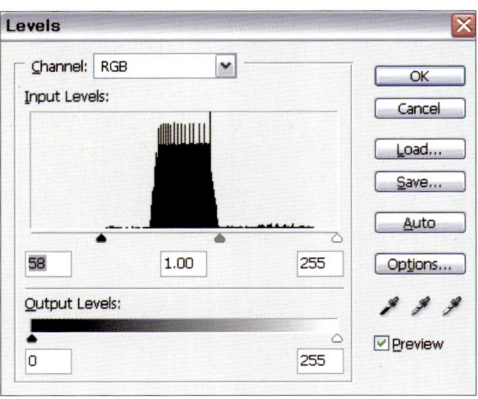

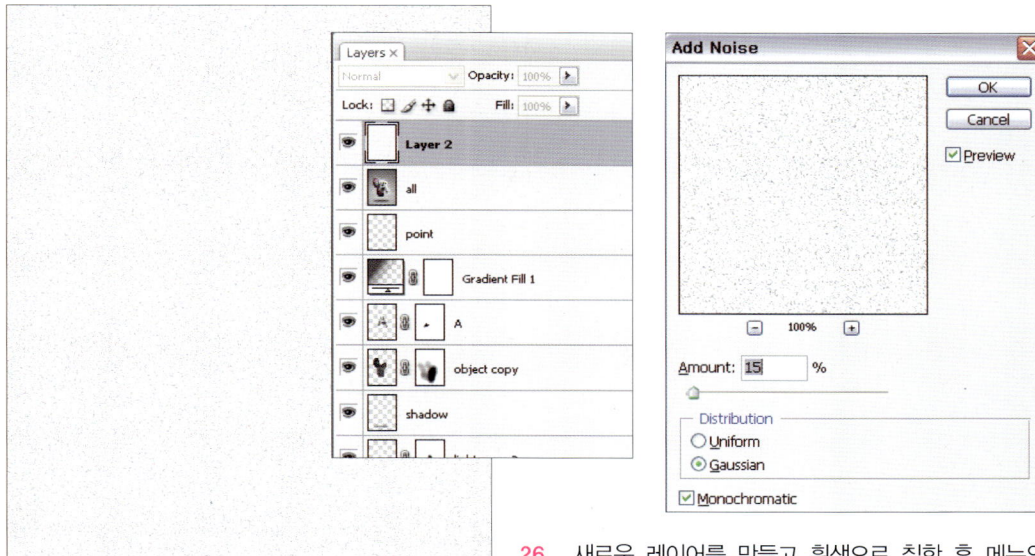

26 새로운 레이어를 만들고 흰색으로 칠한 후 메뉴의 [Filter〉Noise〉Add Noise]에서 Amount 값을 '15' 정도로 적용합니다. 블렌딩 모드는 'Multiply'로 설정하고 Opacity는 조금 낮춥니다.

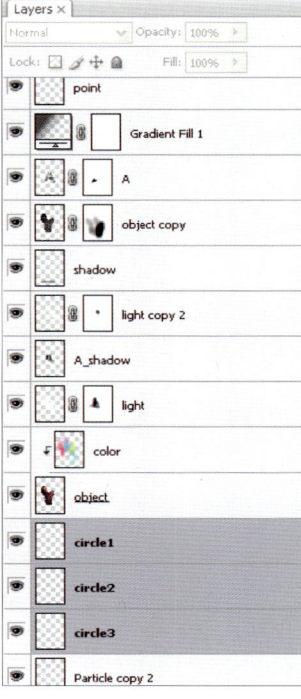

27 이번에는 전체적인 밀도를 높이며 주제를 강조하기 위한 원형 선을 그립니다. 새로운 레이어를 만들고 원형 툴로 원형 선택 영역을 만들고 메뉴의 [Edit〉Stroke]에서 2pt 크기로 흰색 선을 만듭니다. 〈Ctrl+J〉를 눌러서 복제한 후 Opacity와 크기를 조절하여 배치합니다. 여기서는 레이어 이름을 'circle1~3'으로 설정했습니다.

Creative Skills Chapter 12

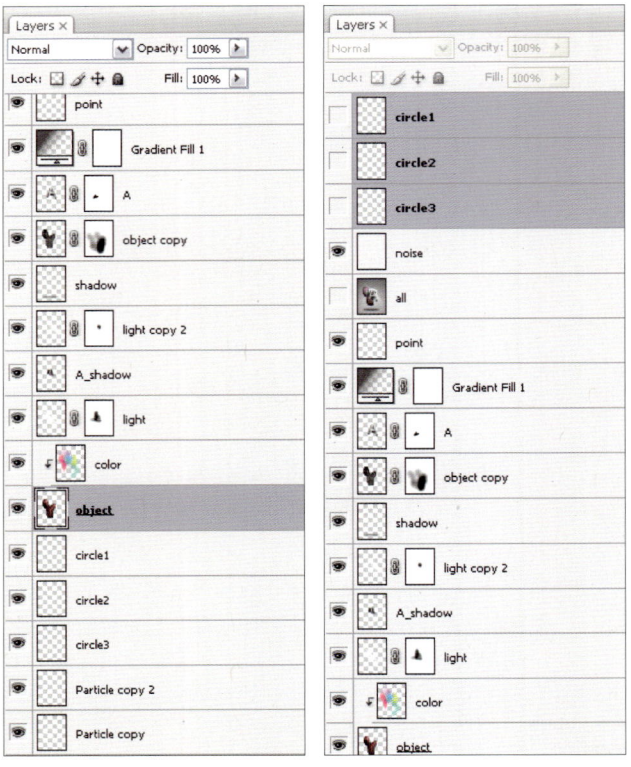

28 object 레이어의 섬네일 이미지를 〈Ctrl〉 키를 누른 채 클릭하면 object 레이어 모양대로 선택영역이 지정됩니다. 이때 circle1~3 레이어를 선택하고 삭제한 후 이 레이어들을 맨 위로 올리고 잠시 레이어를 숨깁니다.

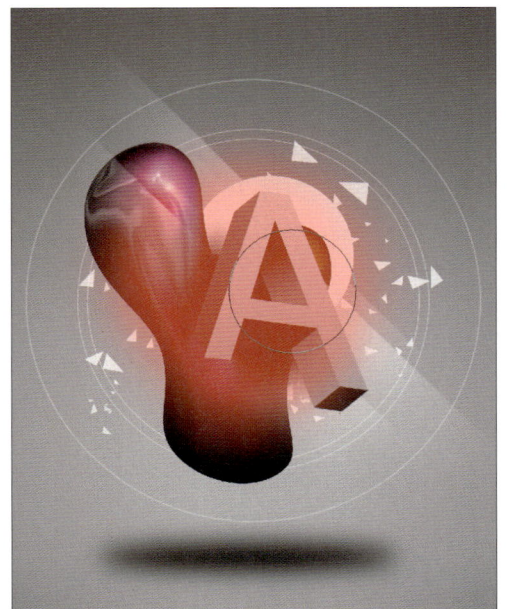

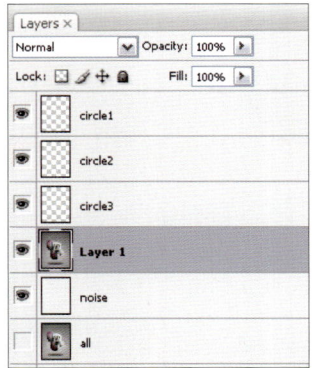

29 〈Ctrl+Alt+Shift+E〉를 눌러서 하나의 레이어로 만들고 합쳐진 레이어에서 도구상자의 퀵 마스크 버튼을 클릭하여 퀵 마스크 모드를 실행합니다. 포커스가 맞아야 할 부분을 큰 브러시로 칠합니다. 퀵 마스크 버튼을 다시 클릭하고 메뉴의 [Filter〉Blur〉Lens Blur]를 선택해 렌즈 블러 효과를 약하게 적용합니다.

30 잠시 숨겨두었던 Circle1~3 레이어를 나타내 완성합니다. **CA**

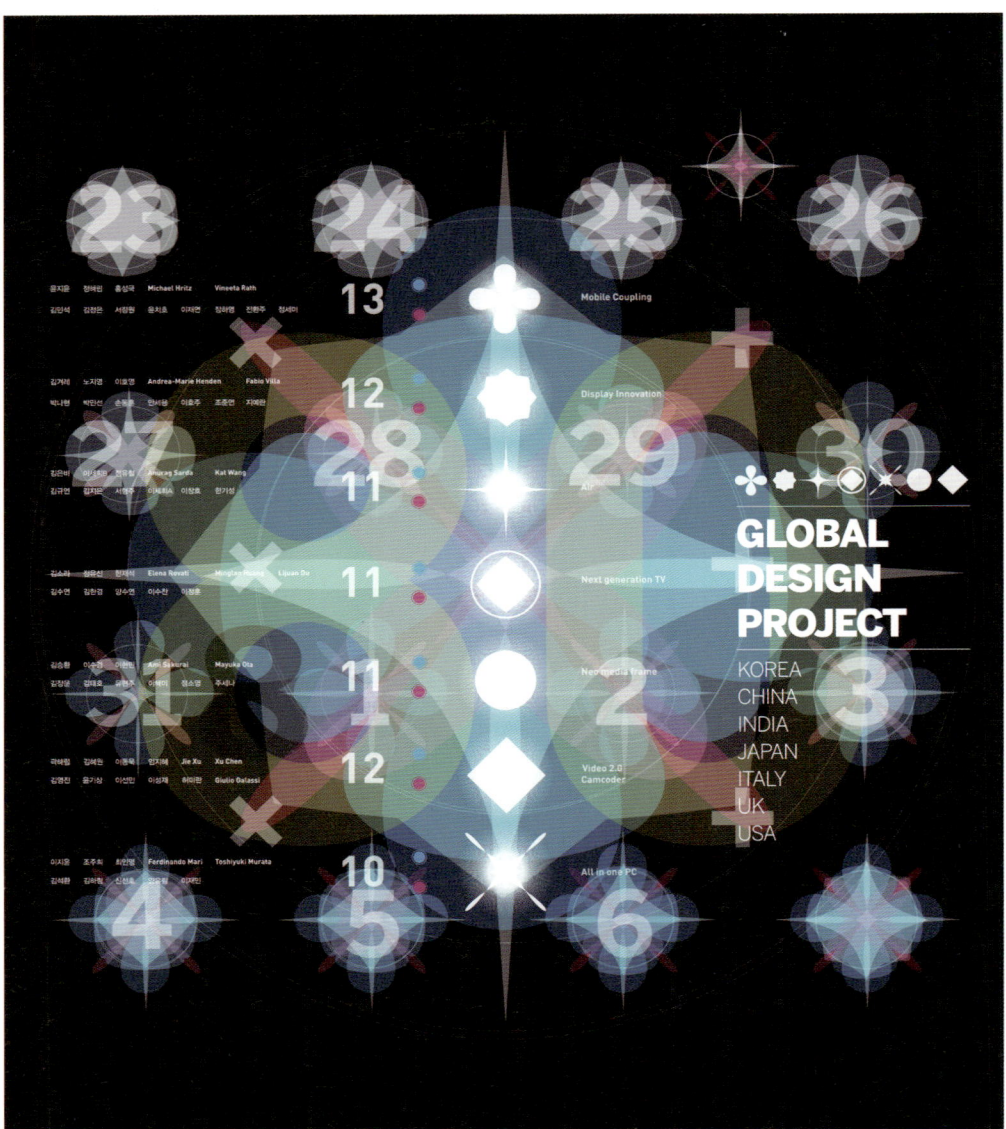

Creative Artworks-3

Chapter 13

다양한 벡터 이미지 겹치기

기본적인 일러스트레이터 툴을 이용하여
다양한 심볼을 만들어 봅니다

Notice
필자는 국민대 시각디자인학과 성재혁 교수와 네덜란드 디자이너
카렐 마르텐스 Karel Martens를 좋아하는 성향이 반영되어
수많은 레이어와 오브젝트를 겹치는 기법을 매우 즐깁니다. 사용하는
모든 기호와 심볼들에 의미를 부여하고 규칙을 정하여 풀어나갑니다.
여기서 완성 이미지는 2010년 삼성디자인멤버십 글로벌 프로젝트
공식 포스터의 일부분입니다.
80명의 회원이 7개의 다른 부서에서 3주 동안 프로젝트에 매진했던
것을 심볼화시켜서 포스터로 나타내었습니다. 여기서는
각 의미가 어떤 심볼로 디자인되는지를 알아보는 것이 중요합니다.
레이어와 오브젝트를 겹치는 방법은 이미지를 좀더 화려하고
풍성하게 만들어줍니다. 다만 너무 과하게 겹쳤을 때는 디자인 의도가
불분명해질 수 있으므로 중도를 지키는 감각이 필요합니다.

Skills
블렌딩 효과 사용하기
Distort 활용하기
레이어 겹치기

Time Needed
3시간

Resurce
gdpposter_black_outlined2.ai
gdpposter_black_outlined2.psd

Designer
김지홍 Kim Ji Hong
www.hereandeverywhere.com
국민대학교 시각디자인학과 학생으로, 삼성 디자인 멤버십 18기
회원으로 활동하고 있습니다. 어도비 디자인 어워드와 서울 국제
디자인 공모전 등에서 수상한 경력을 쌓았고, 다양한 상업용
프로젝트에 참여했습니다.

Creative Skills Chapter 13

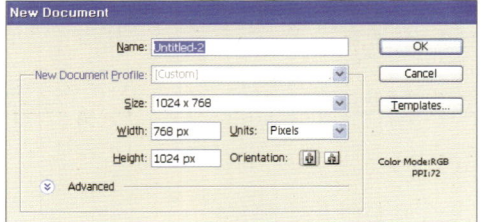

01 일러스트레이터 프로그램을 실행하고 그림과 같이 '1,024 × 768' 크기의 새로운 도큐먼트를 만듭니다. 사각형 툴(M)을 이용해서 검은색 그라디언트 배경을 적용합니다. 새로운 레이어를 추가하고 이름을 'Grid Layer'로 설정한 후 가운데 부분을 가로지르는 선을 긋습니다.

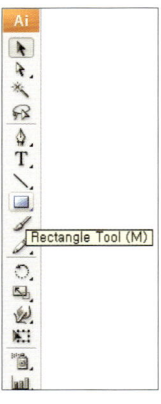

02 배치한 그리드를 따라서 그림과 같이 0.25 pt의 흰색 원형 선을 그립니다. 이것은 기본적인 기준점 역할을 하게 됩니다.

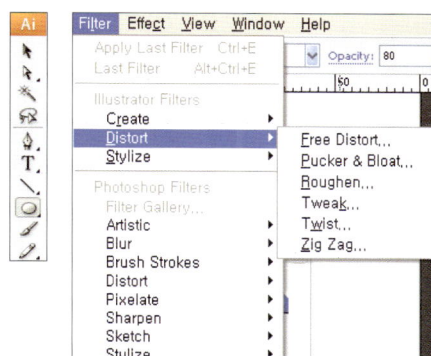

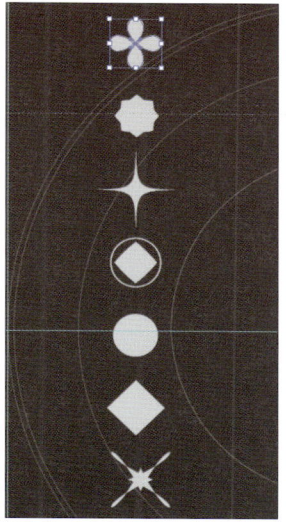

03 원형 툴을 이용해 원을 하나 더 만들고 메뉴의 [Effect〉Distort]에서 다양한 옵션들을 사용해서 그림과 같이 여러 개의 심볼들을 만듭니다.

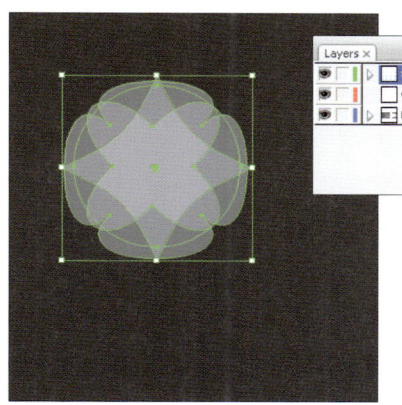

04 만들어진 심볼들을 토대로 둔탁한 모양부터 날카로운 모양까지 각 심볼별로 16단계로 변형하고 7종류의 심볼들을 단계별로 묶어 가운데 정렬합니다. 이때 심볼들의 투명도Opacity는 '30%'로 설정합니다.

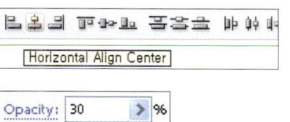

Creative Skills Chapter 13

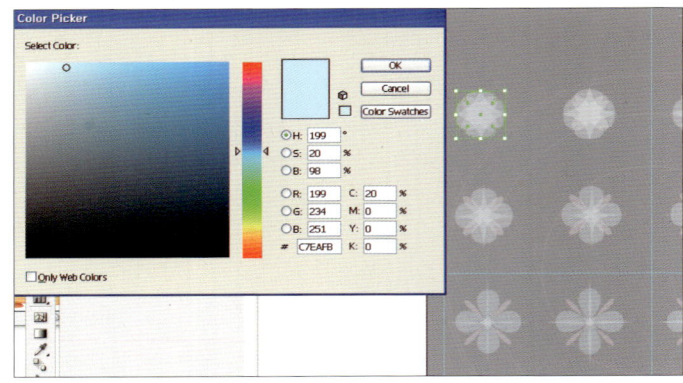

05 심볼 색상의 점진적인 강약조절은 투명도Opacity가 아닌 색상 변화로 나타냅니다. Color Picker 대화상자에서 각 심볼에 색상을 적용합니다. 네 잎 클로버 모양 심볼의 경우 Cyan 색상을 적용하고, 투명도는 '20%'에서 각 단계별로 5%씩 높여 적용했습니다.

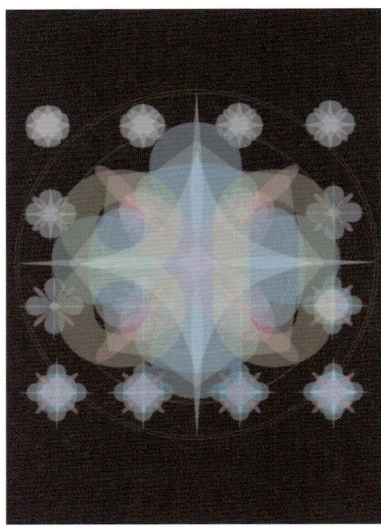

06 〈T〉 키를 눌러 타입 툴로 가운데 부분에 800이라는 문자를 입력하고, 마지막 단계의 심볼 그룹도 확대시켜 위치시킵니다. 여기서 서체는 'Benton Sans'를 사용했습니다.

TIP 요소들이 점점 많아지기 때문에 작업중 레이어 관리를 잘하는 것이 중요합니다. 묶을 수 있는 요소별로 레이어들을 따로 분리하여 그룹으로 관리하는 것이 좋습니다.

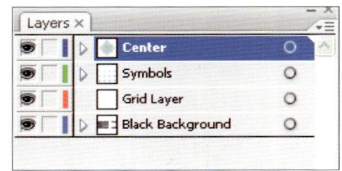

07 레이어 팔레트에서 새로운 레이어를 만들고 이름을 'Top Center'로 설정합니다. 마지막 단계의 심볼들을 따로 분리하여 가운데에 세로 방향으로 위치시키고 색상은 흰색, 투명도Opacity는 '80%'로 설정합니다.

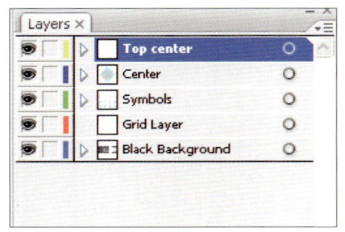
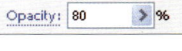

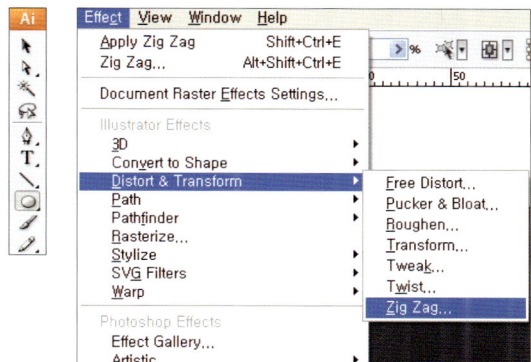

08 이번에는 가운데 심볼 아래쪽에 글로우 효과를 나타냅니다. 원형 툴로 흰색 원을 만들고 메뉴의 [Effect>Distort & Transform>Zig Zag]를 선택해 Zig Zag 대화상자에서 Size를 '15.17mm', Ridges per segment를 '100%'로 설정하고 Points를 'Corner'로 선택합니다.

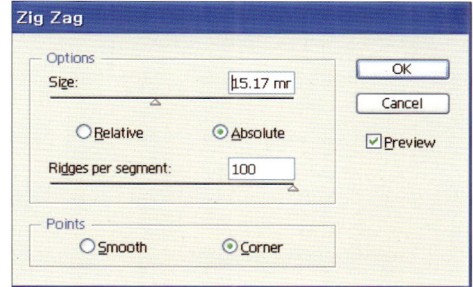

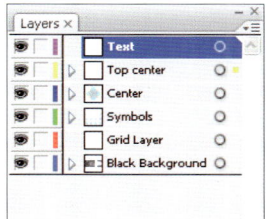

09 Text 레이어를 추가하고 여러 가지 텍스트들을 정리해 입력합니다.

TIP 어떤 텍스트가 위쪽으로 올라와야 하는지, 아래쪽으로 내려가야 하는지 우선순위를 정해서 혼란이 없도록 작업하는 것이 중요합니다.

Creative Skills Chapter 13

10 일러스트레이터 프로그램에서의 작업을 마무리했다면 PDF로 저장한 후 포토샵 프로그램에서 파일을 불러옵니다. 〈Ctrl+C〉와 〈Ctrl +V〉를 눌러 붙여 넣어 Smart Object로 불러왔다면 레이어 팔레트에서 레이어를 선택하고 마우스 오른쪽 버튼을 클릭하여 'Rasterize Layer'를 선택해 이미지화합니다.

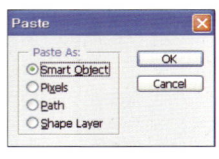

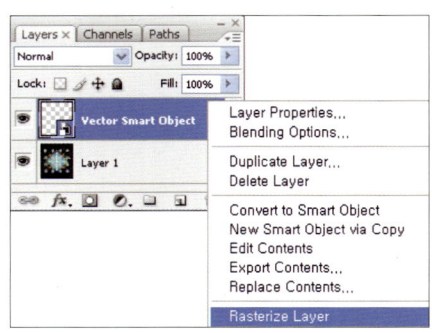

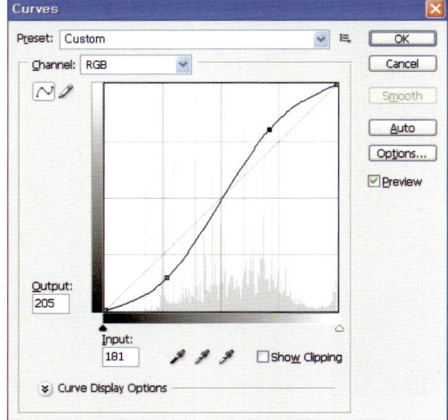

11 〈Ctrl+M〉을 눌러 커브선을 조정합니다. 하이라이트 Highlight 부분과 미드톤 Midtone의 명암 대비를 강조합니다.

12 이미지의 전반적인 분위기와 강조는 포토샵 프로그램에서 작업하는 것이 훨씬 빠릅니다. 11에서와 같이 커브선의 모양을 다양하게 변화시켜 새로운 결과를 얻어봅시다. CA

Chapter 14 기본 툴로 인상적인 아트워크 만들기

Creative Artworks-3

Chapter 14

기본 툴로 인상적인 아트워크 만들기

기본적인 툴만으로 단순하면서도
인상적인 아트워크를 연출하는 법을 익혀봅니다.

Notice
수많은 작업들 틈에서 눈에 띌 수 있도록 아주 단순하고 기본적인
기법을 사용하면서 독특한 아트워크를 만들어보겠습니다.
이런 이미지들을 만드는 것은 그리 어렵지 않지만 구성, 색감,
섬세함이 요구됩니다. 기술적으로 크게 어려운 부분은 없으나 색상을
사용하면서 좀더 까다로워질 필요가 있습니다.

Skills
블렌딩 모드 사용하기
클리핑 마스크 사용하기
섬세한 색상 사용하기
음영 처리하기

Time Needed
2시간

Designer
나이젤 에반 데니스 Nigel Evan Dennis
www.hereandeverywhere.com
국민시카고에서 2004년에 일렉트릭 히트 Electric Heat 라는 이름으로
전문적인 디자인 작업을 시작했습니다. 그때부터 그는 사진부터
타이포그래피, 수작업 일러스트레이션까지 아우르면서
다작 디자이너로 활동해왔습니다.

Resurce
making.psd
space.jpg
wood.jpg

Reworked by
김지홍

Creative Skills Chapter 14

01 포토샵 프로그램을 실행하고 새로운 도큐먼트를 만든 후 〈Ctrl+O〉를 눌러 'space.jpg' 파일을 불러옵니다.

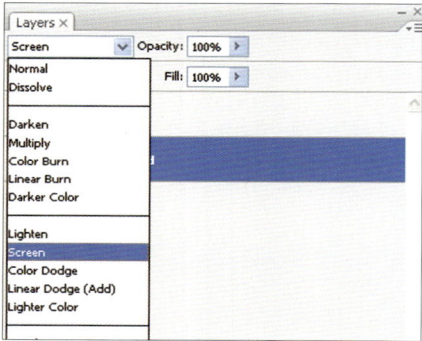

02 레이어 팔레트에서 우주 이미지 레이어의 블렌딩 모드를 'Screen'으로 변경합니다.

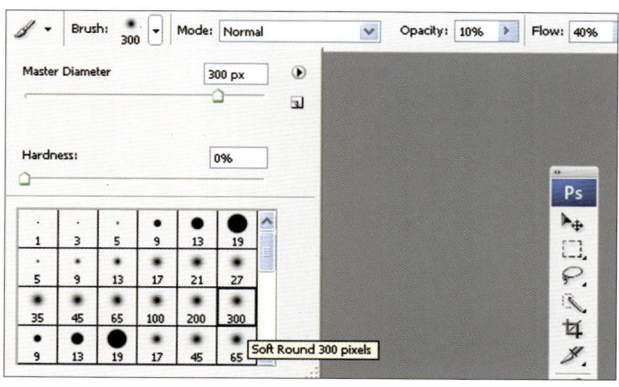

03 〈B〉 키를 눌러 브러시 툴을 선택하고 그림과 같이 브러시를 설정한 후 색상을 선택하여 칠하기 시작합니다. 부드러운 빛을 표현하기 위해 밝은색을 칠합니다. 미색의 빨간색, 녹색, 파란색을 골고루 사용합니다. 브러시 크기는 약 '450px', Flow는 '15%' 정도 적용하며 부드럽고 큰 브러시를 사용하고, Flow는 낮은 레벨로 적용합니다.

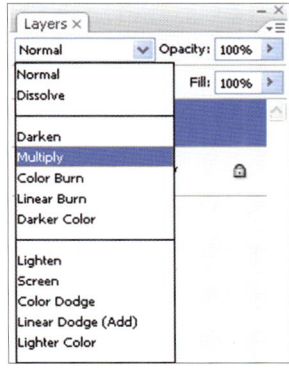 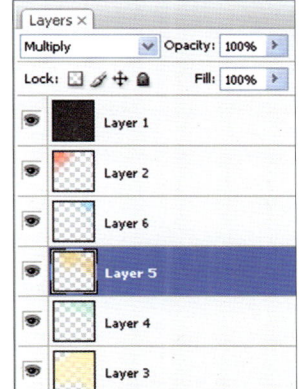 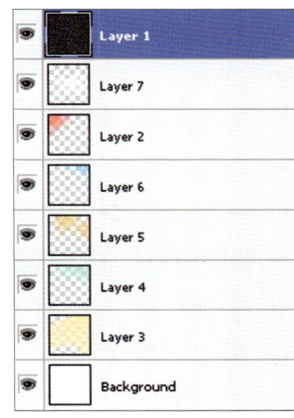

04 이미지에서 적절한 따스함을 느낄 수 있도록 스크린 Screen, 멀티플라이 Multiply, 오버레이 Overlay 등의 블렌딩 모드를 사용합니다. 이때 부드러운 노란색이 좋으며, 블렌딩 모드를 사용하기 위해 색상마다 레이어를 하나씩 만드는 것이 좋습니다. 불러온 우주 이미지 레이어는 모든 색상 레이어의 위에 있어야 하고 항상 부드러운 브러시를 사용합니다.

 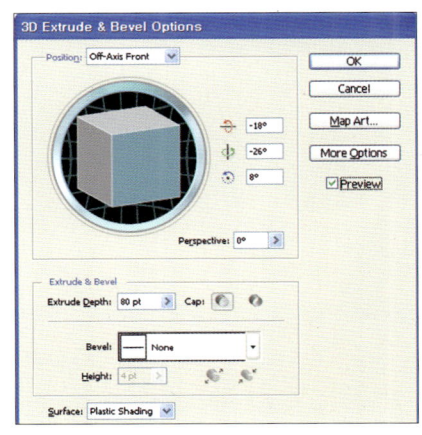 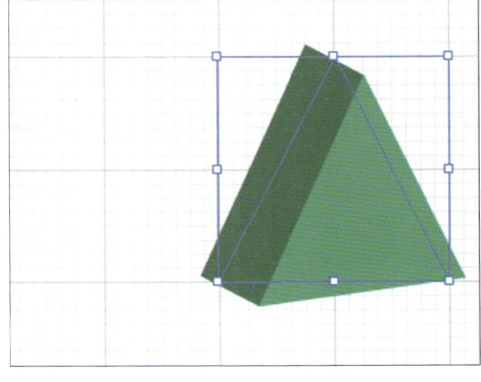

05 일러스트레이터 프로그램을 실행하고 새로운 도큐먼트를 만듭니다. 펜 툴로 삼각형을 만들고 메뉴의 [Effect〉3D〉Extrude & Bevel]에서 각도를 '-18 , -26, 8'로 설정하여 삼각형을 3D 모양으로 렌더링합니다.

Creative Skills Chapter 14

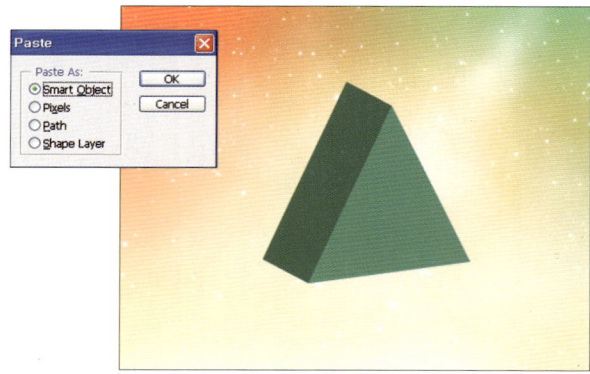

06 만들어진 3D 객체를 선택하고 포토샵 프로그램에 복사하여 붙여 넣습니다. Smart Object로 붙여 넣으면 다음 단계에서도 계속해서 쉽게 크기를 조절할 수 있습니다.

07 위와 같은 방법으로 일러스트레이터 프로그램에서 또다른 3D 삼각형을 만든 후 포토샵 프로그램에 붙여 넣습니다. 이제 이 모양들에 나무 질감을 더할 것이므로 〈Ctrl+O〉를 눌러 wood.jpg 나무 이미지 파일을 불러옵니다.

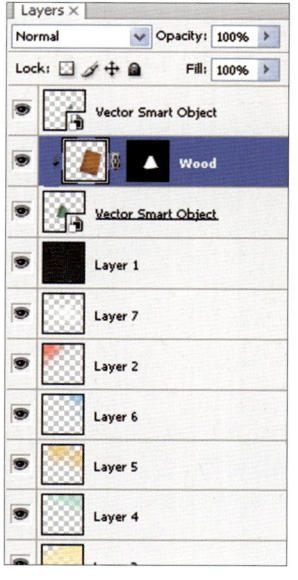

08 〈P〉 키를 누르고 펜 툴을 이용하여 3D 삼각형의 외곽선을 추출해 패스를 만듭니다. 레이어 팔레트 아래쪽의 레이어 마스크 아이콘을 클릭하여 클리핑 마스크를 만들고 레이어 사이를 클릭해 연결시킵니다.

Technique 145

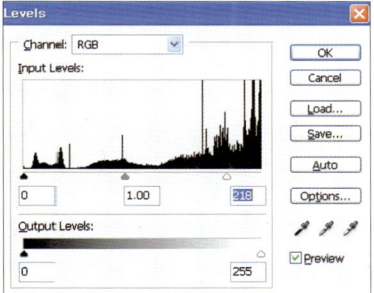

09 이번에는 따뜻한 느낌의 공간감을 만듭니다. 07에서 불러온 것과 같은 wood.jpg를 사용하여 다른 각도로 위의 과정을 반복합니다.

TIP 따뜻한 느낌을 주기 위해 Level 값을 조정합니다. 앞서 만들었던 나무보다 색상은 더 어두운 편이 좋습니다.

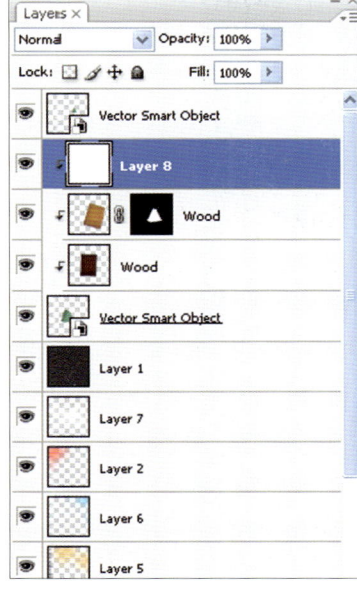

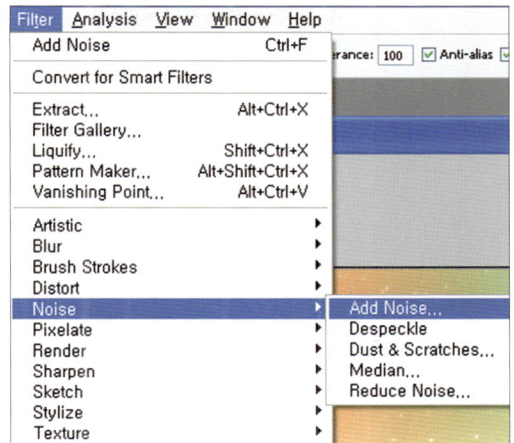

10 나무에 질감을 더하는 한 가지 팁은 흰색 레이어에 노이즈를 더하는 것입니다. 각자 더 많거나 적은 양의 노이즈를 더해 섬세하고 오래된 듯한 작품을 만들 수 있습니다.

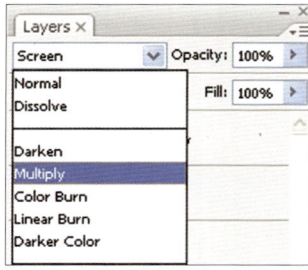

11 노이즈를 더한 흰색 레이어의 블렌딩 모드를 'Multiply'로 변경하면 부드럽고 훌륭한 질감이 완성됩니다. 다른 삼각형에도 위와 같은 과정을 반복합니다.

12 작품에 공간감을 주기 위해 객체를 하나 더 만듭니다. 여기서는 원형 툴을 이용해 간단하게 빨간색 구를 하나 더 만들었습니다.

13 빨간색 구 레이어를 선택하고 〈Ctrl+T〉를 눌러 바운딩 박스를 조절해 크기를 조절합니다.

14 몇 개의 작은 삼각형들을 만들기 위해 삼각형 레이어를 선택한 채 마우스 오른쪽 버튼을 클릭하여 'Duplicate Layer'를 선택해 복제하고 위치와 크기를 조절해 완성합니다. **CA**

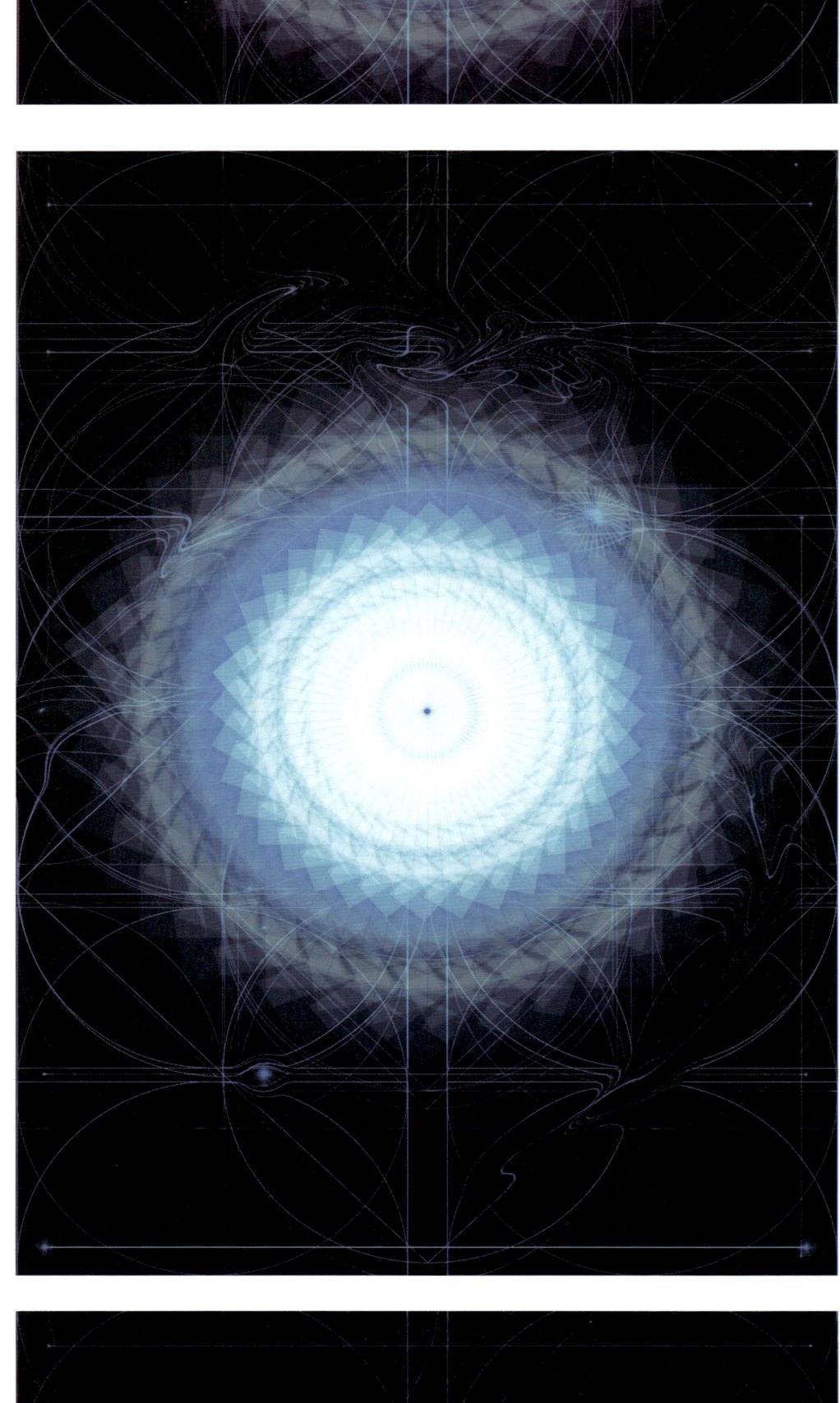

Chapter15 반복과 투명도를 이용한 복잡한 아트웍 만들기

Creative Artworks-3

Chapter 15

반복과 투명도를 이용한 복잡한 아트워크 만들기

하나의 심볼을 가지고
복잡한 아트워크로 발전시켜나가 봅시다

Notice
화려하고 복잡한 스타일을 사용하는 데 있어서 때로는 만다라 등에서 아이디어를 얻기도 합니다. 그 의미를 연결시켜서 작품을 풀어나갈 때도 있고, 시각적인 느낌을 빌려 작업에 연관시킬 때도 있습니다. 여기서는 만다라의 시각적 느낌에 치중하였으며 그에 대한 활용은 무한해질 수 있으므로, 반복해서 연습해 익힌 다음 적절한 곳에 활용할 수 있도록 합니다.

Skills
블렌딩 모드 사용하기
레이어 겹치기
Liquify 필터 사용하기

Time Needed
3시간

Designer
김지홍 Kim Ji Hong
www.hereandeverywhere.com
국민대학교 시각디자인학과 학생으로, 삼성 디자인 멤버십 18기 회원으로 활동하고 있습니다. 어도비 디자인 어워드와 서울 국제 디자인 공모전 등에서 수상한 경력을 쌓았고, 다양한 상업용 프로젝트에 참여했습니다.

Resurce
caOutlined2.ai
full.psd
full-merged.psd

Creative Skills Chapter 15

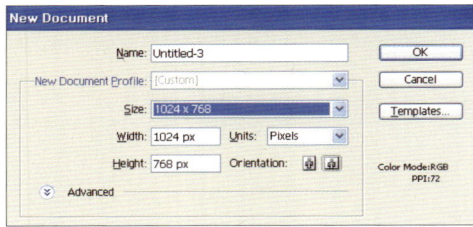

01 일러스트레이터 프로그램을 실행하고 〈Ctrl+N〉을 눌러 '1,024px X 768px' 크기의 새로운 도큐먼트를 만듭니다. 〈Ctrl+R〉 눌러 자Ruler를 활성화시키고 자Ruler를 클릭한 채 드래그하여 중심과 여백을 고려한 가이드 선을 배치합니다.

TIP 현재 화면은 4분할되어 있지만 이후의 작업을 위해서는 8분할하는 것도 좋습니다.

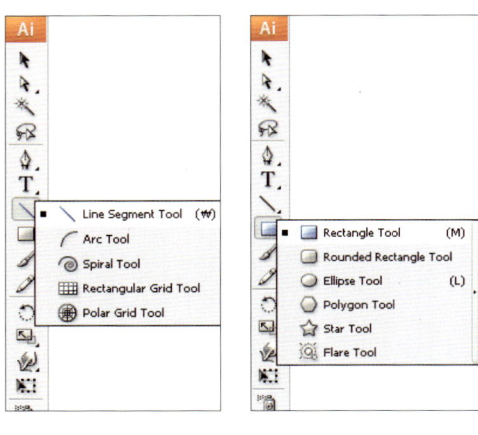

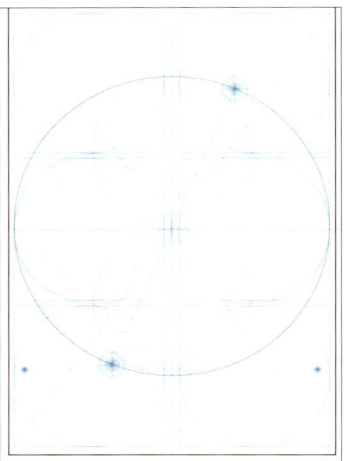

02 가이드 선을 따라 다양한 선과 도형을 사용하여 그림과 같은 모양을 만듭니다.

03 멀티플라이(Multiply)를 적용시킬 객체를 생성시킵니다. 여기서는 M이라는 텍스트로 작업해보기로 합니다. 타입 툴로 화면에 M을 입력한 후 메뉴의 [Type>Create Outlines]를 선택하고 Opacity는 '30%'로 설정합니다.

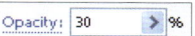

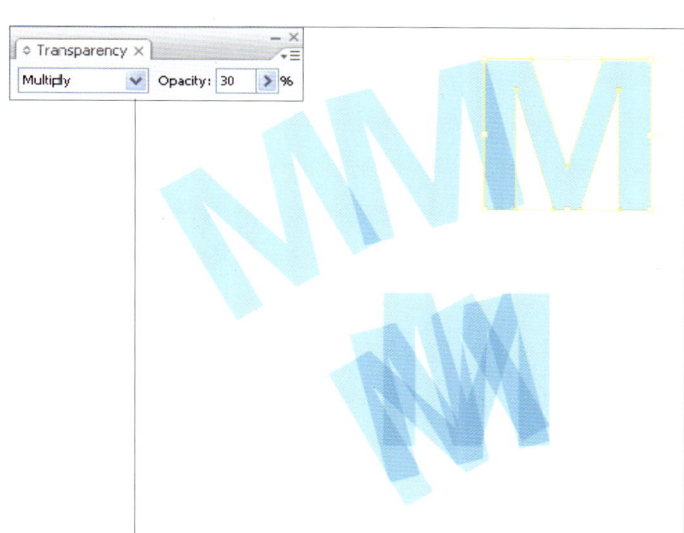

04 텍스트 레이어가 선택된 상태에서 투명 팔레트의 블렌딩 모드를 'Multiply'로 변경합니다. 위와 같은 방법으로 여러 개의 같은 속성의 객체를 만들고 회전한 후 그림과 같이 정렬합니다. 이렇게 360도로 객체를 회전시켜 배열합니다.

TIP 객체 위에서 마우스 오른쪽 버튼을 클릭하고 메뉴의 [Transform>Rotate]를 선택해 회전시킬 수 있습니다.

Creative Skills Chapter 15

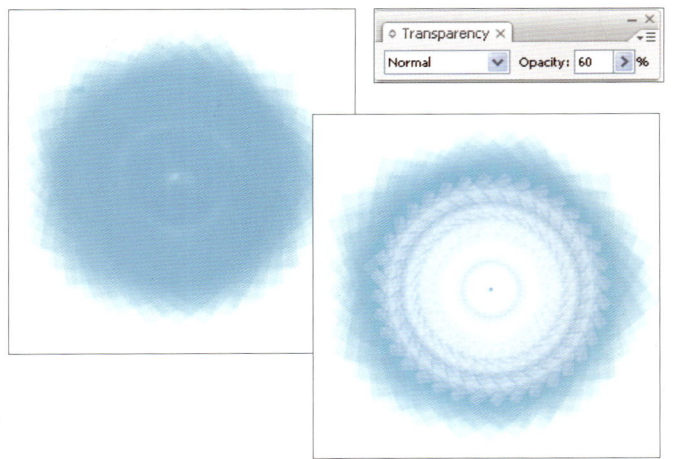

05 각도를 세세하게 나눌수록 밀도가 높아집니다. **04**에서 360도 객체가 완성되었다면, 같은 방법으로 크기가 약간 작은 흰색의 360도 객체를 하나 더 만들어 파란색 객체 위에 위치시킵니다.

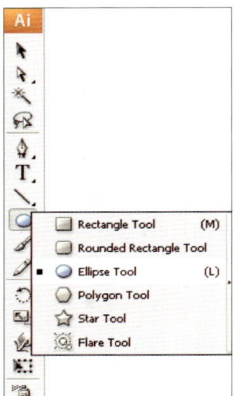
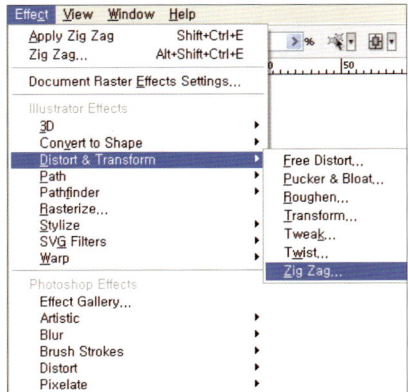

06 객체의 세밀함을 추가해 봅니다. 원형 툴을 선택하고 메뉴의 [Effect〉Distort & Transform〉Zig Zag]를 선택해 그림과 같이 설정해서 세밀한 선을 만듭니다.

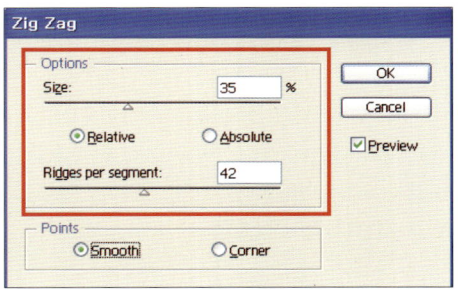
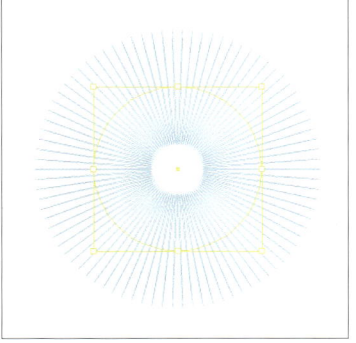

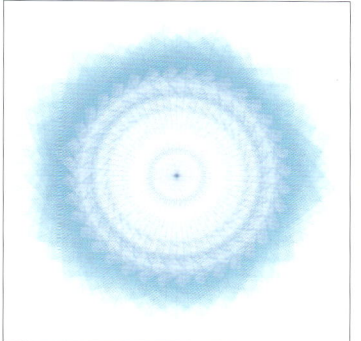

07 객체와 선을 가운데 정렬하고 〈Ctrl+E〉를 눌러 레이어를 합치면 반복과 투명도가 적용된 기본 형태가 완성됩니다.

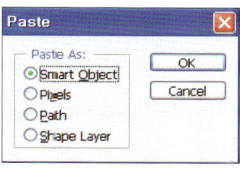 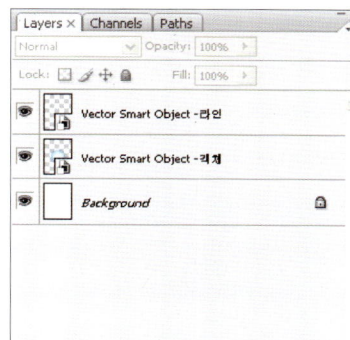

08 일러스트레이터 프로그램에서 만든 도형들을 〈Ctrl+C〉를 눌러 복사하고 포토샵 프로그램을 실행하여 〈Ctrl+V〉를 눌러 붙여 넣습니다. 붙여 넣을 때에는 Smart Object로 설정하고 객체와 선을 따로 복사하여 두 개의 레이어로 만듭니다.

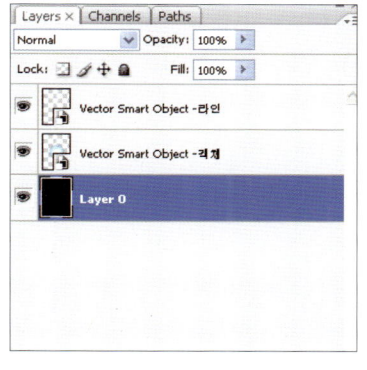 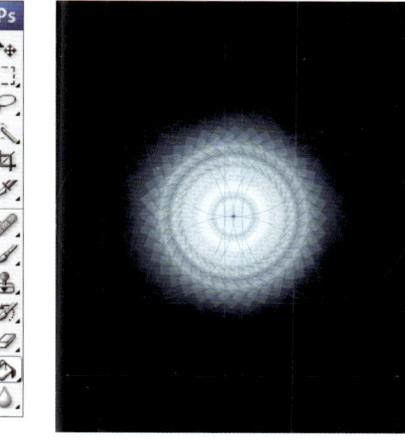

09 배경 레이어를 더블클릭하여 잠금 설정을 해제하고 페인트통 툴을 선택해 검은색으로 배경을 채웁니다.

Creative Skills Chapter 15

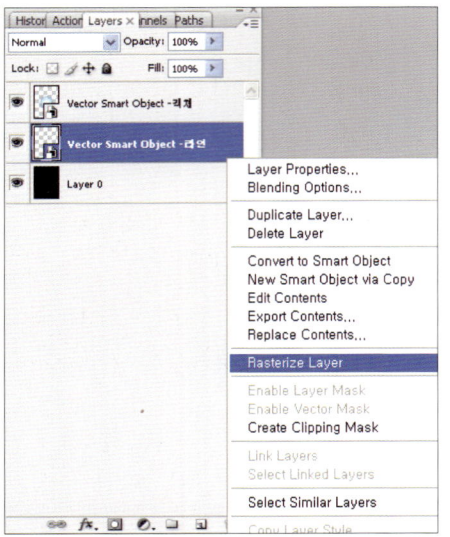

10 이제 Smart Object로 불러온 객체와 선들을 수정하기 위해 레이어에서 마우스 오른쪽 버튼을 클릭하여 'Rasterize Layer'를 선택해 이미지화합니다.

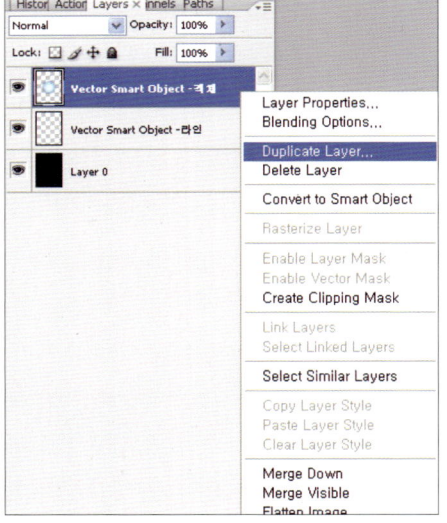

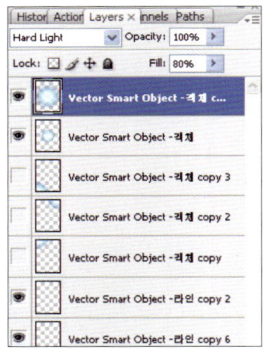

11 준비된 선과 객체 레이어들을 여러 개 복사합니다. 레벨 Level(Ctrl+L)과 컬러 밸런스 Color Balance(Ctrl+B) 등을 사용하여 다양하게 변환시켜도 좋습니다. 여기서는 먼저 복사된 객체 레이어의 블렌딩 모드를 'Hard Light'로 변경한 후 Fill 값을 '80%'으로 설정했습니다.

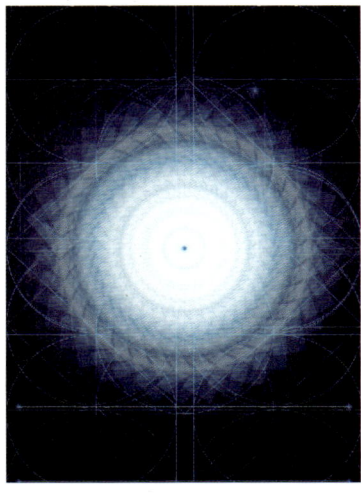

Technique 155

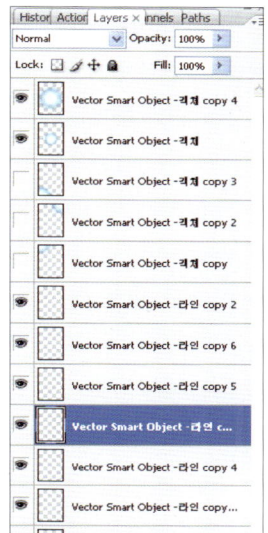 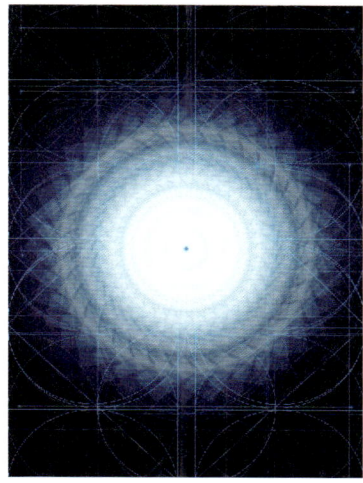

12   선들을 좀더 복잡하게 만들기 위해 좌우상하 대칭에서 조금씩 위치를 비켜 나가게 만들어 겹침 효과가 나타나도록 합니다.

13   선을 충분히 겹쳤다면 선이 포함된 모든 레이어들을 선택한 후 마우스 오른쪽 버튼을 클릭해 'Merge Layers'를 선택해 레이어들을 병합합니다.

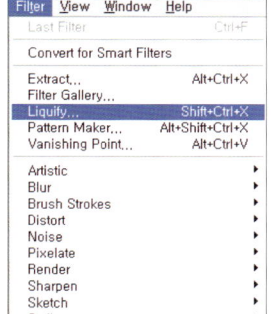

14   겹쳐진 선 부분에 자유로운 왜곡 효과 적용을 위해 메뉴의 [Filter〉Liquify] 를 선택합니다.

Creative Skills Chapter 15

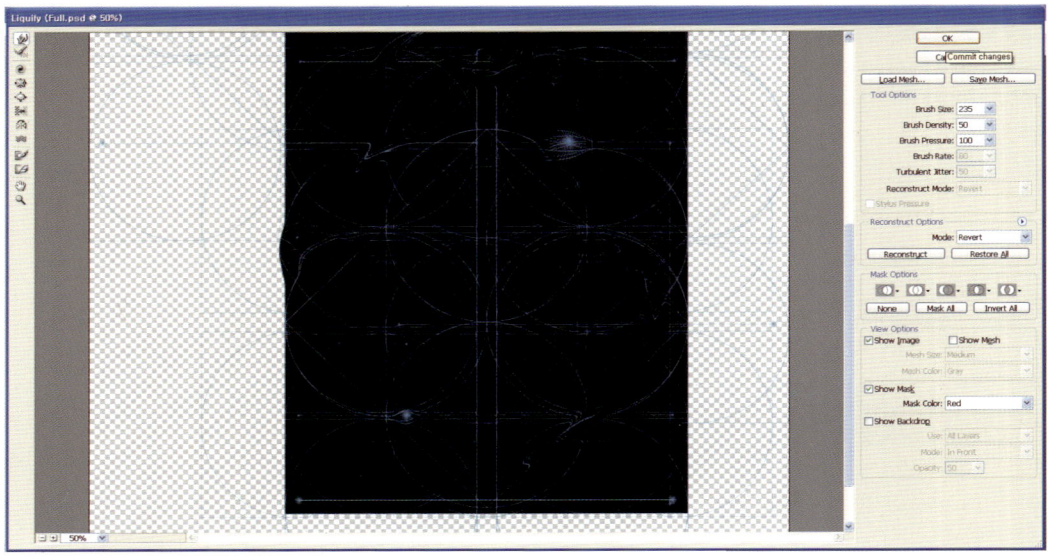

15 Liquify 대화상자 왼쪽 윗부분의 아이콘들을 이용해 다양한 왜곡 효과를 적용할 수 있습니다. 자유롭게 왜곡 효과를 적용하되, 너무 과하지 않도록 주의합니다.

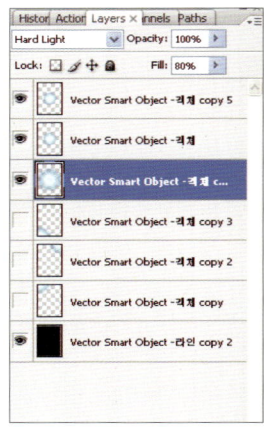
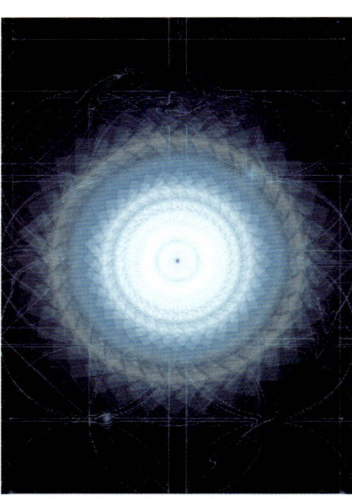

16 Hard Light 블렌딩 모드를 적용했던 객체 레이어의 위로 원 레이어 하나를 복사해서 붙여 넣으면 가운데 객체들이 좀더 풍성해지는 것을 느낄 수 있습니다.

Technique 157

17 남아 있는 모든 레이어들을 선택한 후 마우스 오른쪽 버튼을 클릭하여 'Merge Layers'를 선택합니다. 모든 레이어들이 합쳐지면 〈Ctrl+M〉을 눌러 Curves 대화상자에서 커브선을 조절해 전체 이미지의 명암 대비를 조절해 완성합니다. **CA**

TIP Liquify 작업 중에는 과하지 않은 왜곡 효과를 적용하는 것이 중요합니다. 또한 Mutiply 효과를 적용한 객체들의 투명도를 적절히 조절하면 적합한 겹침 효과를 얻을 수 있습니다.

Chapter16 블렌드를 사용해 깊이감 더하기

Creative Artworks-3

Chapter 16

블렌드를 사용해 깊이감 더하기

보다 세밀한 표현을 도와주는
블렌드의 기능을 알아봅시다

Notice
블렌드, 그라디언트, 마스크 등의 그래픽 구성과 그 안에 있는 세밀한 요소에 제공하는 무궁한 가능성, 깊이감을 이해하는 것은 디자인 작업에 크게 도움이 됩니다. 여기서는 포토샵과 일러스트레이터 프로그램에서 위와 같은 기능들을 활용하는 법을 배워볼 것입니다.

일러스트레이터 프로그램에서 블렌드를 사용하여 세밀한 효과를 실험하며 동시에 섬세한 선, 질감, 톤들을 더할 것입니다. 이것은 평범한 벡터 이미지에 있어서 결코 쉬운 요소는 아닙니다. 후반 작업에서는, 일러스트를 포토샵 프로그램에서 불러들여 다양한 효과를 실험해볼 것입니다.

Skills
색상 마스크 사용하기
빛 효과와 블러 사용하기
노이즈 더하기
세입에 그라디언트 더하기

Time Needed
2시간

Resurce
composition.ai
full.psd

Designer
사라 하레이그 Sara Hareig
현재 파리에서 활동중인 프리랜서 그래픽 디자이너이자 일러스트레이터로 테오 제니트사키스 Theo Gennitsakis, 뉴트라 Neutura, 벤자민 사비냑 Benjamin Savignac, 피예르 구옌 Pierre Nguyen 등과 함께 협업을 해왔습니다.

Reworked by
김지홍

Creative Skills Chapter 16

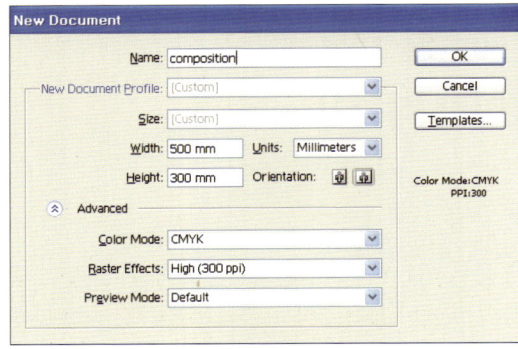

01 일러스트레이터 프로그램을 실행하고 〈Ctrl+N〉을 눌러 '500mm X 300mm'의 새로운 도큐먼트를 만듭니다.

02 〈P〉 키를 눌러 펜 툴로 자유롭게 선을 그립니다. 이때 어느 정도 곡선이 있고 겹치는 접점이 있도록 선을 그립니다.

03 블렌드 툴을 이용해 자유롭게 그린 선들을 겹치기 위해 도구상자에서 블렌드 툴을 더블클릭합니다.

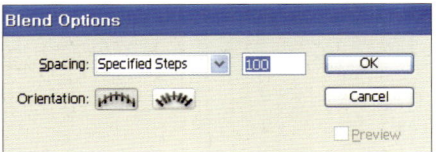

04 Blend Options 대화상자가 나타나면 Spacing을 'Specified Steps'로 선택하고 '100'을 입력합니다.

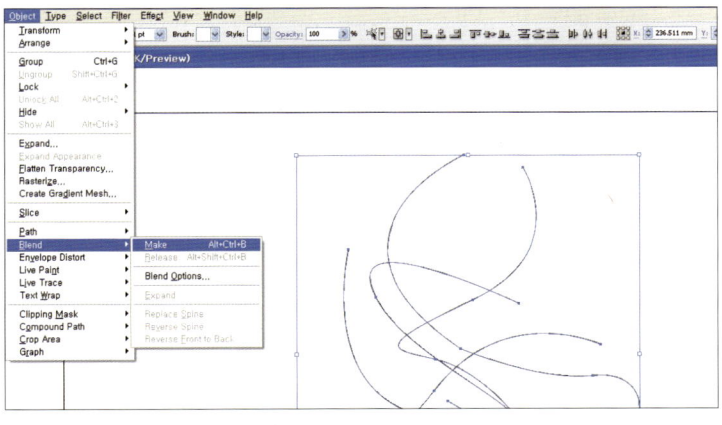

05 블렌드를 적용하기 위해서 02에서 만들어 놓은 선들을 선택하고 메뉴의 [Object>Blend>Make]를 선택합니다.

06 이제 선들이 블렌드되어 매우 복잡한 형태를 이룬 것을 볼 수 있을 것입니다. 같은 과정을 몇 번 거친 후 메뉴의 [Effect>Distort & Transfom]에서 Tweak, Twist, Pucker 등의 다양한 옵션을 사용해 변화를 줍니다.

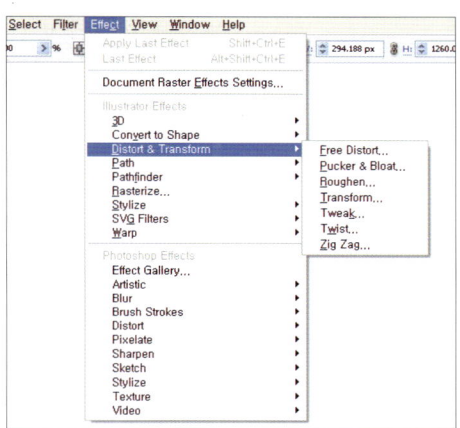

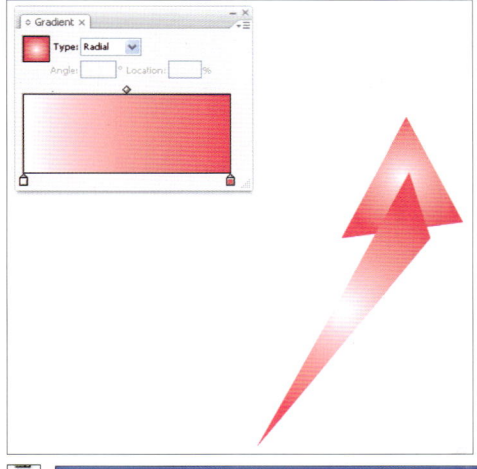

07 부피감과 공간감을 주기 위해 객체를 하나 더 추가합니다. 펜 툴로 그림과 같이 삼각형 두 개를 만들고 방사형 그라디언트Radial Gradient를 적용하기 위해 〈Ctrl+F9〉를 눌러 그라디언트 팔레트를 열고 블렌드 툴을 더블클릭합니다. Blend Options 대화상자가 나타나면 Spacing을 'Specified Steps'로 선택하고 '200'을 입력해 블렌딩해서 새로운 형태를 만듭니다.

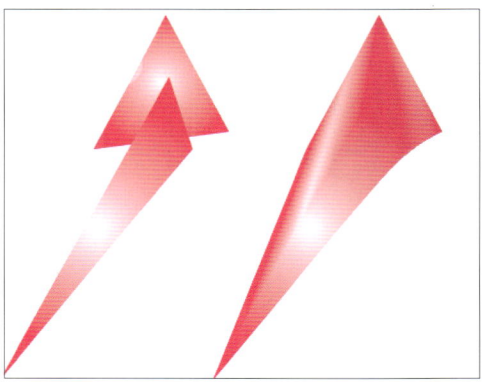

Creative Skills Chapter 16

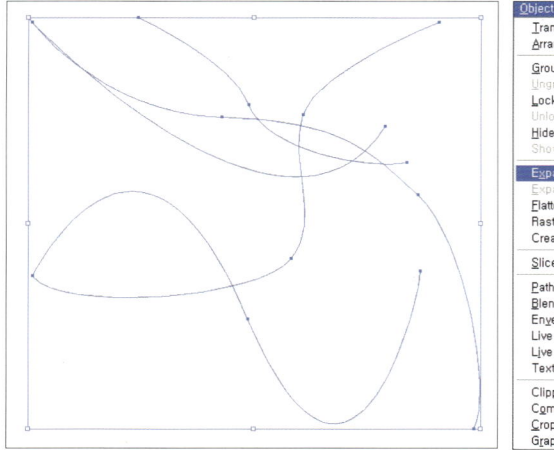

08 이번에는 그라디언트 색상 블렌딩을 만들어 보겠습니다. **03~06**까지의 방법과 같이 펜 툴로 자유롭게 선을 그리고 블렌딩시키되 먼저 패스를 확장Expand해서 편집이 가능하도록 해야 합니다. 새로 그린 선들을 선택하고 메뉴의 [Object〉Expand]를 선택합니다.

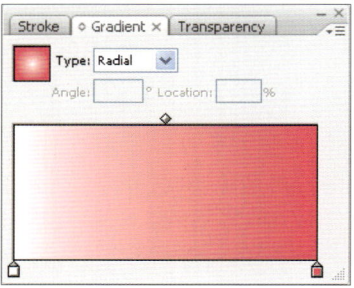

09 선들을 확장시킨 후 블렌딩을 적용하고, 그라디언트 팔레트를 사용해 색상을 적용해서 그라디언트 색상 블렌딩을 완성합니다.

10 만들어진 객체들을 서로 겹치며 배치해봅니다.

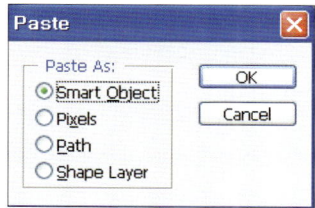

11 구성과 배치가 어느 정도 끝났다면 이제 포토샵 프로그램에 파일을 불러들입니다. 만들어진 모든 객체를 〈Ctrl+A〉를 눌러 전체 선택하고 〈Ctrl+C〉를 눌러 복사합니다. 포토샵 프로그램을 실행하고 〈Ctrl+V〉를 눌러 붙여 넣으면 나타나는 Paste 대화상자에서 'Smart Object'를 선택해 불러들입니다.

12 포토샵에서 색을 곧바로 벡터 셰입에 적용한다면 작업이 편해집니다. 레이어 팔레트에서 새로운 레이어를 추가하여 Smart Object 레이어 위에 위치하고 마우스 오른쪽 버튼을 클릭해 Create Clipping maks를 선택하면 바로 색을 적용할 수 있습니다.

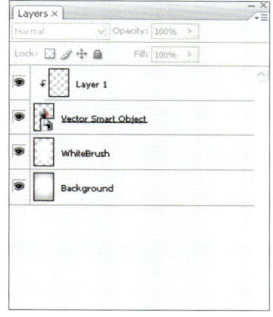

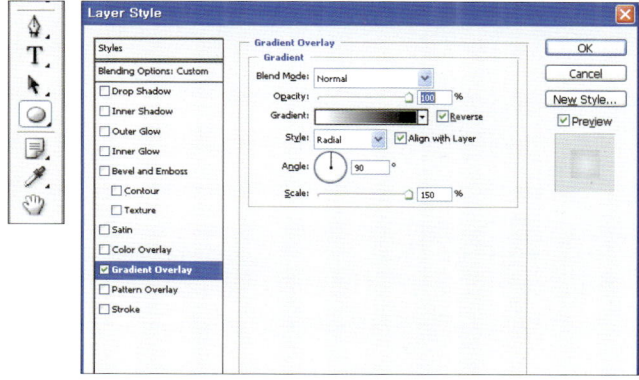

13 구성에 요소들을 더합니다. 새로운 레이어를 만들고 원형 툴 등을 이용해 추가적으로 객체들을 만듭니다. 새롭게 만들어진 원형 레이어를 더블클릭하여 레이어 스타일에서 Gradient Overlay를 선택하고 Style을 'Radial'로 설정해 부피감을 더합니다.

Creative Skills Chapter 16

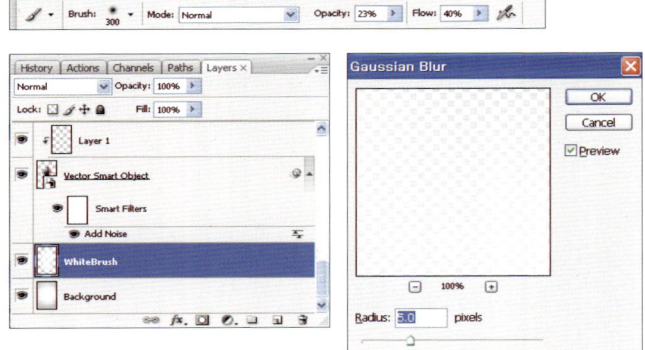

14 구성 주위에 반짝이는 효과를 주기 위해서 WhiteBrush 레이어를 추가합니다. 투명도를 낮게 설정한 브러시로 구성 주위를 하얗게 칠한 다음 메뉴의 [Filter>Blur>Gaussian Blur]를 선택해 Radius를 '5'로 입력해서 좀더 자연스러운 빛처럼 나타냅니다.

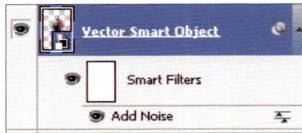

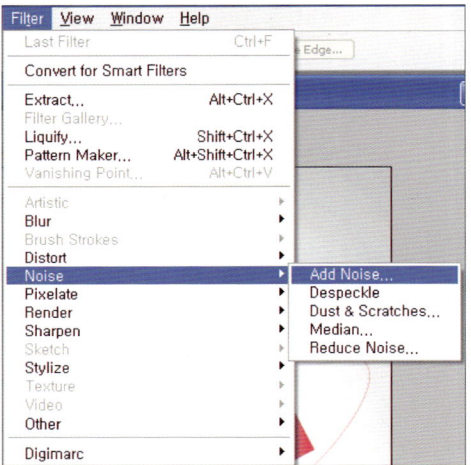

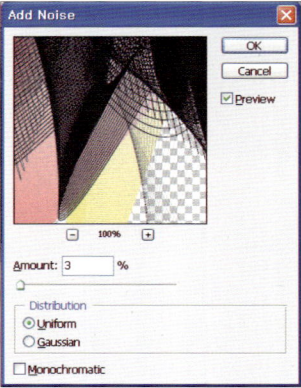

15 이번에는 이미지를 좀더 따뜻하게 보이도록 Smart Object를 선택하고 메뉴의 [Filter>Noise>Add Noise]를 선택하여 Amount를 '3%' 정도로 사용합니다.

Technique 165

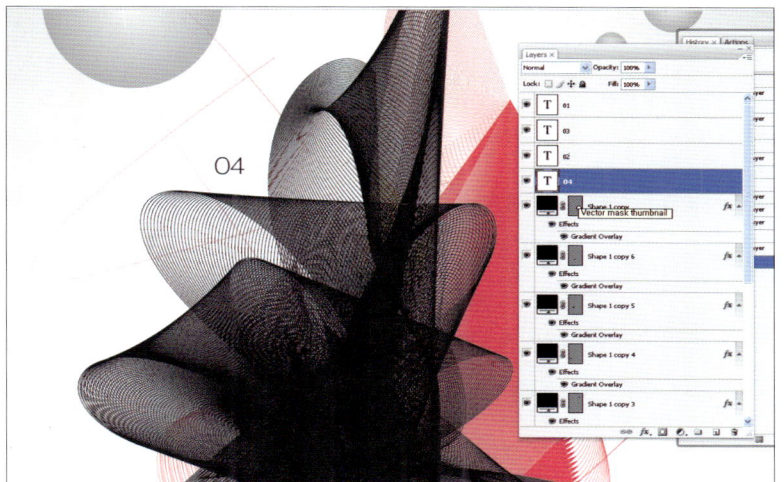

16 마지막으로 타이포그래피를 통해 이미지를 발전시킵니다.
여기 쓰인 각각의 숫자들은 순서대로 이미지 제작에 사용된 기법들을 나타냅니다.

17 이미지가 완성된 후 최종적으로 컬러 밸런스와 세밀한 부분들을 점검해줍니다. 마지막 세심한 터치가 작품을 확연하게 달라 보이게 할 수 있습니다. **CA**

Chapter17 맷어트 기능을 이용한 3D 일러스트 만들기

Creative Artworks-3

Chapter 17

맵아트 기능을 이용한 3D 일러스트 만들기

맵아트 기능으로 전개도를
아트워크에 도입해봅니다

Notice

일러스트레이터 프로그램의 3D 기능 중 가장 흥미로운 것은
맵아트 기능입니다. 맵아트는 물체의 전개도를 프로그램이 자동으로
파악해서 전개도면마다 각각 다른 무늬를 넣을 수 있는 기능인데,
방법만 터득하면 다채로운 3D 객체를 손쉽게 만들 수 있습니다.
여기서는 텍스트를 3D 객체로 만들어 구성해 보았습니다. 맵아트를
설정할 때 어떻게 조절해야 자연스러운 입체물로 보이는지 연구하고
기술을 터득해 보시기 바랍니다. 기초를 제대로 다져놓으면
두고두고 요긴한 무기가 될 것입니다.

Skills

맵아트로 3D 효과 연출하기

Time Needed

2-3시간

Resurce

mapart.ai

Designer

손영아 Son Young-A
http://golgye.com

건국대학교 커뮤니케이션디자인학과 학생으로, 골계GolGye라는 이름으로
활동하고 있다. 한일 디자인문화교류 전시회인 ≪이때다ETTEDA≫와
≪테츠손Tetsuson≫에 총 4회 참가한 바 있으며, 최근 도쿄디자인센터
전시에 참여했습니다.

Creative Skills Chapter 17

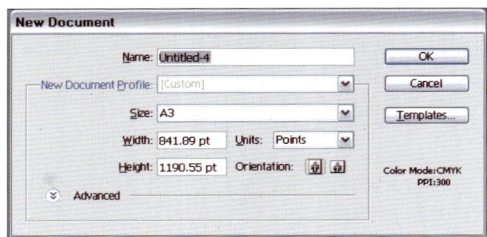

01 일러스트레이터 프로그램을 실행하고 A3 크기의 새로운 도큐먼트를 만듭니다.

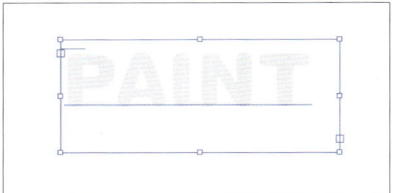

02 〈T〉 키를 눌러 타입 툴을 이용해 3D 객체로 만들 텍스트를 입력하고 선택 툴로 선택합니다. 마우스 오른쪽 버튼을 눌러 'Create Outlines'를 선택합니다.

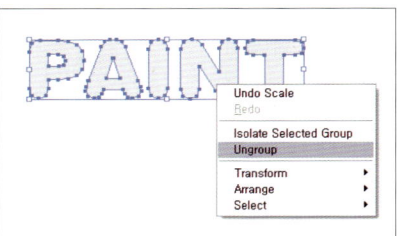

03 외곽선을 추출한 텍스트를 선택한 상태에서 마우스 오른쪽 버튼을 클릭하여 'Ungroup'을 선택해 그룹화된 텍스트를 각각 분리합니다.

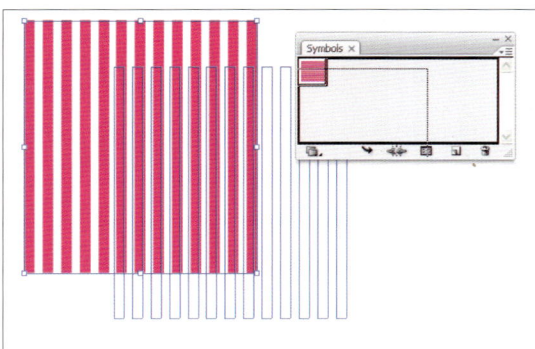

04 텍스트에 패턴을 적용하려면 3D로 만들기 전 패턴을 심볼로 등록해야 합니다. 텍스트 크기에 알맞도록 패턴을 디자인해서 요소를 전체 선택한 후 심볼 팔레트에 드래그하면 심볼로 등록됩니다. 이때 Symbol Options 대화상자가 나타나면 Type을 'Graphic'으로 선택합니다. 여기서는 가로와 세로 줄무늬 두 가지의 패턴을 심볼로 만들었습니다.

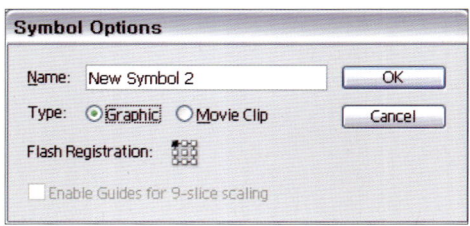

05 3D 텍스트가 들어갈 대략적인 형태를 생각해서 그림과 같이 배치합니다. 여기서는 텍스트들이 서로 쌓여 있는 형태를 생각하였습니다. 〈V〉 키를 눌러 선택 툴을 이용해 회전시키거나 조정하여 배치합니다.

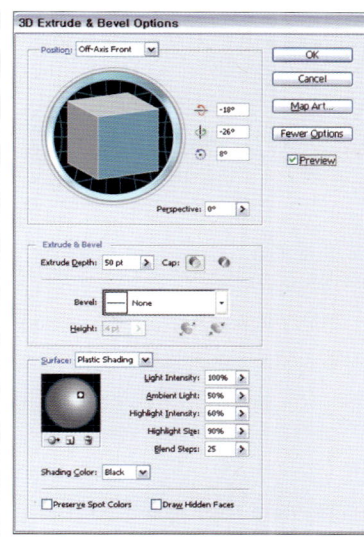

06 아래쪽의 T부터 작업을 시작합니다. T를 선택한 후 메뉴의 [Effect〉3D〉Extrude & Bevel]를 클릭하여 'Preview'를 체크하면 3D 상태가 된 객체의 모습을 미리 볼 수 있고 위쪽 육면체를 움직이면 선택된 객체의 방향을 바꿀 수 있습니다. 각도를 '-18, -26, 8'로 지정하고 Extrude Depth를 '50pt'로 설정합니다. 패턴을 적용하기 위해 Map Art 버튼을 클릭합니다.

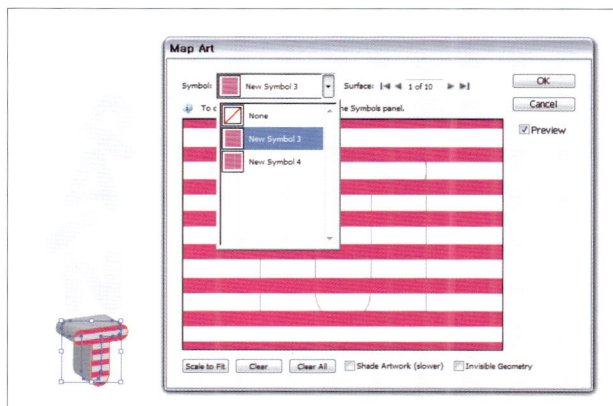

07 Map Art 대화상자가 나타나면 이제 **04**에서 만들어둔 심볼들을 사용합니다. T의 정면에는 가로무늬 심볼을 선택합니다. 심볼 선택 부분 바로 옆의 내림 버튼을 클릭하면 다른 전개도면을 확인할 수 있습니다.

TIP Map Art는 3D로 만든 객체의 전개도를 자동으로 만들어 각 면마다 들어가는 무늬를 변경하고 조절합니다.

Creative Skills Chapter 17

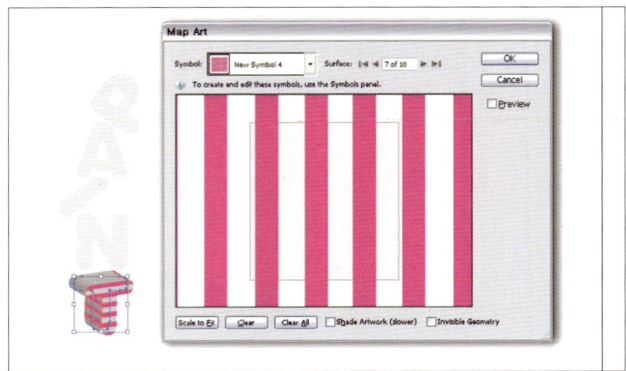

08 T의 옆면에는 세로무늬 심볼을 선택합니다. 가로무늬와 반대로 꺾여져 보여 텍스트를 좀더 입체감있게 보이게 하기 때문입니다. 가로무늬와의 이음새 부분을 신경쓰며 심볼이 놓인 위치를 조절합니다.

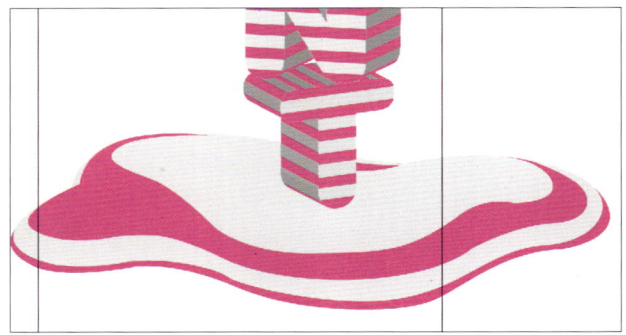

09 T의 맵아트가 완성되었습니다. 다른 텍스트도 같은 방법으로 작업합니다. 〈P〉 키를 누르고 펜 툴을 이용하여 웅덩이 속에서 글씨가 튀어 나온 듯한 이미지를 그립니다.

TIP 작업한 파일은 mapart.ai 파일에서 확인할 수 있습니다. 가장 기초가 되는 방법이기 때문에 익숙해질 때까지 충분히 시간을 들여 연습해야 합니다.

10 포토샵 프로그램을 실행하고 〈Ctrl+N〉을 눌러 '297mm × 420mm' 크기의 새로운 도큐먼트를 만듭니다. 전경색을 흰색, 배경색을 미색(#e1e1e1)으로 지정하고 그라디언트 툴〈G〉을 이용해 그림과 같이 수직으로 드래그해 그라디언트 색상을 적용합니다. 〈O〉 키를 눌러 번 툴로 모서리 부분을 약간 어둡게 만듭니다. 옵션바에서 Range는 'Highlight', Exposure는 '5%'로 설정하고 큰 브러시로 약하게 칠합니다.

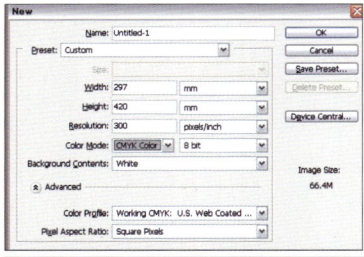

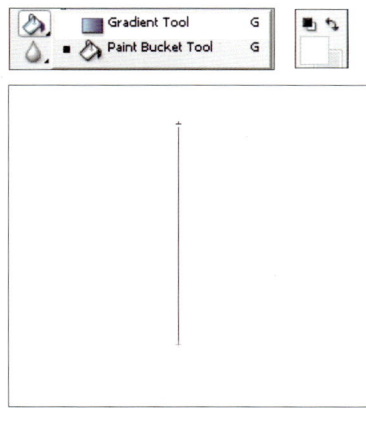

11 일러스트레이터 프로그램에서 만든 3D 텍스트들을 하나씩 〈Ctrl+C〉를 눌러 복사하고 〈Ctrl+V〉를 눌러 포토샵 프로그램에 붙여 넣습니다. 이제부터 글자 사이 그림자 작업을 해야 하기 때문에 번거롭더라도 글자를 하나씩 따로 가져와야 합니다. 이미지를 가져올 때는 Smart Object로 선택해야 데이터의 손실 없이 복사해서 붙여 넣을 수 있습니다.

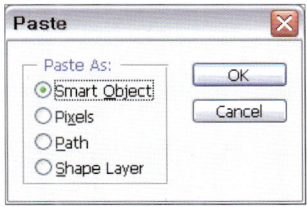

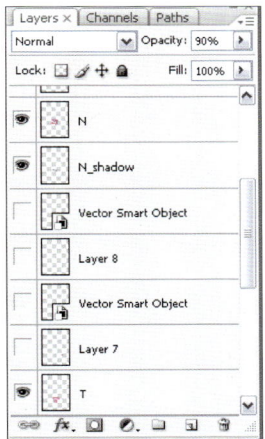

12 새로운 레이어를 만들어 N과 T 사이에 위치시키고 브러시 툴〈B〉을 이용해 그림자를 그립니다.

13 나머지 텍스트들도 12와 같은 방법으로 그림자를 만들어 줍니다. 그림자가 생기는 부분에 닿는 텍스트의 측면, 입체의 꺾이는 모서리도 같은 브러시로 음영 처리를 약간씩 더해줍니다.

Creative Skills Chapter 17

14 다시 〈O〉 키를 눌러 번 툴로 페인트의 음영을 표현합니다. 너무 어둡지 않도록 주의하며 깊이감을 더해줍니다. N과 T 같이 페인트 부분에 가까운 텍스트가 강조되어 보이도록 P와 A 부분의 투명도를 '90%' 로 조절합니다.

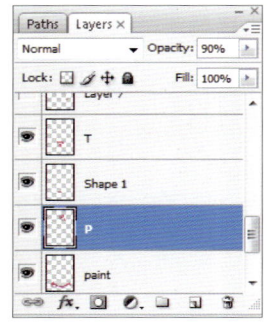

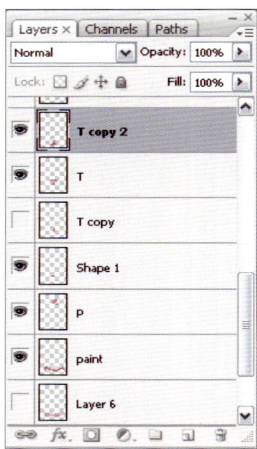

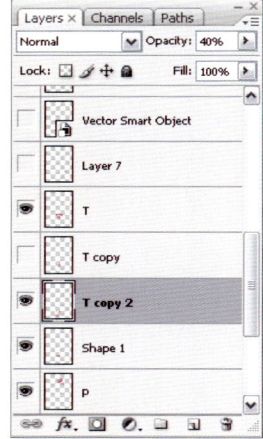

15 좀더 페인트에 빠진 느낌을 연출하기 위해 〈P〉 키를 눌러 펜 툴로 페인트를 추가해서 그리고, T의 잔상을 만듭니다. T 레이어를 선택하고 〈Ctrl+J〉를 눌러 복사한 후 〈Ctrl+T〉를 눌러 바운딩 박스를 회전시켜 상하반전합니다. 레이어 팔레트에서 투명도를 '40%' 로 조절하고 지우개 툴〈E〉을 이용하여 불필요한 부분을 정리합니다.

 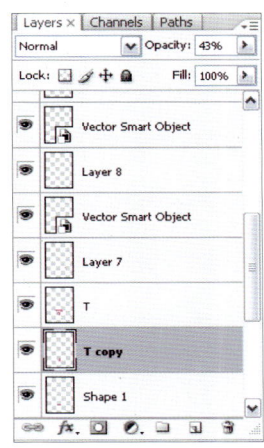

16 세밀함을 살릴 작은 텍스트를 일러스트레이터 프로그램을 이용하여 만들고 원하는 만큼 복사해서 포토샵 프로그램에 붙여 넣습니다. **11~12**의 과정과 마찬가지로 브러시 툴〈B〉을 이용해 그림자를 만듭니다. 여기서는 배경에 가까운 물체이기 때문에 그림자 색은 연한 분홍색(#d990af)으로 지정합니다.

17 마지막으로 레이어 팔레트에서 보정 레이어를 추가해 색조를 조정합니다. 필자는 주로 Level이나 Contrast를 조절하는데 여기서는 Contrast를 '+15'로 변경하여 완성했습니다. **CA**

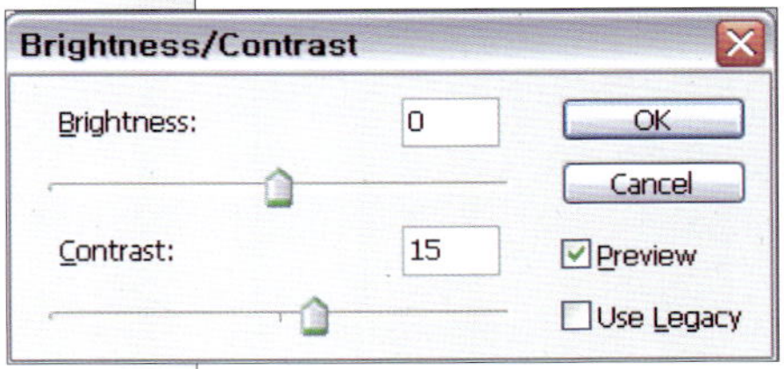

Chapter18 3D를 사용하여 업그레이드 된 작품 만들기

Creative Artworks-3

Chapter 18

3D를 사용하여 업그레이드 된 작품 만들기

맵아트 기능을 활용하여 질감이
살아있는 아트워크를 만들어봅니다

Notice
질감 처리된 구와 차원감의 표현을 적절하게 이용하면 손쉽게,
더욱 복합적이고 효과적인 일러스트 작업을 완성할 수 있습니다.
이때 필수적으로 알아야 할 기능이 바로 맵아트입니다.
여기서는 객체에 어떻게 화려한 패턴을 추가하는지를 알아보고
작업에 알맞게 적용하는 방법을 고민해 봅니다. 어쩌면 새로운
프로젝트를 시작하는 계기가 될 수도 있을 것입니다.

Skills
맵아트 패턴 만들기
3D로 회전하기
사실적인 그림자 만들기
선별적으로 색상 사용하기

Time Needed
3-4시간

Designer
라딤 말리닉 Radim Malinic
www.brandnu.co.uk
Brand Nu라는 예명을 가지고 활동하며 작업한 상업적 작품들과
실험적 작품들의 예를 수록한 #Three를 펴냈습니다.
포트폴리오는 www.brandnu.co.uk에서 만나볼 수 있습니다.

Resurce
door_stairs.jpg
177_vectors.ai

Reworked by
손영아

Creative Skills Chapter 18

01 포토샵 프로그램을 실행하고 〈Ctrl+O〉를 눌러 door_stairs.jpg 파일을 불러온 후 〈Ctrl+I〉를 눌러 이미지를 반전시킵니다. 이때 CMYK 모드에서 이미지를 반전시키면 흰색 정보를 많이 잃어서 나중에 사용하기에는 어두워질 수 있기 때문에 RGB 모드에서 실행합니다.

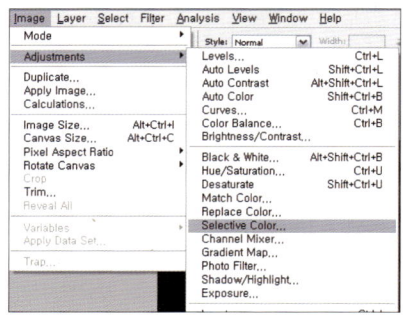 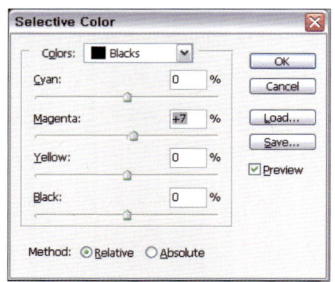

02 풍부한 검은색은 많은 색조를 가져와 다양한 느낌을 더해 줄 수 있습니다. 여기서는 메뉴의 [Image〉Adjustments〉Selective Color]에서 검은색에 Magenta를 '7%' 추가하였습니다.

03 이제 문과 계단을 각각 다른 레이어로 분리해야 합니다. 〈P〉 키를 눌러 펜 툴을 선택하고 옵션바에서 'Paths'를 설정한 후 문과 계단에 패스선을 그립니다. 패스 팔레트 아래쪽의 'Load path as a selection' 아이콘을 클릭해 패스를 선택 영역으로 변환합니다.

Technique 177

04 〈M〉 키를 눌러 사각형 선택 툴로 위에서 첫 번째 계단을 선택하고, 마우스 오른쪽 버튼을 클릭하여 'Layer via Copy'를 선택합니다. 패스로 그린 부분의 계단이 새로운 레이어로 만들어 집니다. 위의 과정을 반복해서 모든 계단과 문을 각각 다른 레이어로 만듭니다. 이 작업은 새로운 요소들이 이들의 앞이나 뒤에 위치하기에 쉽도록 합니다.

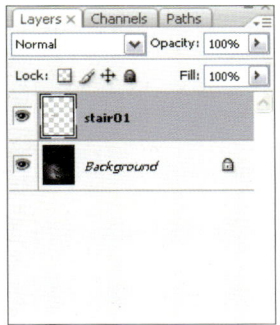

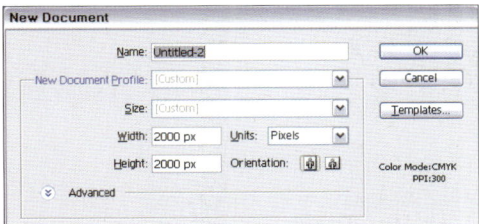

05 일러스트레이터 프로그램을 실행하고 〈Ctrl+N〉을 눌러 Units를 'Pixels'로 설정한 후 '2,000px X 2,000px' 크기의 새로운 도큐먼트를 만듭니다.

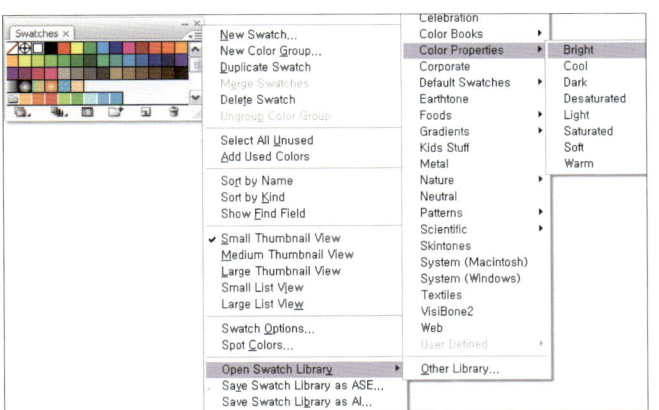

06 스와치 팔레트의 내림 버튼을 클릭하여 [Open Swatch Library 〉 Color Properties 〉 Bright]를 선택합니다. Bright 팔레트가 나타나면 어울리는 색상을 선정합니다.

Creative Skills Chapter 18

07 맵아트를 사용하기 위해 먼저 새로운 패턴을 만듭니다. 일러스트레이터 프로그램에서 여러 가지 반복 패턴을 자유롭게 그립니다. 자유로운 패턴일수록 적용했을 때 흥미 있는 형태가 될 수 있습니다.

TIP 일러스트레이터 프로그램에서 맵아트 기능은 계단과 어우러져 사용될 여러가지의 3D 객체를 만드는 데 아주 유용하며, 물체의 전개도를 자동으로 파악해서 전개도면마다 다른 무늬를 넣을 수 있습니다.

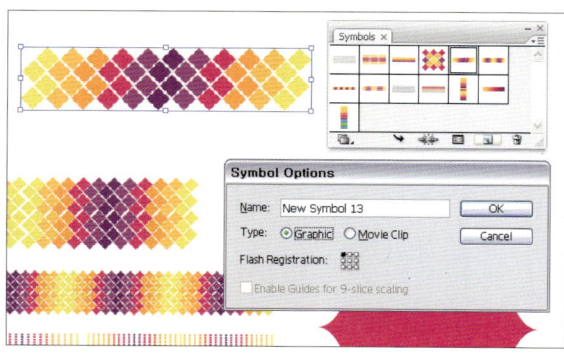

08 만들어진 패턴들을 각각의 심볼로 만들어야 3D 개체에 적용시킬 수 있습니다. 심볼 팔레트에서 기존에 있는 심볼을 모두 지우고 만든 패턴을 선택해 아래쪽의 New Symbol 버튼을 클릭해서 심볼로 전환합니다. Symbol Options 대화상자가 나타나면 Type을 'Graphic'으로 선택합니다.

Technique 179

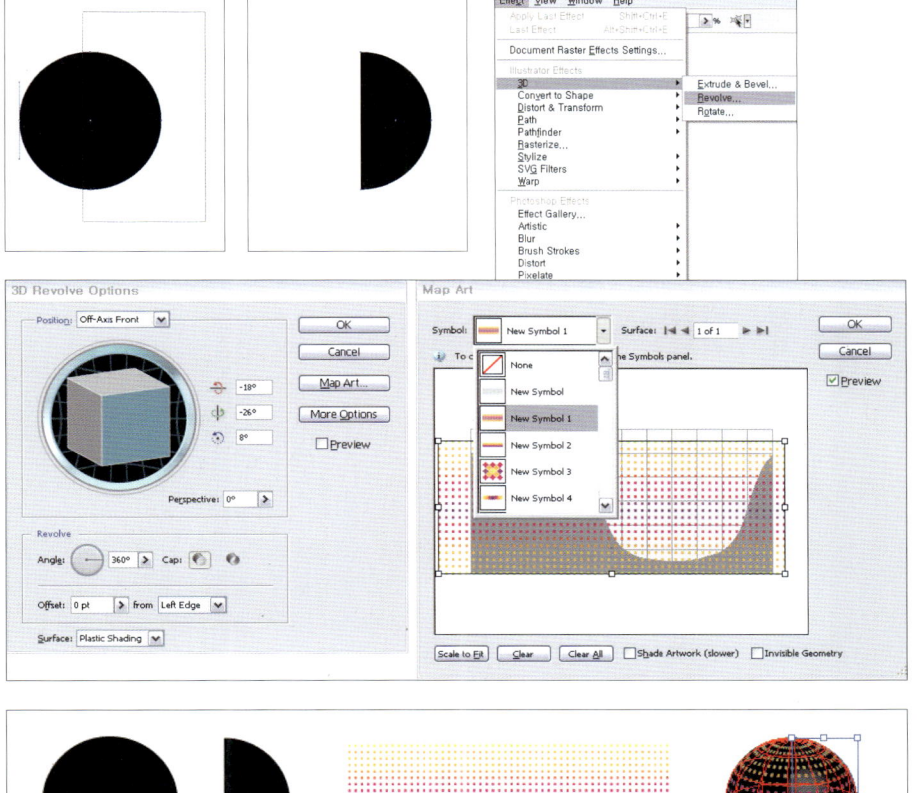

09 〈L〉 키를 눌러 원형 툴로 원을 그립니다. 〈A〉 키를 누르고 직접 선택 툴을 이용해 반원 모양의 부분만 선택하고 나머지 기준점을 지워 반원을 만듭니다. 메뉴의 [Effect>3D>Revolve]에서 반원에 3D 효과를 적용합니다. 'Preview'를 클릭하여 3D 객체 모양을 확인하고 Map Art 버튼을 눌러 심볼로 만든 패턴을 선택하고 적용합니다.

TIP 3D Extrude & Bevel을 적용하여 입체감을 살린 객체의 면에도 단순한 형태의 패턴을 쉽게 적용할 수 있습니다.

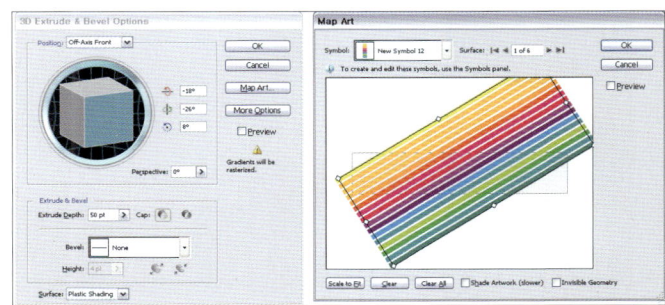

Creative Skills Chapter 18

10 패턴을 지정할 때 크기와 각도에 대해 다양한 실험을 합니다. 그런 과정을 통해 각각 다른 객체가 같은 패턴을 사용하면서도 어떻게 다르게 표현되는지 알게 됩니다. 각도를 약간만 바꿔도 객체의 느낌은 확연히 달라지는 가장 핵심 기능이므로 충분한 시간을 들여서 연습합니다.

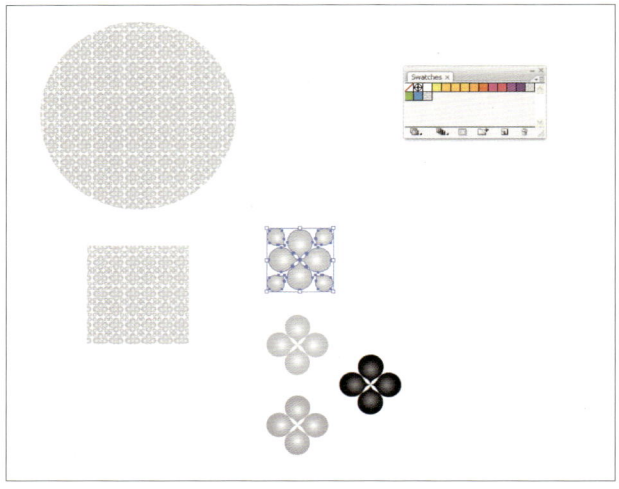

11 이제 심볼 기능을 사용하여 3D 요소에 적용될 패턴을 만드는 것이 가능하므로, 평면에도 좀더 질감을 표현할 수 있을 것입니다. 여러 가지 드로잉을 시도해 보고 마음에 든다면, 객체를 선택하고 스와치 팔레트로 드래그합니다. 그러면 06에서 저장해 두었던 색상들 옆에 새로운 아이콘이 나타날 것입니다.

12 이제 우리는 방과 계단을 꾸밀 풍부한 구성 요소를 가지고 있습니다. 포토샵 프로그램으로 돌아와서 계단 위에 객체를 무작위로 늘어놓습니다. 일러스트레이터 프로그램에서 각각의 요소를 복사해 왔을 때 Smart Object로 붙여 넣어야 품질의 손실 없이 크기를 바꿀 수 있습니다. 만들어 둔 요소를 충분히 사용하여 배치해 봅시다.

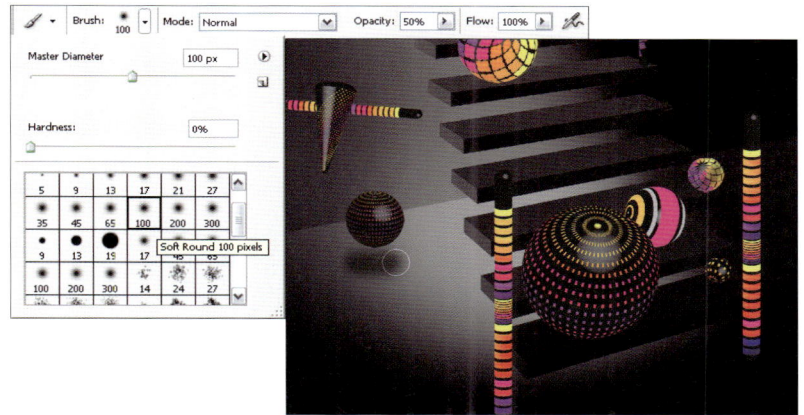

13 이제 그림자를 표현할 차례입니다. 〈Ctrl+Shift+N〉을 눌러 새로운 레이어를 만든 다음, 부드럽고 둥근 브러시를 사용하여 검은색의 점을 그립니다. 여기서는 '100 px' 크기의 브러시를 투명도 '50%'로 조절하여 사용하였습니다.

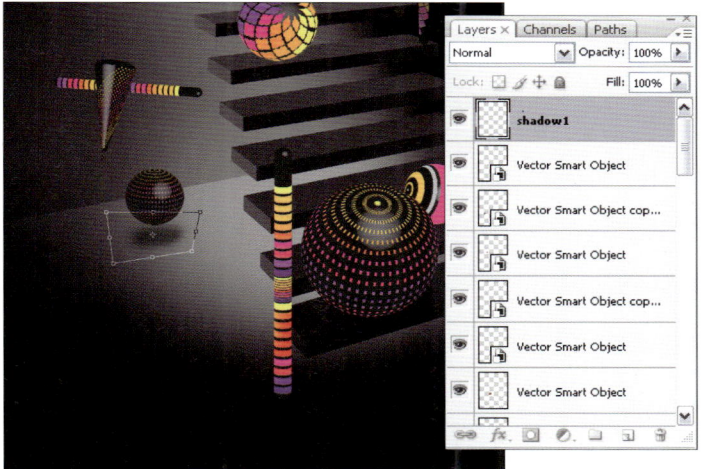

14 〈Ctrl+T〉를 누르면 자유 변형을 위한 바운딩 박스가 나타납니다. 〈Ctrl〉 키를 누른 채 바운딩 박스의 조절점을 드래그하여 배경과 원근감이 어울리도록 모양을 다듬고 레이어 팔레트에서 투명도 Opacity를 달리하며 조절합니다. 각각의 객체에 이 단계를 적용합니다. 시간이 걸리는 작업이지만 빛의 방향을 생각하며 하나씩 그림자를 넣습니다.

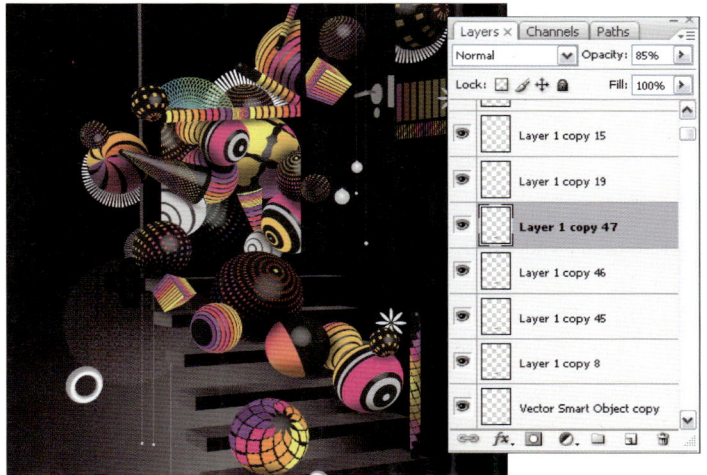

15 여기서는 3D 객체들이 문 뒤에 있는 방에서 부터 쏟아져 나온 느낌으로 표현하였습니다. 이때, 각각의 객체가 어떻게 상호 작용하는지 생각해보고, 주변의 그림자를 어떻게 좌우하는지 살펴보아야 합니다. 구성되어 있는 모든 객체에 적용될 때까지 반복하여 완성도를 높입니다.

Creative Skills Chapter 18

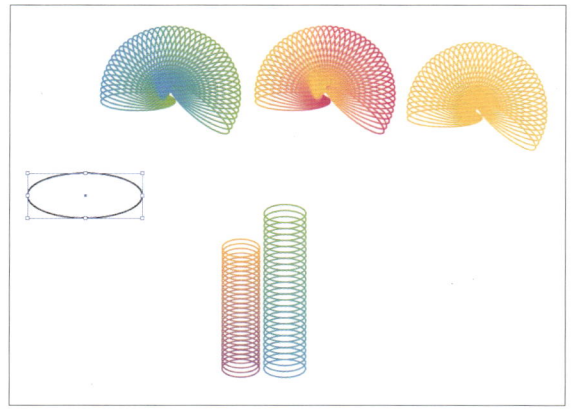

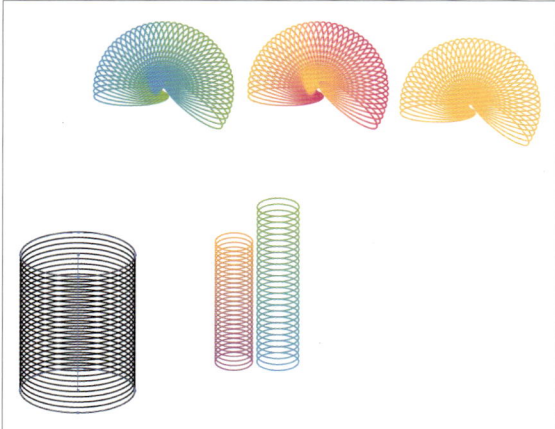

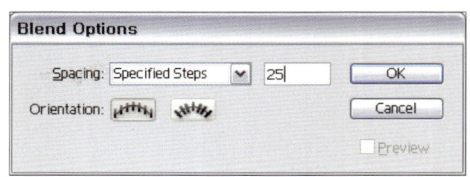

16 다시 일러스트레이터 프로그램에서 추가될 작은 용수철을 그립니다. 〈L〉 키를 눌러 원형 툴로 원을 그리고 크기를 줄여 반원으로 만듭니다. 메뉴의 [Object>Blend>Blend Options]에서 Spacing을 'Specifield Steps', '25'로 설정합니다. 반원을 하나 더 복사하고 블렌드 툴〈W〉로 두 원을 순서대로 클릭하면 용수철이 만들어 집니다. 색깔과 방향을 변경하며 만들어 봅니다.

17 요소들을 포토샵 프로그램으로 불러와 더 추가하고 그림자 작업이 모두 끝났다면 작품은 이제 적당한 복잡함과 세밀함을 가집니다. 전체 구성의 균형을 맞추고자 단순한 객체를 몇 개 더 첨가해도 좋습니다. 강약조절에 신경 쓰며 배치합니다.

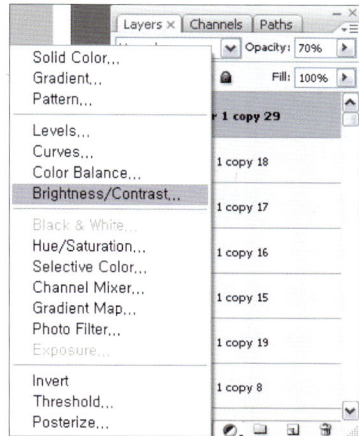

18 모든 요소가 배치되면 그림자와 그로 인한 원근감으로 하나의 이미지처럼 보입니다. 맨 위쪽의 레이어를 선택하고 레이어 팔레트 아래쪽에 있는 보정 레이어를 통해 레벨을 추가하거나 명암 대비를 강화하는 등 여러 가지 방법으로 전체적인 이미지의 톤을 조절합니다. 여기서는 Contrast를 '20' 정도 추가했습니다. 만족스럽게 색상을 조정했다면 완성입니다. CA

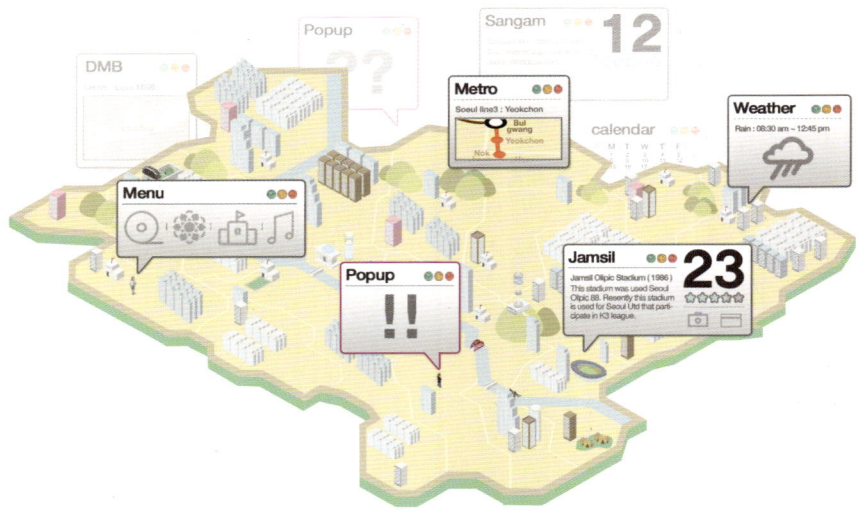

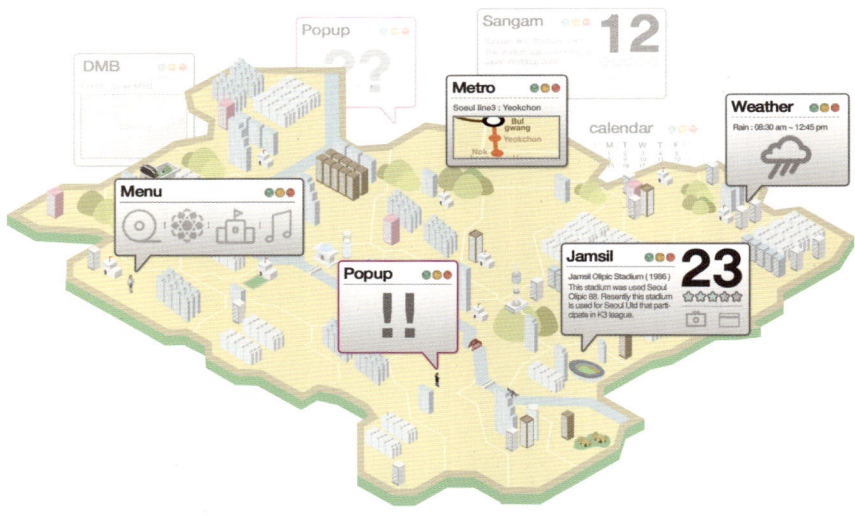

Chapter19 아이소메트릭 포스터 만들기

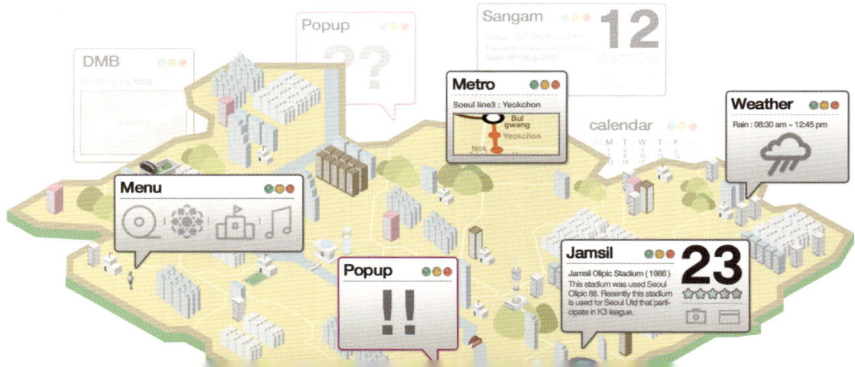

Creative Artworks-3

Chapter 19

아이소매트릭 포스터 만들기

3D 효과를 십분 활용하여
아이소매트릭 맵을 만들어 봅시다

Notice
완성 이미지는 2009년 한일 디자인 문화교류 전시회 'Etteda' 에서
전시했던 디자인입니다. 이 디자인은 일러스트레이터 프로그램에서
구현되는 단순한 3D 효과를 이용해 재미있고 특이하며 다양한
디자인을 할 수 있다는 장점이 있습니다.
일러스트레이터 프로그램에서 제작 가능한 3D 기능과 더불어 포토샵
프로그램으로 이미지를 구현하면 좀더 다양하고 폭넓은 디자인을
완성할 수 있습니다.
여기서는 아이소매트릭 일러스트레이션을 배워보겠습니다.

Skills
일러스트레이터 프로그램
3D 효과 사용하기

Time Needed
5시간

Resurce
map.ai
map.psd

Designer
장순규 Jang Soon Kyu
http://jeansk.egloos.com
단국대학교 시각디자인학과 학생으로, 삼성 디자인 멤버십 회원으로
활동하고 있습니다. 어도비 디자인 어워드 2010에서 일러스트레이션
부문 대상과 제품디자인 부문 보건복지가족부장관상을 수상한 것을
비롯하여, 30여 차례의 국내외 디자인 어워드에서 수상했습니다.
디자인 에이전시 바이널에서 2년 동안 근무한 경력이 있으며,
다양한 상업용 프로젝트에 참여했습니다.

Creative Skills Chapter 19

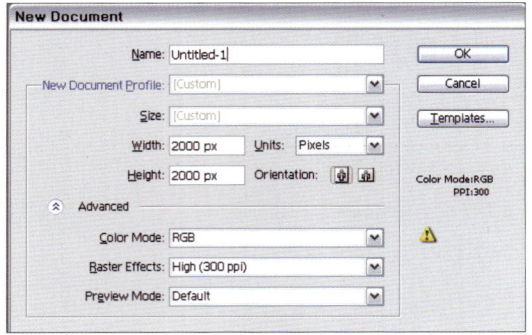

01 일러스트레이터 프로그램을 실행하고 〈Ctrl+ N〉을 눌러 '2,000px × 2,000px' 크기의 새로운 도큐먼트를 만듭니다.

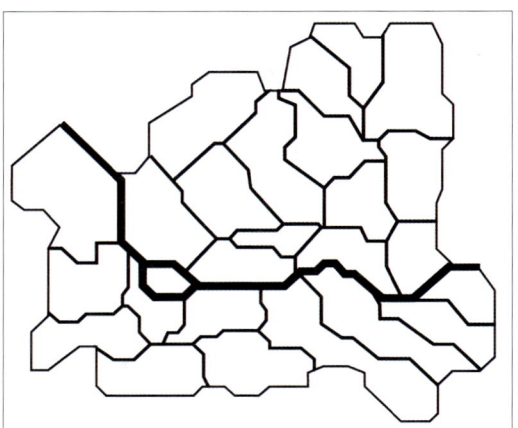

02 펜 툴〈P〉로 서울 지도를 그립니다. 서울의 외곽선은 옵션바에서 Stroke를 '8pt'로 설정하여 작업하고 지역 분할 외곽선도 '8pt'로 작업합니다. 한강 부분은 옵션바의 Stroke를 '15pt'로 설정하고 디자인합니다.

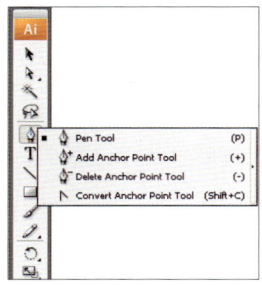

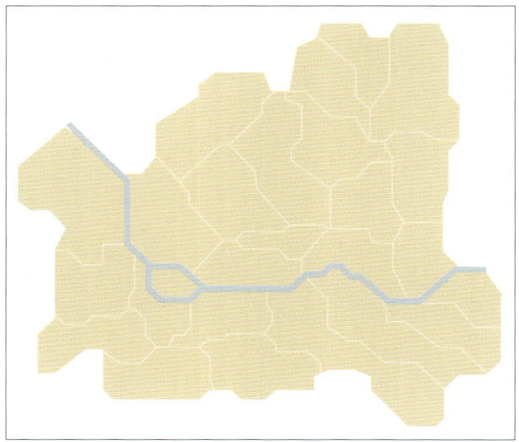

03 02에서 만든 지도에 색상을 채웁니다. 한강의 외곽선 색상은 'C:20, M:10, Y:10, K:0'으로 지정하고 〈Shift+X〉를 눌러서 색상을 반전시킵니다. 서울 지역 분할 외곽선 색상은 'C:7, M:7, Y:36, K:0', 지역 외곽선의 색상은 'C:4, M:4, Y:21, K:0'으로 지정합니다.

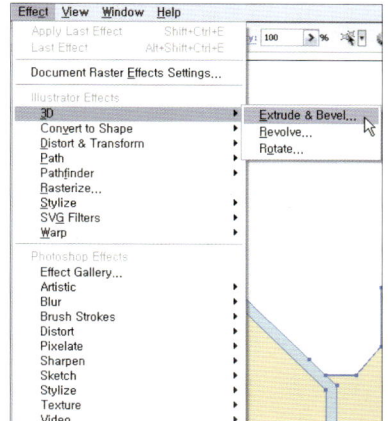 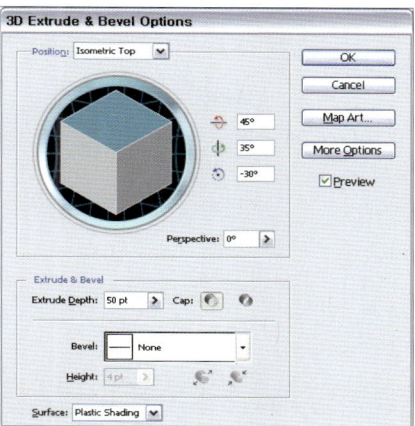

04 메뉴의 [Effect〉3D〉Extrude & Bevel]을 선택해 위쪽의 포지션Position에서 'Isometric Top'을 선택합니다.

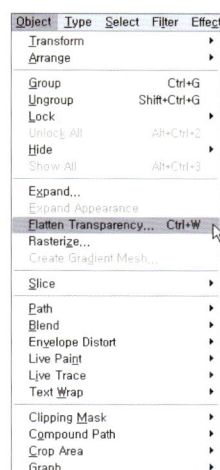 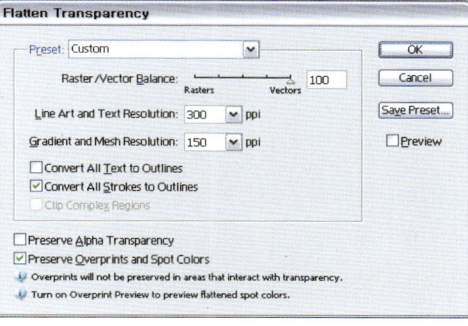

05 메뉴의 [Object〉Flatten Transparency]를 선택해 Raster/Vector Balance를 '100%'로 설정해 3D 이미지를 오브젝트화할 수 있습니다.

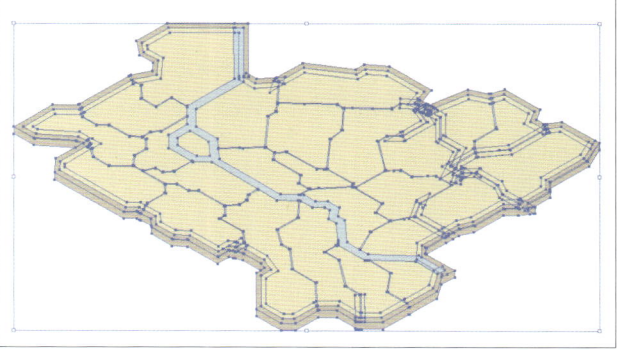

Creative Skills Chapter 19

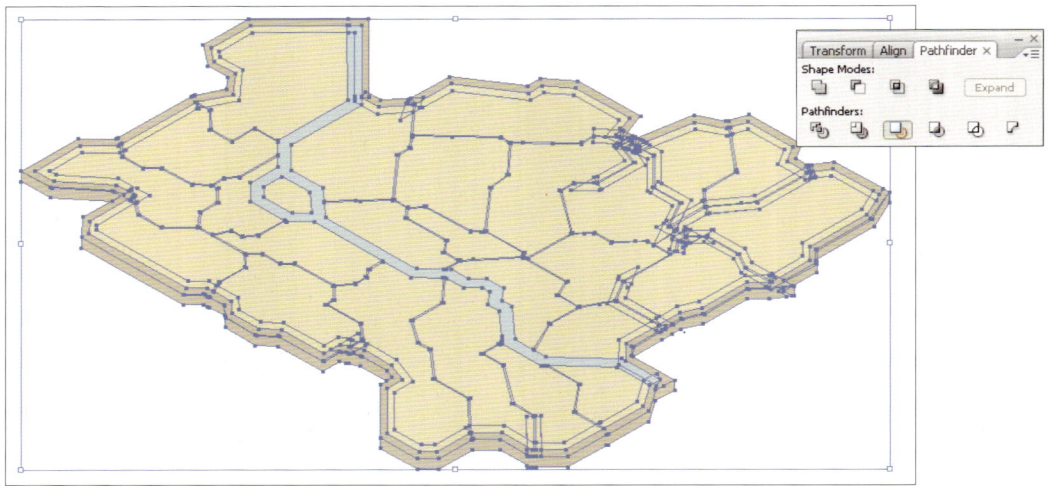

06   패스파인더Pathfinder 팔레트를 열고 Merge 아이콘을 클릭해 합칩니다.

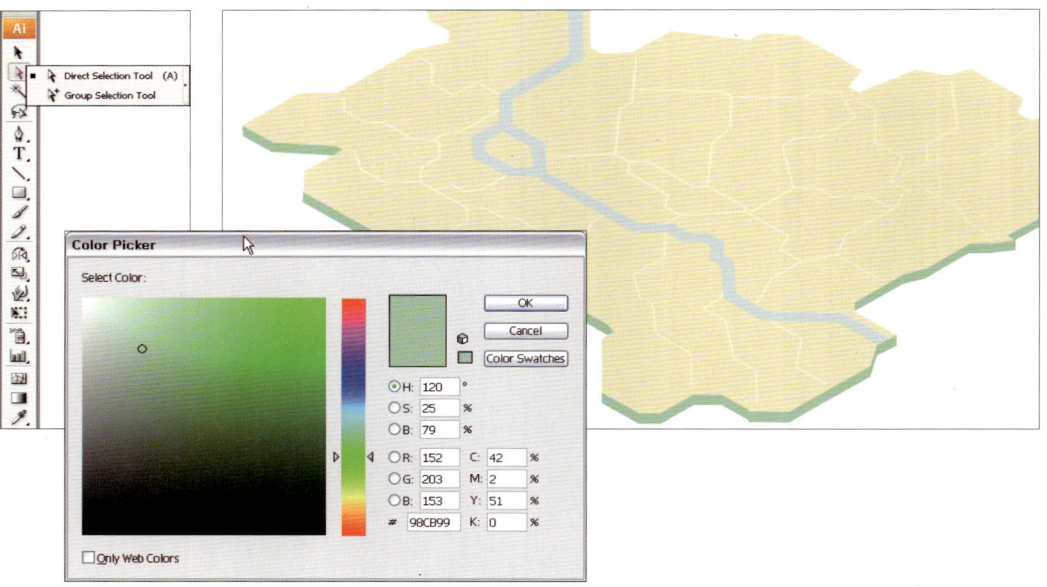

07   직접 선택 툴Direct Selection Tool을 선택하고 오브젝트화 된 영역을 하나씩 선택하며 서울 지역과 분할 외곽선 부분은 03에서 지정한 색과 똑같이 변경하고 아래쪽 3D 효과 부분 색상은 'C:42, M:2, Y:51, K:0' 로 지정합니다.

Technique **189**

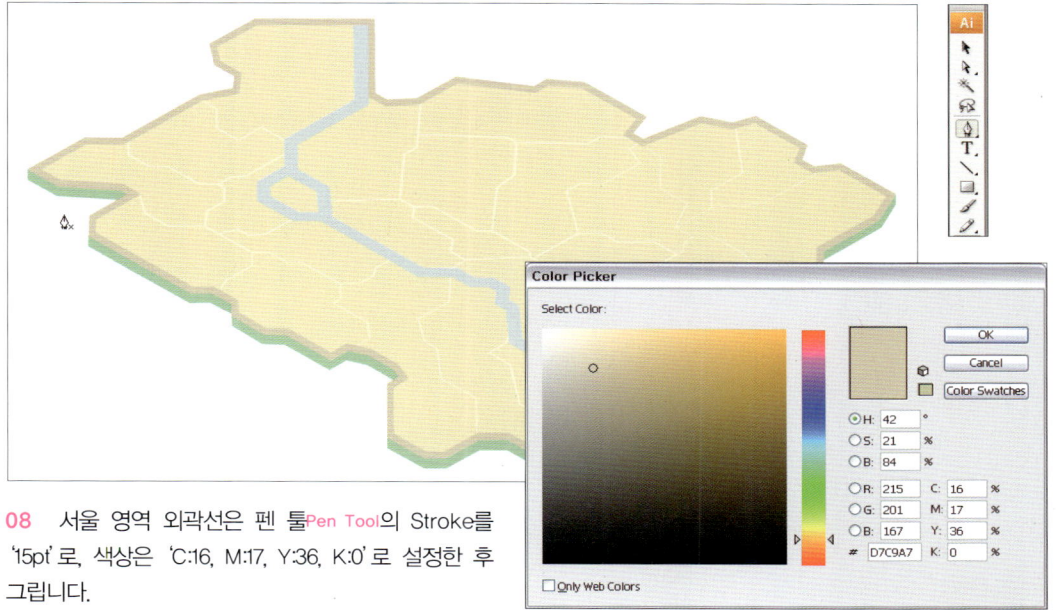

08 서울 영역 외곽선은 펜 툴Pen Tool의 Stroke를 '15pt'로, 색상은 'C:16, M:17, Y:36, K:0'로 설정한 후 그립니다.

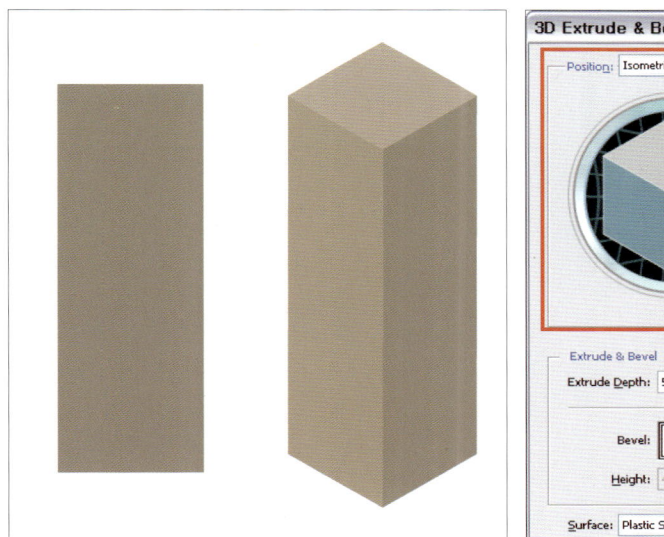
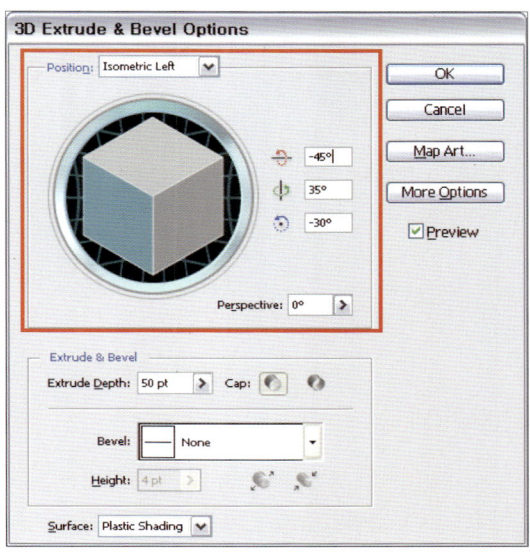

09 **04**에서와 마찬가지로 메뉴의 [Effect>3D>Extrude & Bevel]을 사용해서 건물을 만듭니다. 포지션 Position에서 'Isometric Left'를 선택합니다. 둥근 건물이나 다른 형태를 만들고 싶다면, 3D 효과를 적용하기 전 사각형이 아닌 다른 형태로 만들어 조절하면 가능합니다.

Creative Skills Chapter 19

 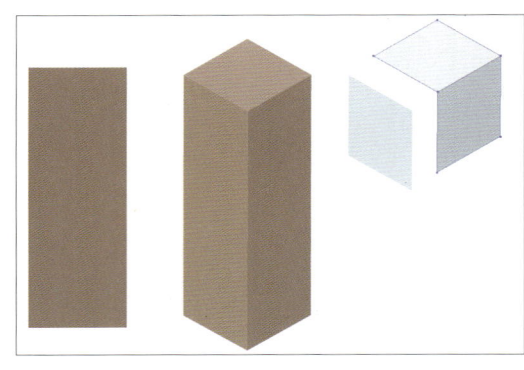

10 창문을 만들기 위해서 앞에서와 같은 방법으로 3D 일러스트를 만들고 직접 선택 툴 Direct Selection Tool을 선택하고 박스의 천장과 벽면 부분을 제거합니다.

11 앞의 3D 효과를 응용해서 여러 채의 건물들을 만듭니다. 정교하게 디자인을 하다 보면 이 부분에서 1시간 정도 소요하게 됩니다. 건물들의 예제는 map.ai에서 확인할 수 있습니다.

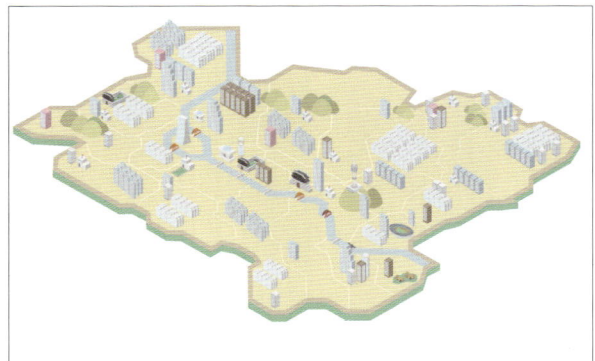

12 건물들을 지도 위에 배치해서 지도를 만듭니다. 좀더 손쉽게 배치하고 싶다면 메뉴의 [View〉Smart Guides]를 체크해 스마트 가이드 선을 나타내서 작업하는 게 좋습니다. 스마트 가이드Smart Guides를 사용하면 가이드 선이 생기며 각도와 좌우측 가이드를 맞추는 선이 생성되기 때문에 매우 편리합니다.

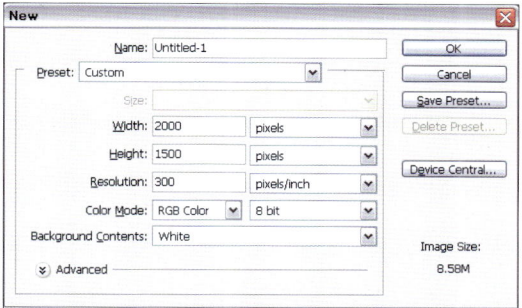

13 포토샵 프로그램을 실행하고 〈Ctrl+N〉을 눌러 '2,000px × 1,500px' 크기의 새로운 도큐먼트를 만듭니다.

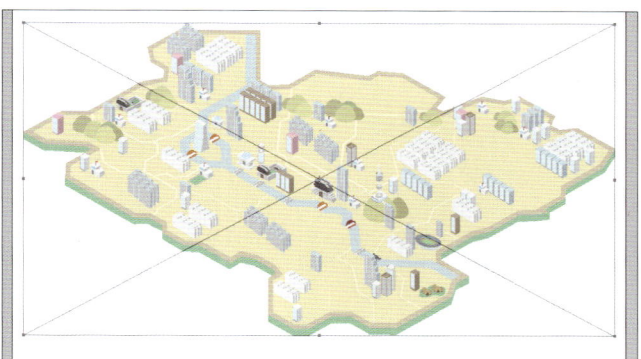

14 일러스트레이터 프로그램에서 작업한 일러스트를 〈Ctrl+C〉를 눌러 복사하고 포토샵 프로그램을 실행하여 13에서 만든 새로운 도큐먼트에 〈Ctrl+V〉를 눌러 붙여 넣습니다. Paste 대화상자에서 'Smart Object'를 선택합니다. 이미지가 불러 들여지면 옵션바에서 'W:25%, H:25%'로 설정합니다.

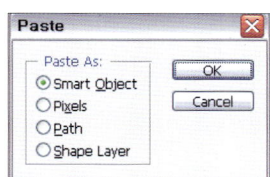
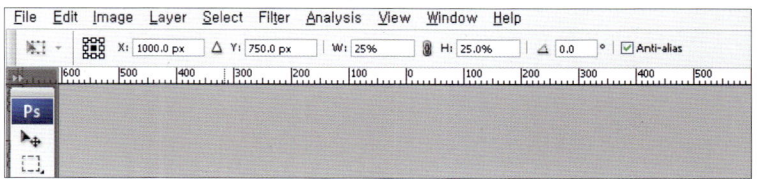

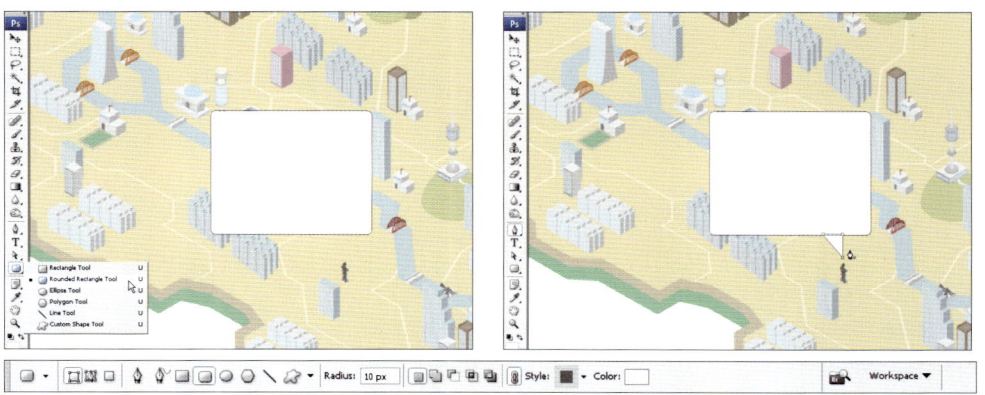

15 사각형을 만들기 위해 둥근 사각형 툴을 선택해서 사각형을 만들고 펜 툴을 사용하여 형태를 변형합니다. 이때 옵션바에서 펜 툴로 만든 패스가 조합되도록 'add to shape area'를 선택하고 그립니다.

Creative Skills Chapter 19

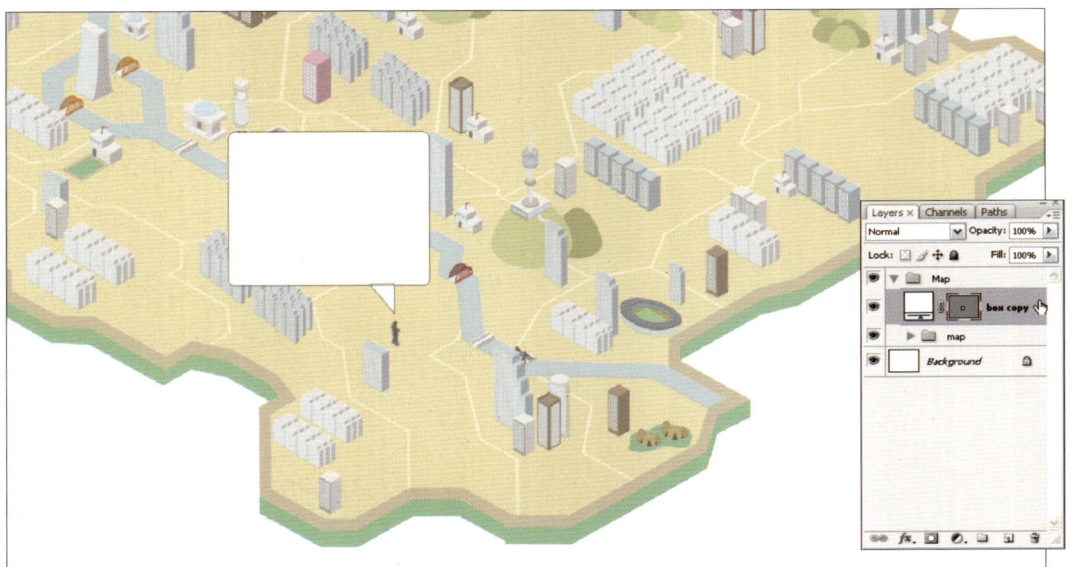

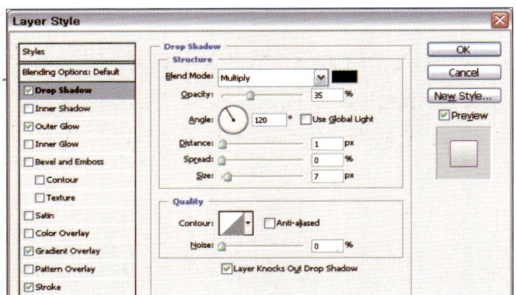
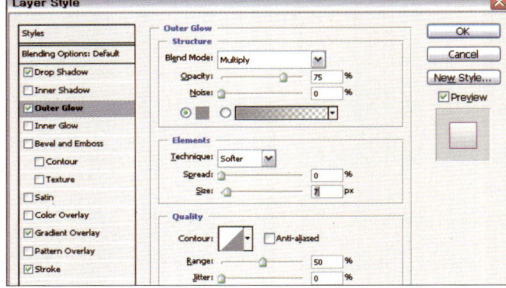
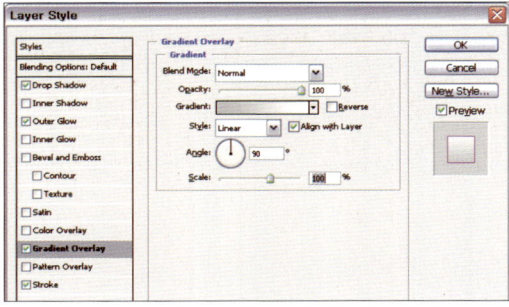
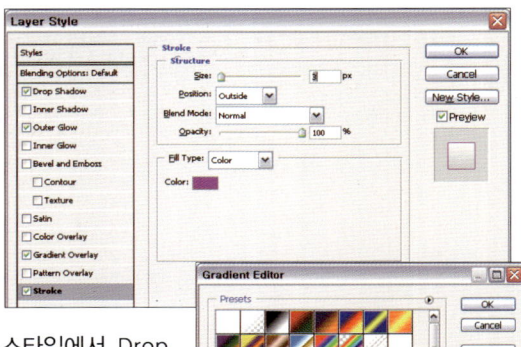

16 완성된 레이어를 더블클릭하여 나타나는 레이어 스타일에서 Drop Shadow는 'Opacity:35%', 'Distance:1px', 'Size:7px', Outer Glow는 'Opacity:75%', 'Color:#a09f9f', 'Elements Size:7px', 'Quality Range:50%', Gradient Overlay 는 'Color:#c7c7c7~#ffffff', Stroke는 'Outside Size:3pt', 'Color:#af2f92' 로 설정 합니다.

Technique **193**

17 만들어진 박스 안에 전달하려는 내용과 버튼을 넣어서 꾸밉니다. 이때 레이어를 폴더별로 정리합니다.

TIP 제작된 팝업의 여러 내용은 map.psd 파일에서 확인하시기 바랍니다.

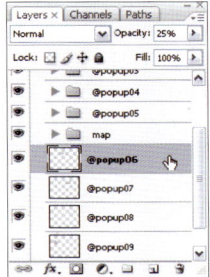

18 박스를 반복하여 다양한 스타일로 만들고 레이어를 움직여 지도 앞과 뒷부분에 배치해 공간감을 줍니다. 뒷부분으로 가는 레이어는 Map 그룹 안의 지도 레이어보다 아래쪽으로 이동시켰고, 레이어 그룹 아이콘을 클릭하고 〈Ctrl+E〉를 눌러 머지 Merge 시켜서 레이어로 만들었습니다. 뒷부분 박스들은 레이어의 투명도 Opacity를 '25%'로 설정합니다.

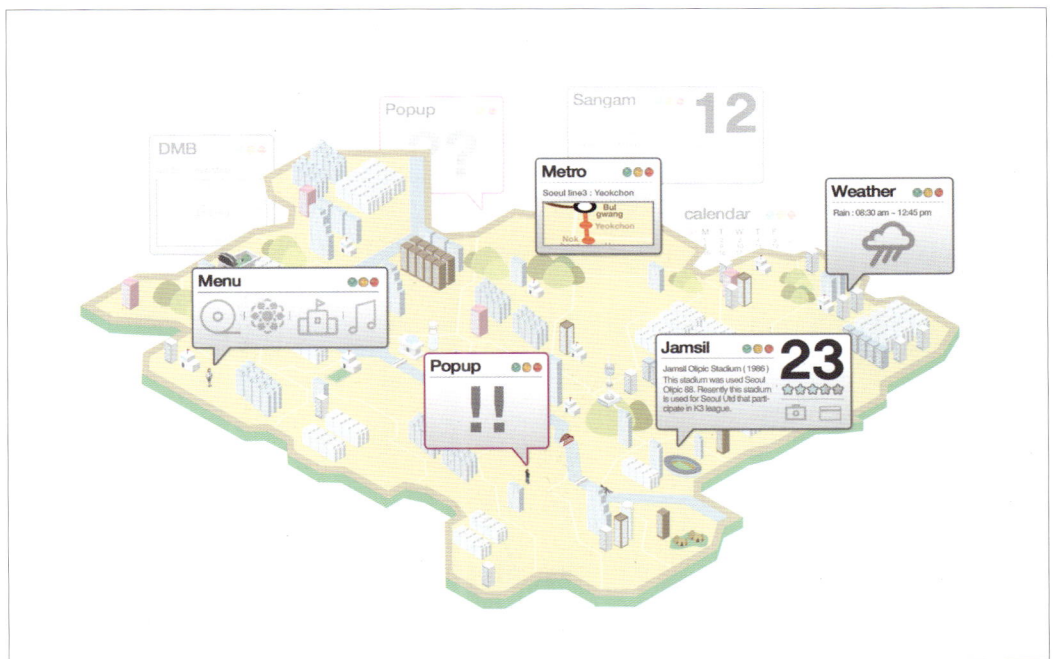

19 아이소매트릭과 같은 3D 일러스트에서 건물의 배열같이 일정한 간격으로 배치되는 부분의 그리드를 잘 잡지 못하면 효과가 떨어질 수 있으므로 주의해서 완성합니다. CA

Creative Artworks-3

Chapter 20

연락처 GUI 디자인하기

필터를 이용하여 멋진 GUI 디자인을
연출하는 방법을 알아봅니다

Notice
몇 개의 사진과 필터를 사용하여 우주적인 모습을 만들어 봅니다.
여기서는 어렵지 않게 레이어링Layering과 브러시들을 직접 만들어 블
렌딩 모드로 작업하는 것이 관건입니다.
GUI 작업은 편집적인 감각, 구조의 이해 등 디자인의 여러 가지
요소가 포함되는 만큼 색채와 레이아웃, 사용될 기능들의 특성을 잘
생각하여 디자인합니다. 아트워크 제작에 있어 각 부분을 잘
이해할 수 있다면, 개성 있는 GUI 스타일을 만들어 볼 수 있을
것입니다.

Skills
커스텀 브러시 만들기
블렌딩 모드 사용하기
레이어 스타일 사용하기
다양한 필터 사용하기

Time Needed
5시간 이상

Resurce
bg_1.psd
galaxy.psd

Designer
한승재 Han Seung Jae
www.triple-0.com
홍익대학교 시각디자인학과 학생으로, LG전자 디자인 경영센터에서
지니어스 디자인 3기로 활동하고 있습니다. 스튜디오 헤이데이에서
2년 동안 디자인 실무를 경험했고, LG전자 CTO UX파트에서
5개월간 인턴 경력을 쌓았습니다. 그 외에 학과 연간지 『ㅎㅇㅅㄷ』
32호 편집장을 맡았고, 각종 대학생 마케팅 프로그램을 수료하고
프리랜스로 다양한 프로젝트에 참여했습니다.

Creative Skills Chapter 20

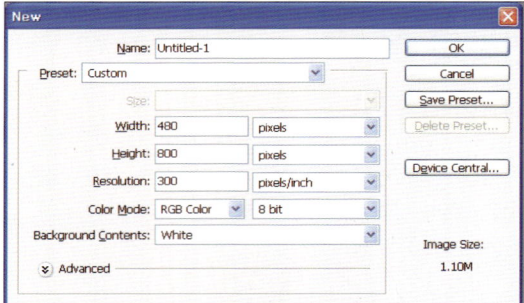

01 〈Ctrl+N〉을 눌러 '480px X 800px' 크기의 새로운 도큐먼트를 만들고 〈Ctrl+O〉를 눌러 bg_1.psd 파일을 불러와 배경으로 지정합니다. 레이어 팔레트에서 bg_1 레이어 위에 bg_2 레이어를 추가합니다. 〈Ctrl+A〉를 눌러 전체 선택하고 전경색을 '#002055'로, 블렌딩 모드는 'Multiply', 투명도Opacity는 '20%'로 설정합니다.

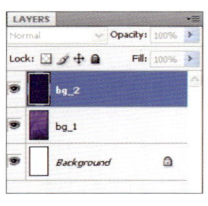

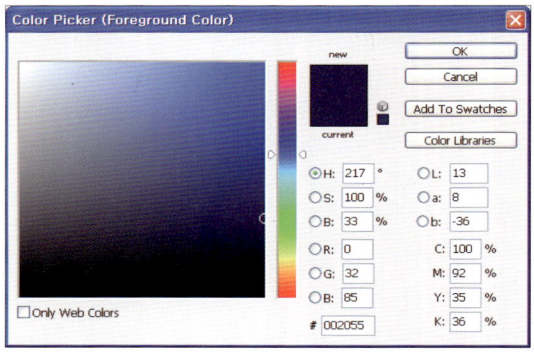

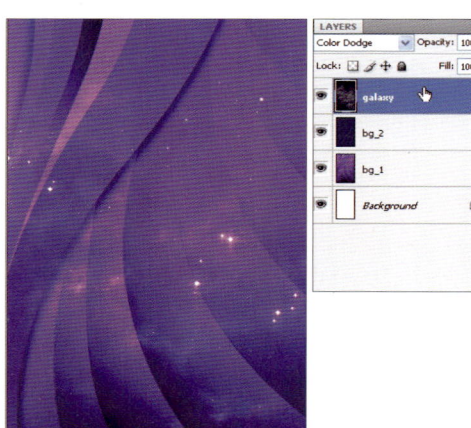

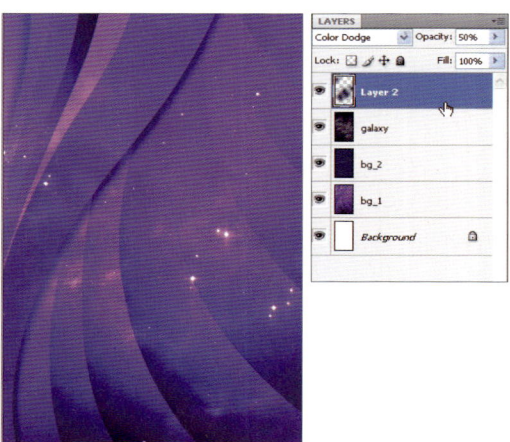

02 우주 이미지를 만들기 위해 〈Ctrl+O〉를 눌러 galaxy.psd 파일을 불러옵니다. 레이어 팔레트의 맨 위로 galaxy 레이어를 이동하고 블렌딩 모드를 'Color Dodge'로 설정해 멋진 배경을 만듭니다. 배경의 밀도를 높이려면 작업한 레이어들 위에 새로운 레이어를 만들어 블렌딩 모드를 'Color Dodge'로 같게 설정하고 투명도 Opacity를 '50%'로 설정한 후 어두운색(#001c4a)을 설정해 브러시를 칠합니다.

Technique 197

03 배경화면으로 작업된 레이어들 위에 새로운 레이어를 만들고 레이어 이름을 'phone_bg'로 설정합니다. 둥근 사각형 툴을 이용해 '400px X 600px' 크기의 둥근 사각형을 만들고 〈Ctrl+Enter〉를 눌러 선택영역으로 지정한 후 #fae2ff 색상을 채웁니다.

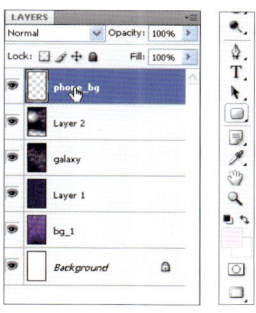 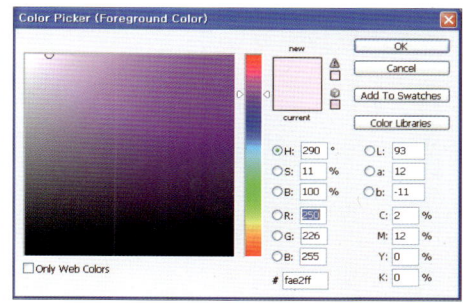

04 03에서 작업한 phone_bg 레이어에 위와 같은 방법으로 '75px X 150px'의 둥근 사각형을 만들고 #fae2ff 색상을 채웁니다. 이때 03에서 작업한 모양과 끝부분이 겹쳐져야 합니다.

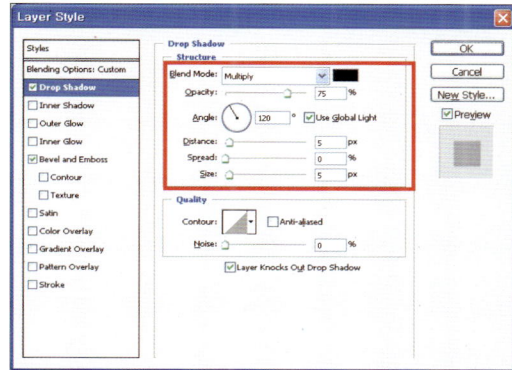 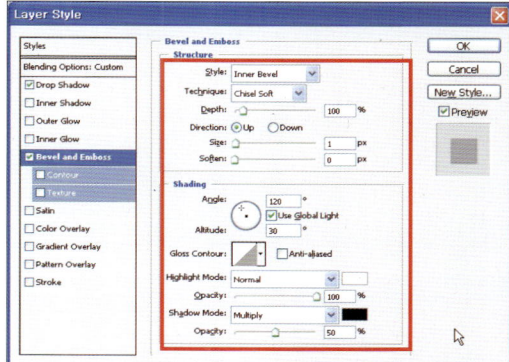

05 작업한 레이어를 더블클릭하여 레이어 스타일에서 Drop Shadow는 블렌딩 모드를 'Multiply'로 설정하고 투명도Opacity는 '75%', Angle은 '120', Distance는 '5px', Size는 '5px'로 설정합니다. Bevel and Emboss도 그림과 같이 설정합니다. 레이어의 투명도Opacity는 '40%'로 설정합니다.

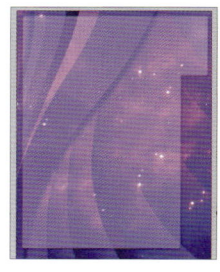

Creative Skills Chapter 20

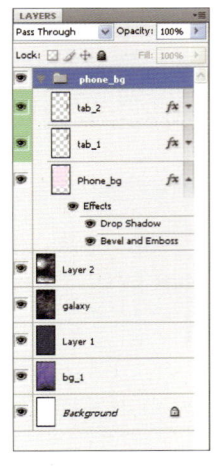

06 05에서와 같은 방법으로 다른 메뉴의 탭을 만들고 아래쪽에 탭을 정렬한 후 탭 레이어 위에 새로운 레이어를 만듭니다. phone_bg 레이어와 각 탭을 전체 선택하여 그룹으로 지정하고 이름을 'Phone_bg'로 설정합니다. 〈P〉 키를 눌러 펜 툴을 선택한 다음 아이콘을 그립니다. 각 탭에 해당하는 아이콘에 흰색을 채우고 텍스트도 흰색으로 입력합니다.

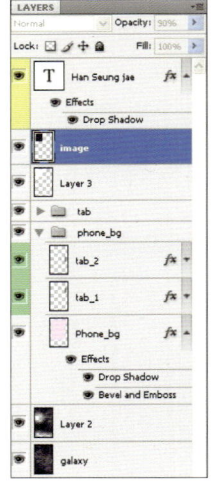

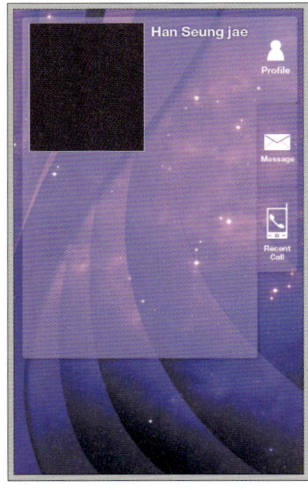

07 이제 안에 들어갈 내용들을 만들어봅니다. 지금까지 작업한 레이어들 위에 새로운 레이어를 만들고 이름을 'image'로 설정합니다. 사진이 들어갈 '190px X 220px' 정도의 사각형을 만들고 '#380058'로 색상을 채운 후 불투명도Opacity는 '90%'로 설정합니다. 레이어 스타일을 열어 Stroke에서 1px의 흰색 선을 설정합니다. 사각형 옆에 이름을 입력하고 레이어 스타일에서 Drop Shadow를 그림과 같이 설정합니다.

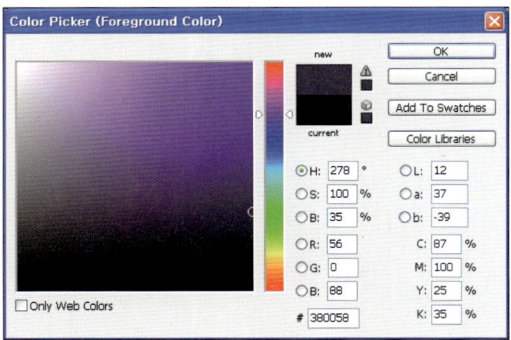

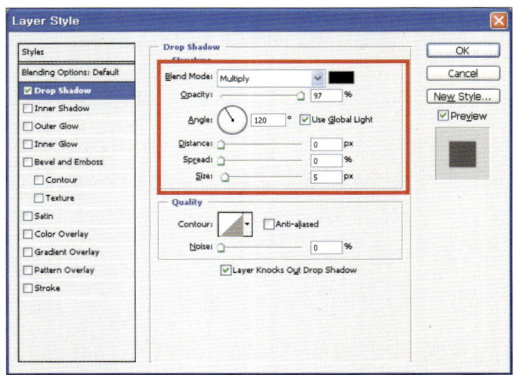

Technique 199

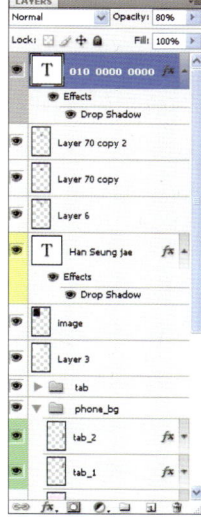
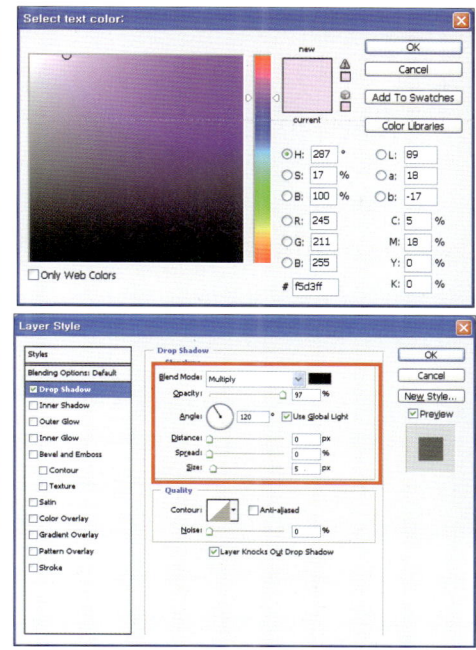

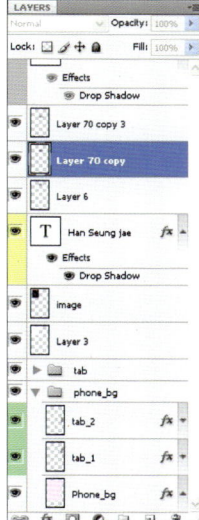
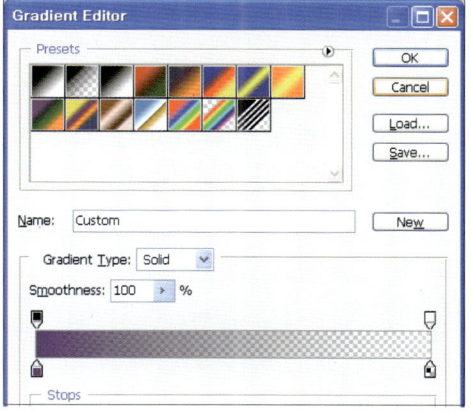

08 전화번호 입력란을 만들기 위해 레이어의 투명도Opacity를 '80%'로 설정하고 텍스트 색상은 '#f5d3ff'으로 설정한 후 **07**에서 작업했던 이름 레이어에서 레이어 스타일의 Drop Shadow를 같은 값으로 설정합니다. 전화번호 레이어 아래쪽에 새로운 레이어를 만들고 레이어에 적당한 크기의 사각형을 만들어 그라디언트 툴(G)을 선택한 후 #5e0075에서 투명하게 적용되는 그라디언트를 적용합니다.

Creative Skills Chapter 20

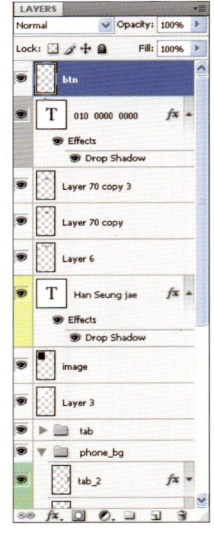
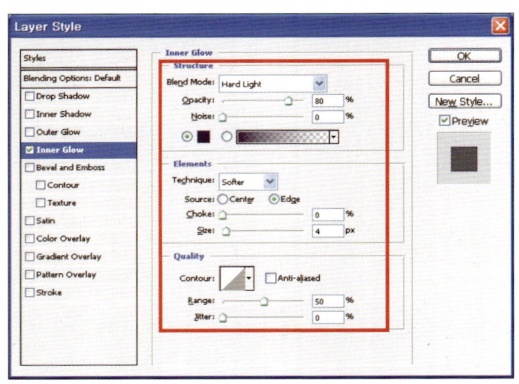
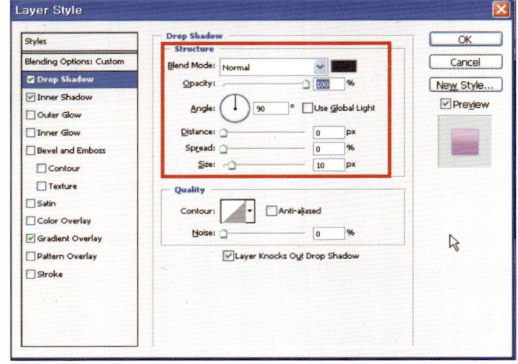

09   이번에는 버튼을 만들어봅니다. 새로운 레이어를 만들어 레이어의 이름을 'btn'으로 설정합니다. 〈U〉 키를 눌러 원형 툴을 선택하고 적당한 크기의 원을 그려 **04**에서 작업했던 방법과 같이 원을 만들고 색상은 흰색으로 설정한 후 레이어 스타일을 그림과 같이 설정합니다.

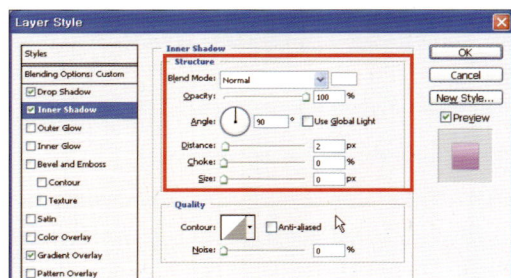
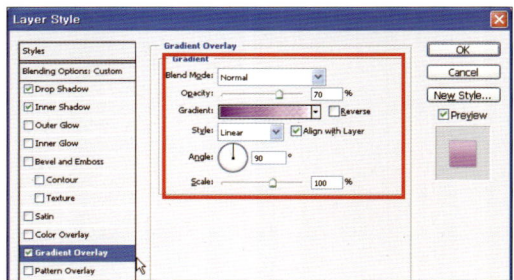

10   버튼이 활성화되어 있다는 표시를 하고 싶으면 Drop Shadow의 색상을 흰색으로 변경합니다. 버튼 안에 들어가는 아이콘은 **07**에서 작업했던 방법과 같이 새로운 레이어를 만들어 펜 툴로 흰색의 아이콘들을 그리고 아이콘들의 레이어 스타일에서 Inner Shadow와 Gradient Ovelay를 그림과 같이 설정합니다.

Technique **201**

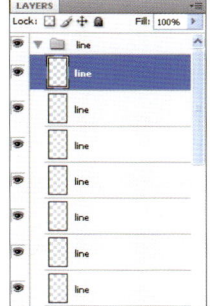

11 아래쪽에 세부적인 정보들을 디자인합니다. 먼저 새로운 레이어를 만들어 이름을 'line'으로 설정합니다. 세로 1px의 검은색 긴 줄을 만들고 바로 밑에 같은 크기의 흰색 긴 줄을 만든 후 line 레이어의 불투명도 Opacity를 '50%'로 설정합니다. 나머지 줄들은 line 레이어가 선택된 상태에서 〈Alt〉 키를 누른 채 드래그하여 복사합니다.

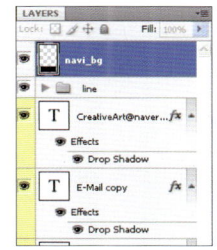
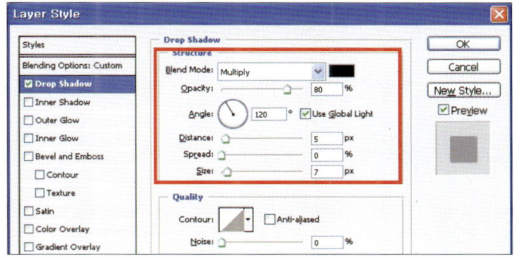

12 나머지 세부적인 정보들은 08, 09를 참고하여 내부 디자인을 합니다. 이번에는 아래쪽 메뉴 내비게이터를 만들어 봅니다. 새로운 레이어를 만들고 이름을 'navi_bg'로 설정합니다. '450px X 160px'의 검은색 사각형을 만들고 레이어의 불투명도 Opacity를 '50%'로 설정합니다. 레이어 스타일에서 Drop Shadow를 그림과 같이 설정합니다.

Creative Skills Chapter 20

13 내비게이터의 버튼도 **10**의 방법과 같이 만들어 봅니다. 여러 가지 모양의 아이콘에 아이콘과 버튼 레이어 스타일을 이용해 다양한 효과를 나타냅니다.

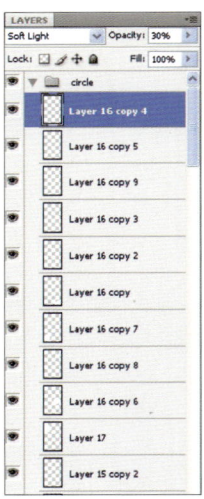

14 레이어 팔레트에서 맨 위에 새로운 레이어를 만들어 흰색 원들을 만듭니다. 각각 블렌딩 모드를 'Soft Light'로 설정하고 불투명도Opacity를 '30%'로 설정합니다.

15 　여러 가지 블렌딩 모드나 레이어 스타일을 추가하면 재미있는 결과를 얻을 수 있습니다. 외부에 휴대전화 모양, 배경을 만들거나 다운로드 받아서 적용하면 완성도가 높아집니다.

Chapter 21 수작업+디지털 작업의 유기적인 일러스트 만들기

Chapter 21

수작업+디지털 작업의 유기적인 일러스트 만들기

수작업과 디지털 작업을 혼합하여
아트워크 구성을 해봅시다

Notice
컴퓨터로 구현할 수 있는 디자인에는 한계가 있기 때문에, 수작업과 컴퓨터 작업을 조화롭게 다루는 것이 중요합니다. 이런 작업을 경험하면 스타일 넘치는 그림과 함께 자신만의 새로운 디자인에 도전할 수 있습니다. 여기서는 이미지를 제작하고 그것을 사용하는 방법에 대해서 알아봅니다.

또한 잉크 펜으로 제작된 수작업을 일러스트레이션에서 효과적으로 보정하는 방법, 포토샵 프로그램을 사용해서 이 작업들의 조합을 효과적으로 보여주는 방법, 구성의 효과적인 배치를 다룹니다. 세밀한 작업은 언제나 필요하지만 과도한 사용에 주의해야 합니다. 프로와 아마추어의 차이는 세밀함의 정도를 얼마나 잘 조절하는가로 나타나므로 아트워크가 너무 지저분해지지 않도록 주의합니다.

Skills
구성에 세밀함 더하기
일러스트레이터 프로그램에서
  잉크 펜 느낌 살리기

Time Needed
5시간

Resurce
Dougalves.psd
lady.jpg
source.ai

Designer
덕 앨브즈 Doug Alves
www.nacionale.net
독학으로 디자이너가 된 브라질 아티스트이자 일러스트레이터로 LA에서 활동하고 있습니다. 인터랙티브, 인쇄, 비디오 미디어를 고루 아우르며 클라이언트로는 마이크로소프트 준Microsoft Zune, BBC, 버튼 스노보드Burton Snowboards, MTV, 코카콜라 등이 있습니다.

Reworked by
장순규

Creative Skills Chapter 21

01 포토샵 프로그램을 실행하고 〈Ctrl+O〉를 눌러서 lady.jpg 파일을 불러옵니다. 어떤 이미지라도 좋은 아트워크로 변신이 가능하지만, 언제나 시작 아이디어와 콘셉트가 매우 중요합니다.

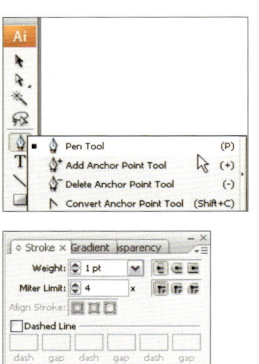 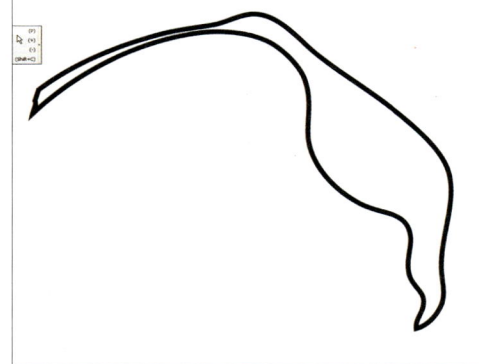

02 직접 일러스트를 그리기 위해 일러스트레이터 프로그램을 실행하고 새로운 도큐먼트를 만들고 펜 툴〈P〉을 선택합니다. 스트로크 팔레트에서 Weight를 '1pt'로 설정하고 자유롭게 꽃과 줄기 일러스트를 그립니다.

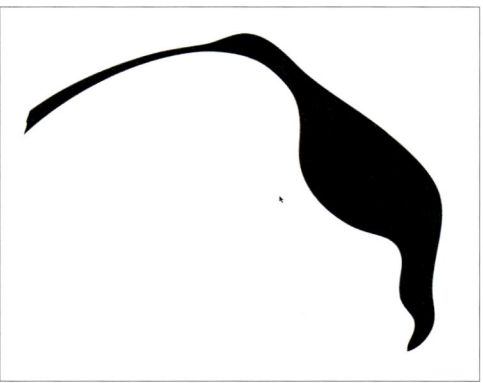

03 완성된 패스선에서 〈Shift+X〉을 눌러 선을 면으로 교체합니다.

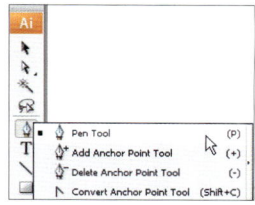 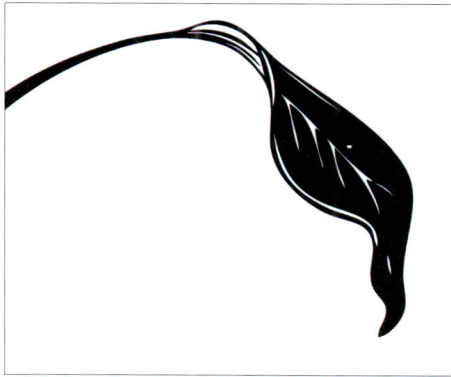

04 잎에 흰색 선을 그리기 위해서 펜 툴을 선택하고 색상은 흰색으로 지정합니다. 선을 그릴 때에는 굵게 그리기 시작해서 점차 얇게 패스선을 마무리합니다. 이런 식으로 작업해야 잉크 펜으로 그린 느낌이 납니다. 완성되면 줄기에 깊이감을 더하고 사실적인 느낌으로 완성합니다.

05 펜 툴을 사용해 유기적으로 보이는 줄기를 그립니다. **03**, **04**를 반복한다고 생각하고 작업합니다. 줄기의 다른 부분에 잎을 더 그려 넣는데, 이 시점부터 세밀한 부분을 염두에 두고 작업을 하기 시작합니다.

06 펜 툴로 잎을 그린 것과 같은 방법으로 다양하게 꽃을 그립니다. 이때 선이 두껍게 느껴지면 스트로크 팔레트에서 Weight를 조절합니다. 여기서는 두께를 '1pt' 정도로 작업했습니다. 배경이 밝다면 선과 면의 색상을 교체하여 그리는 것도 좋습니다.

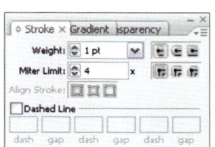

Creative Skills Chapter 21

07 검은색 꽃에 다양한 요소들을 결합해 그림과 같이 완성할 수 있습니다. 패스선 작업이 능숙해진다면 바로 디지털 작업으로 펜 툴을 사용할 수 있지만, 처음에는 수작업으로 스케치하고 펜 툴로 이미지를 완성하는 것이 좋습니다. 줄기나 잎 등 다른 요소들을 더하되 전체적인 균형을 염두에 두어야 합니다.

08 새를 만들어 봅니다. **02**와 같이 스케치부터 차근차근 펜 툴로 새를 완성합니다. 선의 두께를 조절하여 최대한 새의 세밀한 부분을 완성합니다.

09 포토샵 프로그램을 실행하고 **01**에서 불러왔던 이미지 위에 일러스트레이터 프로그램에서 제작한 이미지를 〈Ctrl+C〉를 눌러 복사하고 포토샵 프로그램에서 〈Ctrl+V〉를 눌러 붙여 넣습니다. 붙여 넣기는 픽셀로 작업하는 것이 빠르기 때문에 Paste 대화상자에서 'Pixel'을 선택합니다.

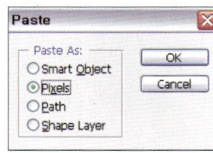

Technique **209**

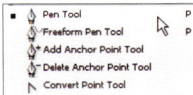

10 깊이감을 만들기 위해서 줄기의 그림자를 펜 툴Pen Tool을 이용해 그려 넣습니다. 옵션바의 펜 툴 상태를 체크하고 이미지를 그려 나갑니다. 원활한 편집을 위해 레이어 요소들을 그룹화하고 이름을 지정합니다.

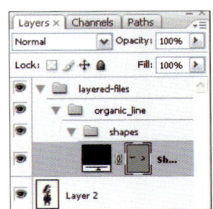

11 브러시 툴Brush Tool을 선택하고 둥근 브러시로 중심부에 줄기와 잎을 그려 이미지를 감쌉니다. 옵션바에서 브러시 크기를 '3~5'로, Handness를 '0%'로 설정하고 그립니다. 요소들을 차곡차곡 레이어에 채우되 공간과 구성을 생각하고 배치합니다.

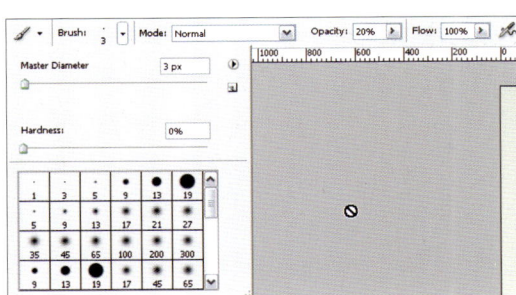
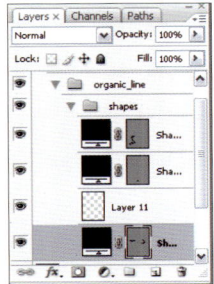

Creative Skills Chapter 21

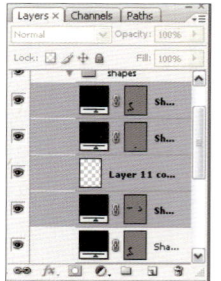

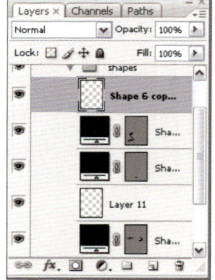

12 그림자를 만들기 위해서 펜 툴로 제작된 줄기 레이어를 〈Alt〉 키를 누른 채 방향키를 한 번 누르면 1px 이동하며 복사됩니다. 〈Ctrl+E〉를 눌러서 하나의 레이어로 합칩니다. 메뉴의 [Edit〉Transform〉Perspective]를 선택해 다이내믹하지만 민감한 Perspective 설정을 위해 투명도를 '20%'로 조정한 후 〈Shift〉 키를 누른 상태에서 위에서 아래로 크기를 줄입니다. 실제 그림자가 적용된 것처럼 보이도록 크기를 조절합니다.

13　구성을 생각하면서 모든 요소들을 적당한 자리에 위치시키고 마지막으로 구성과 균형을 점검합니다. 각 요소들 간의 충분한 공간을 확보하면서 배치합니다. 또한, 인물 요소가 '숨 쉴' 공간도 마련해 완성합니다. **CA**

TIP　여기에서 검은색 꽃을 선택한 것과는 달리 흰색 꽃을 사용하고 싶다면, 좀더 세밀하게 표현해야 할지도 모릅니다. 04의 과정에서 그렸던 점들 같은 경우 전체 구성에 깊이감을 더합니다. 수작업을 컴퓨터로 구현하고 완성도와 깊이감을 높이는 많은 작업을 통하면 자신만의 노하우가 생기기 때문에 여러 번 작업해 보는 것을 추천합니다.

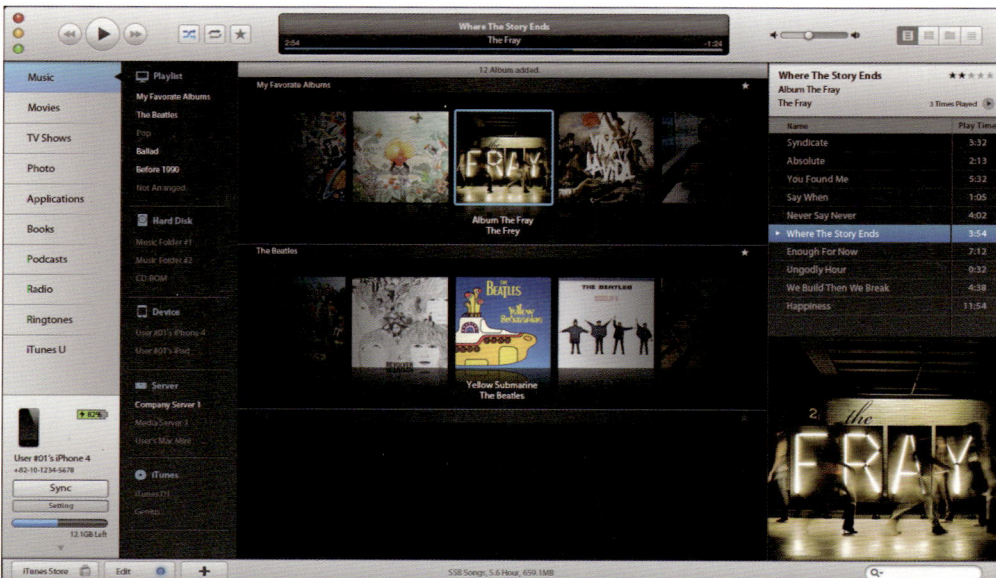

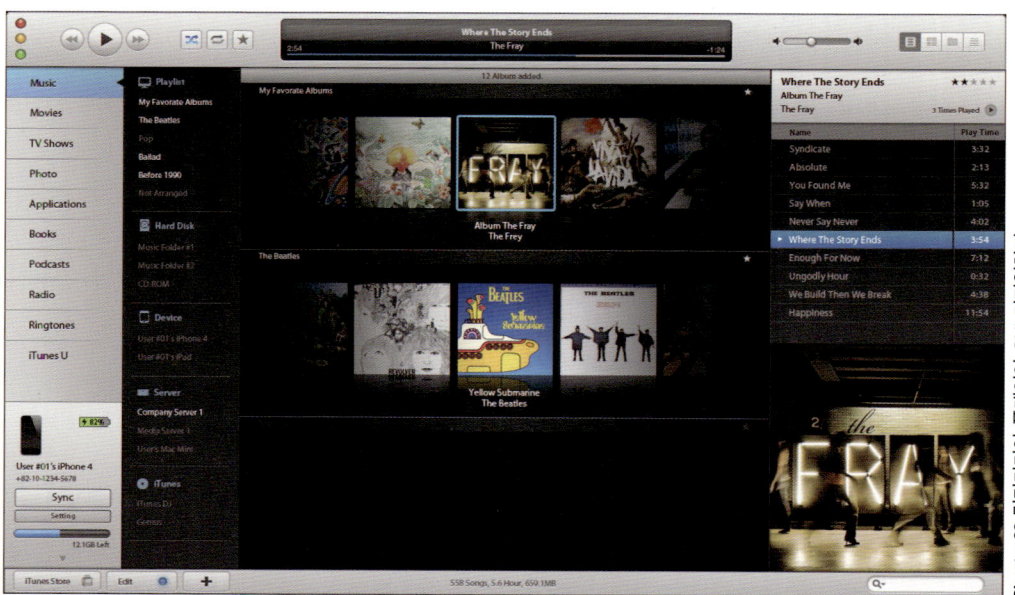

Chapter 22 멀티미디어 플레이어 GUI 디자인하기

Creative Artworks-3

Chapter 22

멀티미디어 플레이어 GUI 디자인하기

실용적인 GUI 디자인 과정을
익혀봅시다

Notice
이 이미지는 삼성 디자인 멤버십 선발 대회에서 사전 과제로 제출했던
아이튠스의 리디자인으로, GUI의 느낌은 거의 애플의 디자인을
따라가지만 좀더 단단하고 정리된 느낌에 주안점을 두었던
작업입니다. GUI 디자인은 철저한 계획이 밑받침되어야 합니다.
정리된 UI 구조 없이 무작정 디자인을 시작하면 결국 같은 일을
두세 번 하게 됩니다. 포토샵 프로그램을 시작하기 전에 먼저
펜과 종이를 가지고 다양한 스케치를 해야 합니다. 모든 배열과
아이콘 디자인, 색상 등에는 확실히 이유가 있어야 합니다.
최근 GUI 트렌드는 애플의 아쿠아 인터페이스를 기본으로 사실적인
묘사가 특징입니다. 기업이나 에이전시마다 각각의 개성을 가지고
있지만, 여기에서 보여줄 스타일은 평면적이고 사실적인 느낌의
GUI 입니다. GUI에서 기본적인 기법들을 몇 가지 알게 된다면
그것만으로도 큰 발전을 가져올 것입니다.

Skills
레이어 스타일 사용하기
기본적인 아이콘 만들기

Time Needed
8시간

Resurce
main_01.psd

Designer
이상윤 Lee Sang Yoon
www.prizmika.com
홍익대학교 디지털미디어디자인학과 학생으로, 삼성 디자인 멤버십
19기 회원으로 활동하고 있습니다. UX 디자이너를 목표로 하고 있으며,
디자인 에이전시 바이널에서 근무한 경험을 비롯하여 다양한 상업용
프로젝트에 참여했습니다.

Creative Skills Chapter 22

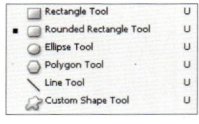

01 〈Ctrl+N〉을 눌러 '1,280px X 720px' 크기의 새로운 도큐먼트를 만들고 새로운 레이어를 추가합니다. 바탕을 검은색으로 설정하고, 둥근 사각형 툴을 이용하여 위쪽에 흰색 메뉴를 만들어 봅니다.

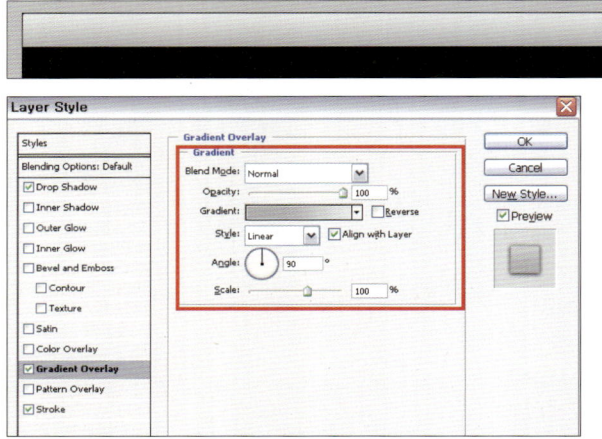
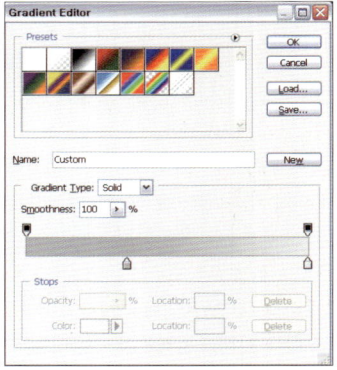
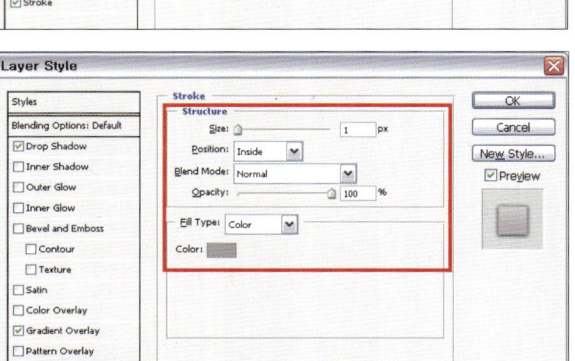

02 레이어를 더블클릭하여 레이어 스타일에서 그림과 같이 설정해 Gradient Overlay에서 은은한 회색의 그라디언트를 적용하고 Stroke도 설정합니다.

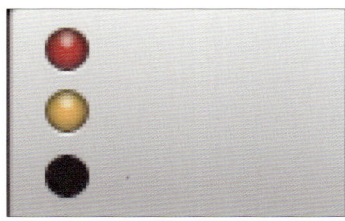

03 OSX의 특징인 신호등 버튼을 만들어 봅니다. 먼저 새로운 레이어에서 원형 툴로 원을 만든 후 각각의 원에 신호등 색상의 그라디언트를 적용합니다.

Technique 215

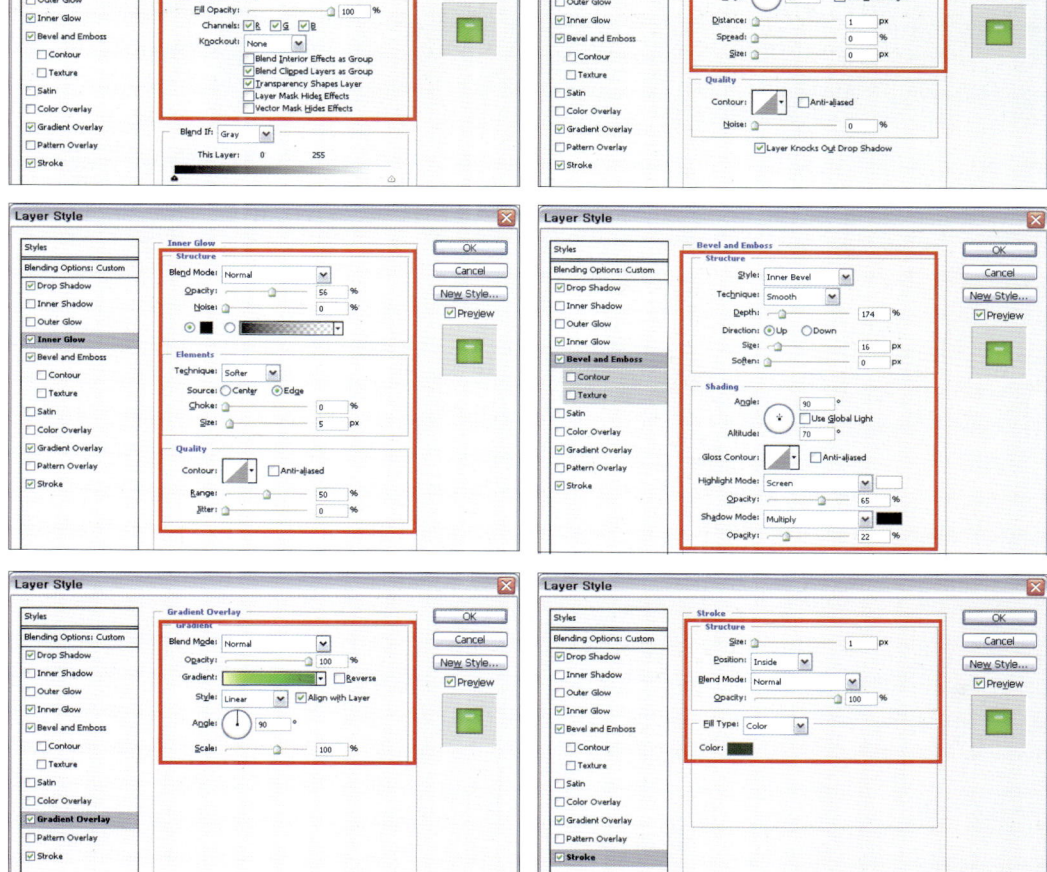

04 이제 레이어 스타일들을 차례로 그림과 같이 적용합니다. Drop Shadow는 버튼이 움푹 들어간 느낌을 주기 위한 것으로 원 아래 배경에 1px의 흰색 하이라이트를 준다고 생각하면 됩니다. Inner Glow와 Bevel and Emboss는 입체감을 주기 위한 것이며, Bevel and Emboss는 이미지가 뿌옇게 변하는 일이 잦기 때문에 적재적소에 조금씩만 사용합니다. 여기서는 하이라이트를 주기 위해 사용했습니다.

하나의 원 위에 모든 레이어 스타일이 적용되었다면 나머지 원에도 같은 설정을 적용합니다. 레이어 팔레트에서 Fx 부분을 〈Alt〉 키를 누른 채 드래그하여 다른 레이어로 효과를 복사할 수 있습니다. 만들어진 원 레이어 3개를 하나의 그룹으로 묶습니다.

TIP 이미지를 100%로 확인했을 때 깔끔하지 않고 뿌옇다면 Stroke를 적용하는 것이 좋습니다. Position을 'Inner'로 설정하여 진한 색상으로 '1px'만 적용하면 훨씬 깔끔해집니다.

Creative Skills Chapter 22

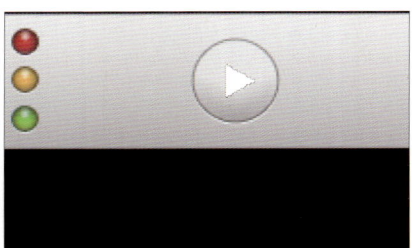

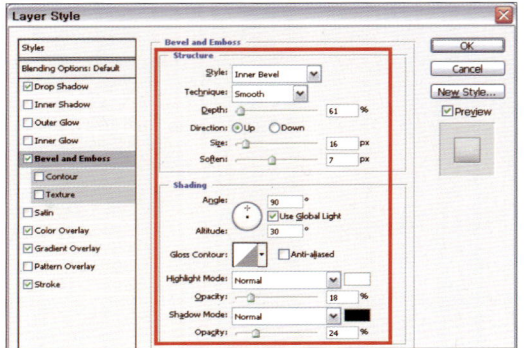
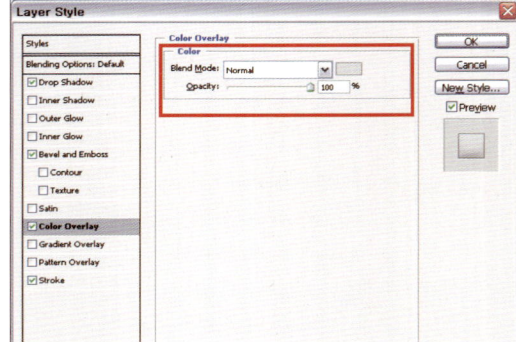

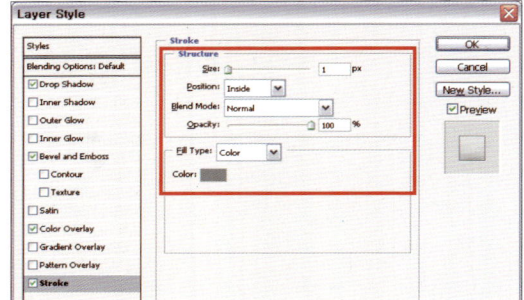
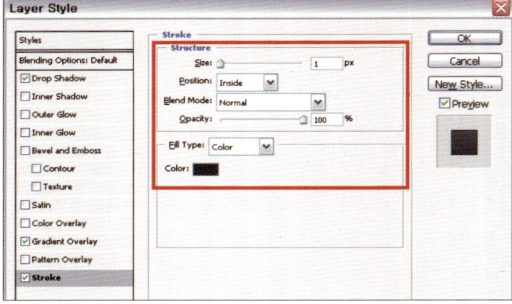

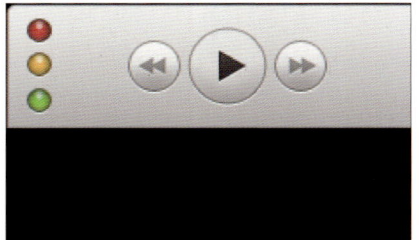

05 이번에는 재생 버튼을 만들어 보겠습니다. 03과 같이 원을 만들고 레이어를 더블클릭하여 레이어 스타일에서 Drop Shadow를 적용합니다. Bevel and Emboss도 사용하여 약간의 입체감을 줍니다. 다각형 툴을 이용하여 옵션바에서 Side를 '3'으로 설정하고 흰색 삼각형을 그린 후 원 레이어의 위쪽에 이동한 뒤 레이어 스타일에서 Drop Shadow, Stroke, Gradient Overlay를 적용하고 정렬합니다. 같은 방법으로 되감기와 빨리감기 버튼도 만듭니다. 되감기와 빨리감기 버튼의 색상은 좀더 밝은색으로 설정하여 재생 버튼에 시선이 집중되도록 합니다.

Technique 217

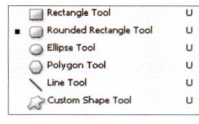
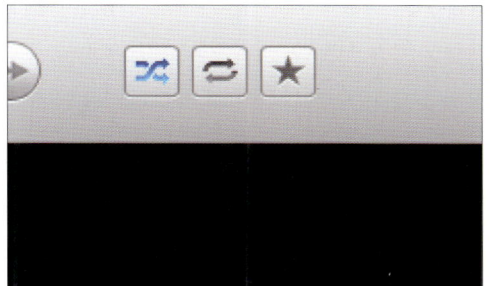

06 같은 방법으로 3개의 버튼을 옆에 더 만듭니다. 이번엔 원이 아니라 둥근 사각형 툴로 만들면 됩니다. 각각의 버튼들을 따로 레이어 그룹에 정리하여 상위 그룹에 넣어 정리합니다.

07 이번에는 중앙의 인디케이터 창을 만들어 보겠습니다. 레이어 스타일에서 그림과 같이 Drop Shadow를 기본으로 사용한 후 Bevel and Emboss를 그림과 같이 설정해 초기에 설정한 콘셉트처럼 살짝 들어가 있는 박스 형태의 모양을 만들어 줍니다.

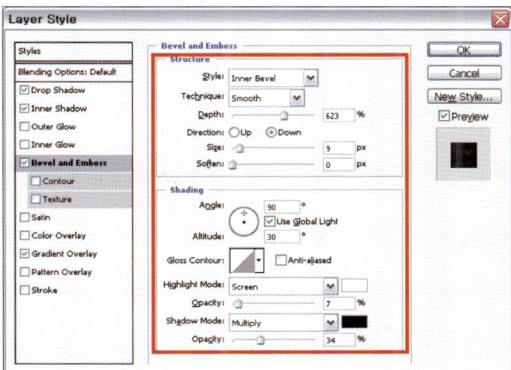
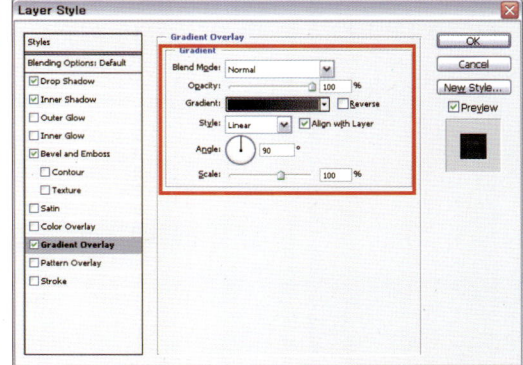

Creative Skills Chapter 22

08 인디케이터 창 레이어에서 〈Ctrl〉 키를 누른 채 둥근 사각형을 클릭하여 선택영역을 만든 후 사각형 선택 툴로 선택영역이 지정된 상태의 화면을 〈Alt〉 키를 누른 채 드래그하여 절반 크기로 만듭니다. 새로운 레이어를 만들고 선택영역을 흰색으로 채운 후 Opacity를 '10~20%' 정도로 적용합니다. 이것은 매끈한 유리 질감을 설정하는 방법으로, 좀 더 세밀하게 만들기 위해서는 방금 만든 레이어의 사각형 크기를 약 '2px' 정도 축소하면 좀더 사실적인 유리 질감이 완성됩니다. 인디케이터 창을 만들며 사용한 레이어들을 모아 하나의 그룹으로 설정합니다.

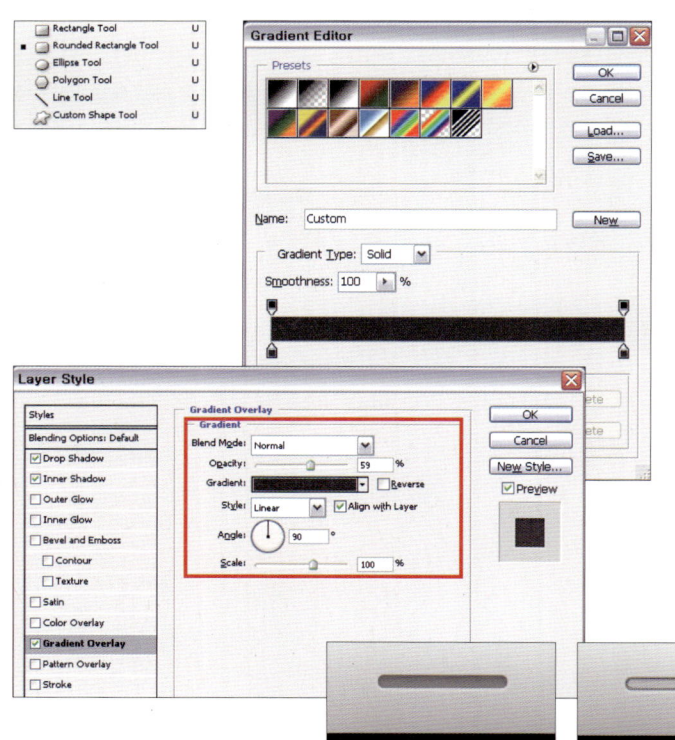

09 같은 방법으로 볼륨바를 만듭니다. 둥근 사각형 툴로 얇은 막대를 만든 후 〈G〉 키를 눌러 그라디언트 색상을 적용하고, 레이어 스타일에서 Inner Glow를 'Normal'로 설정하여 약간의 어두운 효과를 적용합니다. 내부 게이지는 08과 같은 방법으로 방금 만든 레이어를 〈Ctrl〉 키를 누른 채 클릭하여 선택 툴을 이용해서 잘라내는 방법으로 만듭니다.

Technique 219

10 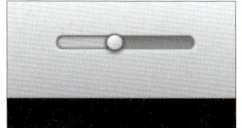 05에서 만들었던 원을 응용하여 핸들을 만들어 봅니다. 작지만 눈에 잘 띄고 튀어나온 느낌을 나타내야 하기 때문에 레이어 스타일에서 Stroke와 Outer Glow를 설정해 그림자를 만듭니다.

11 기초적인 작업이 끝났습니다. GUI는 일반적인 아트워크와는 달리 다른 사람들과 함께 작업하는 일이 많으므로 레이어 그룹 정리를 깔끔하게 하는 습관을 가집시다. 여기에서 보여주는 대부분의 작업은 포토샵 CS 이상의 프로그램에서 제공하는 기본 툴로 만들어내는 깔끔한 아이콘과 레이어 스타일 적용에 중점을 두고 있습니다. 1px 하나에 주의하며 개성있고 튼튼한 디자인을 실험해봅니다. **CA**

TIP Drop Shadow와 Inner Shadow를 이용한 하이라이트와 그림자의 적용은 이러한 스타일의 GUI를 만들어내는 가장 중요한 요소입니다. 선택영역을 자유롭게 조절하는 능력 또한 필수적인 요소라 생각하고 자신만의 GUI 디자인을 시도해보면 다양한 질감의 인터페이스를 구현할 수 있을 것입니다.

Chapter 23 북고-미래지향적 포스터 만들기

Creative Artworks-3

Chapter 23

복고-미래지향적 포스터 만들기

기본적인 선형 툴을 이용하여
복잡한 패턴 만드는 방법을 익혀봅시다

Notice
여기서는 특정한 스타일의 이미지를 만드는 방법에 대해 알아봅니다.
조각난 풍경 이미지로 새로운 이미지를 구성하는 기법으로 이미지를
새로운 방법으로 다른 각도에서 보면 흥미로운 작업 소재가 됩니다.
질감 있는 이미지들의 사용으로 물리적으로 상상하지 못했던
요소들을 더해주면서 독특한 인물화를 만들 수 있습니다.
펜 툴과 이미지 배치만으로 완성되는 효율적이고 멋진 인물화 형태의
포스터를 만들어 봅니다.

Designer
로저 드 뵈브 Rogjer de Boeve
www.regjerdeboeve.com
벨기에 출신의 프리랜서 아티스트이며 현재 그래픽디자인
석사 코스를 밟고 있습니다. 또한 Evoke1 그룹의 일원이기도 합니다.
포트폴리오는 www.regjerdeboeve.com에서 찾아볼 수 있습니다.

Skills
일러스트레이터 프로그램에서
  기하학적 선 만들기
새로운 모양으로 이미지 마스킹하기
포토샵에서 미래적인 효과 추가하기

Time Needed
6-7시간

Resurce
composition.ai
full.psd

Reworked by
손영아

Creative Skills Chapter 23

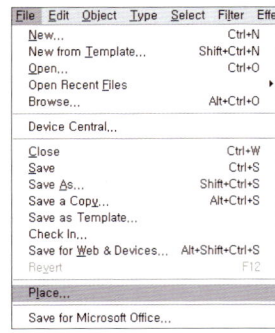
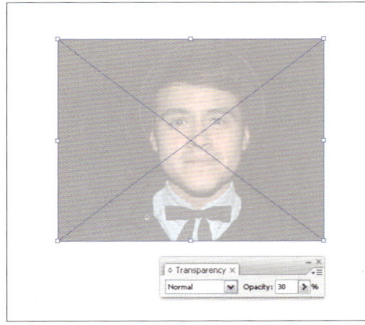

01 먼저 스케치부터 시작합니다. 일러스트레이터는 기하학적 모양을 완벽하게 그리기 위한 최상의 프로그램입니다. 일러스트레이터 프로그램을 실행하고 새로운 도큐먼트를 만든 후 메뉴의 [File>Place]를 클릭해 스케치할 이미지 파일을 불러옵니다. 이때 스케치해서 선을 추출할 것이기 때문에 정면의 어떤 인물사진이든지 상관없습니다. 원하는 사진을 불러오고, 이미지 레이어의 투명도를 '30%'로 설정합니다.

02 여기서는 선형 툴〈/〉, 원형 툴〈L〉, 펜 툴〈P〉이 사용됩니다. 이 아트워크의 시작이자 중심 요소는 머리입니다. 선을 그리기 위한 적당한 위치를 고르되, 직선과 곡선이 다양하게 구성되는지 체크하면서 진행하고 한쪽 얼굴만 그립니다.

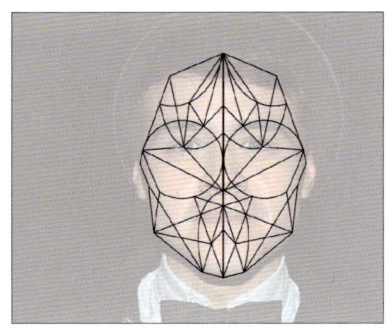

03 머리의 한쪽 선이 완성되면 선들을 전체 선택해 메뉴의 [Object>Transform>Reflect]를 선택하여 복제합니다. 완벽한 형태를 만들기 위해 고민할 필요는 없으며 전체적인 구조만 간략히 표현하면 충분합니다.

04 이제 머리 레이어 위에 새로운 안경 레이어를 만듭니다. 또 다른 안경 이미지를 찾아서 투명도를 '30%'로 설정합니다. 머리에서 작업했던 것과 같은 방법으로 안경을 그립니다.

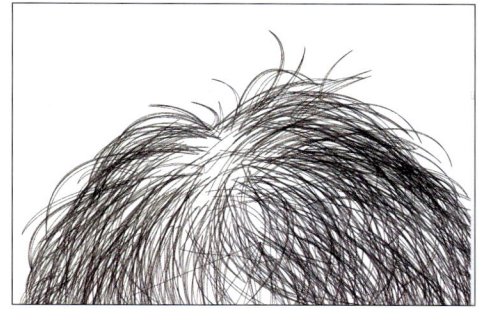

05 〈P〉 키를 눌러 펜 툴을 선택하고 머리카락을 그립니다. 이 작업은 무척 피곤하고 시간이 걸리는 힘든 작업이지만 성과 있는 방법입니다. 패스들이 겹치더라도 상관 없으며 사실 그게 더 쉬운 방법입니다.

TIP 펜 툴은 반드시 알아야 하는 최고의 툴이므로 이에 대해 완전히 파악할 수 있게끔 연습합시다.

06 전체 구성에 작은 모양들을 더합니다. 단순한 형상과 작은 요소들을 사용하여 더욱 흥미롭게 만들어 봅시다. 예를 들어, 요소들을 선으로 나누거나 복제하거나 하는 방법들을 사용합니다.

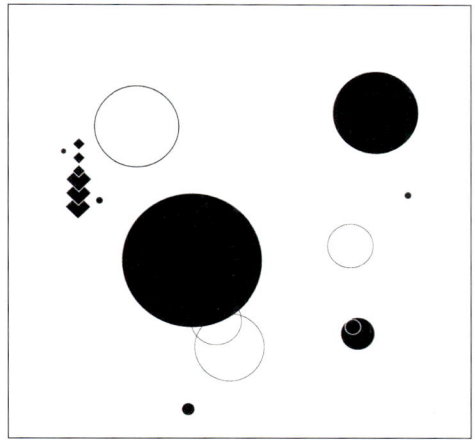

07 지금까지 만든 것들을 〈Ctrl+C〉를 눌러 복사한 후 포토샵 프로그램을 실행하고 〈Ctrl+V〉를 눌러 붙여 넣습니다. 풍경 이미지를 선택해 마술봉 툴〈W〉로 얼굴 패스 레이어에서 영역을 선택하고 〈Ctrl+Shift+I〉를 눌러 선택영역을 반전시킵니다. 풍경 이미지 레이어에서 〈Delete〉 키를 눌러 선택 영역 외의 부분을 지웁니다. 얼굴 영역마다 다양한 방향이 되도록 배치하고 정리되었으면 조각난 레이어들을 전체 선택해 〈Ctrl+E〉를 눌러 레이어를 합칩니다.

TIP 처음에 가져왔던 풍경 이미지를 미리 복사해 원본이 유지되도록 합니다. 조각나지 않은 상태에서 〈Ctrl+T〉를 눌러 바운딩 박스를 조절해 방향을 바꿔 가며 작업하면 이미지들의 위치가 대비되어 좀더 재미있는 형태가 됩니다. 면의 톤, 배치 등을 잘 생각하여 입체적인 느낌이 나도록 작업합니다. 이때 명암 대비가 강한 바위나 산 등의 이미지를 사용하면 질감 표현이 쉽습니다.

Creative Skills Chapter 23

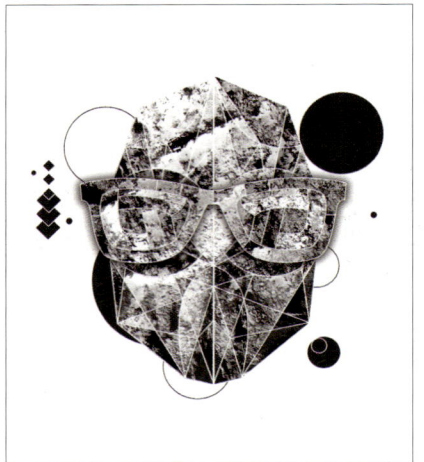

08 안경 부분도 얼굴과 같은 방법으로 이미지를 채웁니다. 조각 난 부분을 얼굴과 안경 두 개의 레이어가 되도록 〈Ctrl+E〉를 눌러 레이어를 합치고, 제각각 나뉘어 있는 조각 레이어들을 정리하기 위해 레이어를 병합해서 파일의 용량을 줄입니다. 병합된 안경 레이어를 선택해 메뉴의 [Layer〉Layer Style〉Drop Shadow]에서 그림자를 만들어 깊이감을 완성합니다.

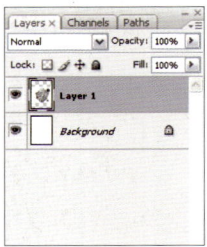

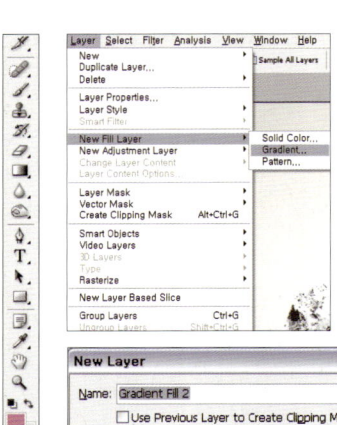

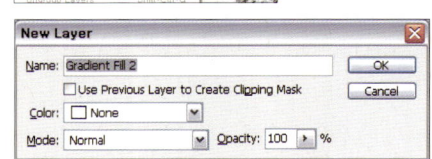

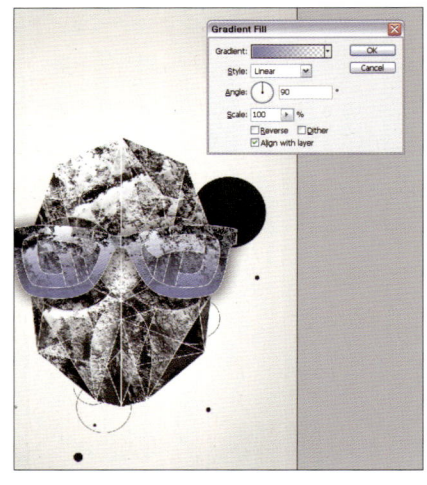

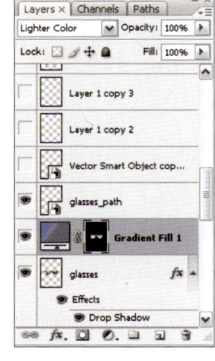

09 안경에 색깔을 표현합니다. 전경색을 'C:55, M:50, Y:0, K:0', 배경색을 'C:65, M:60, Y:60, K:35'으로 지정하고 〈W〉 키를 눌러 마술봉 툴로 안경 부분을 선택합니다. 메뉴의 [Layer〉New Fill Layer〉Gradient]에서 새 그라디언트 레이어를 만듭니다. New Layer 대화상자에서 OK 버튼을 누르고, Gradient Fill 대화상자 나타나면 그라디언트가 적용된 모습을 확인할 수 있습니다. 레이어 팔레트에서 그라디언트 레이어의 블렌딩 모드를 변경하면서 어울리는 색조를 찾습니다. 여기서는 블렌딩 모드를 'Lighter Color'로 선택하고 위쪽을 지우개 툴〈E〉을 사용해 정리했습니다.

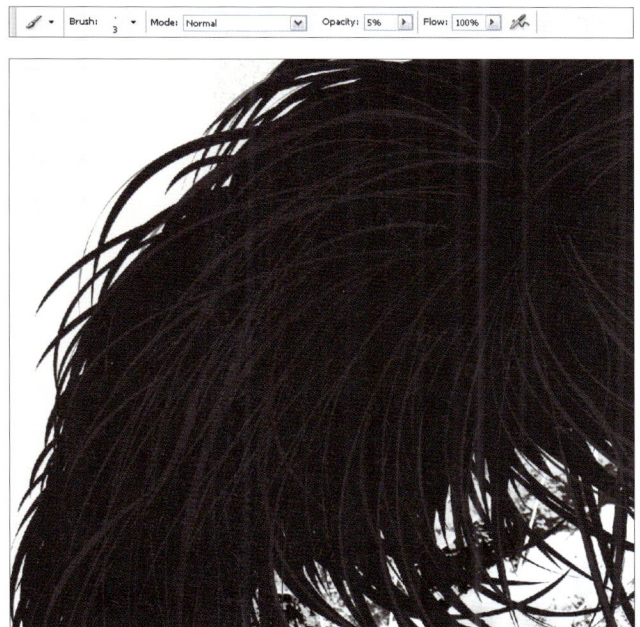

10 05에서 그린 머리카락 레이어를 이동 툴〈V〉을 이용해 드래그하여 포토샵 프로그램으로 가져옵니다. 〈B〉키를 눌러 '1~3px'의 회색 브러시로 레이어의 윗부분에 머리카락의 하이라이트를 넣어 풍성하게 만듭니다.

TIP 만약 선명한 선을 원한다면 태블릿을 사용해야 합니다. 마우스도 가능하지만 태블릿은 훨씬 간편하게 그릴 수 있습니다.

11 주요 인물 작업이 끝났으면, 배경을 세밀하게 표현합니다. 07과 같은 방법으로 이미지를 더하고 이전에 만들어 놓은 작은 모양들을 얼굴과 안경에 작업했던 것과 같이 이미지를 결합시킵니다. 명암 대비를 적게 설정하여 너무 튀지 않게 만듭니다.

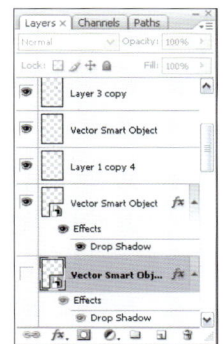

Creative Skills Chapter 23

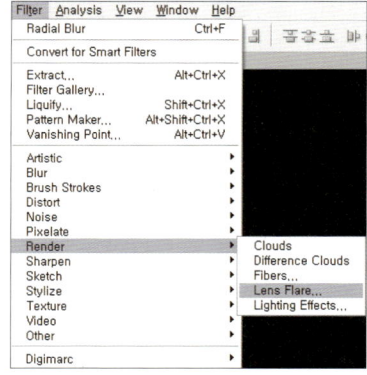
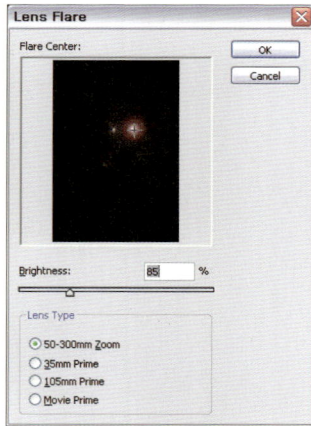

12 완성도를 좀더 높이는 작업을 하겠습니다. 새로운 레이어를 만들고 페인트통 툴〈G〉을 사용하여 검은색을 채운 후 메뉴의 [Filter〉Render〉Lens Flare]에서 빛 효과를 적용합니다. 레이어 팔레트에서 블렌딩 모드를 'Screen'으로 설정하고 위치시킵니다.

TIP 렌즈 플레어Lens Flare 효과는 빛 효과를 더하고 깊이감을 줍니다.

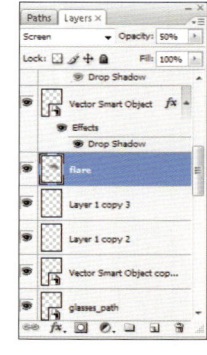

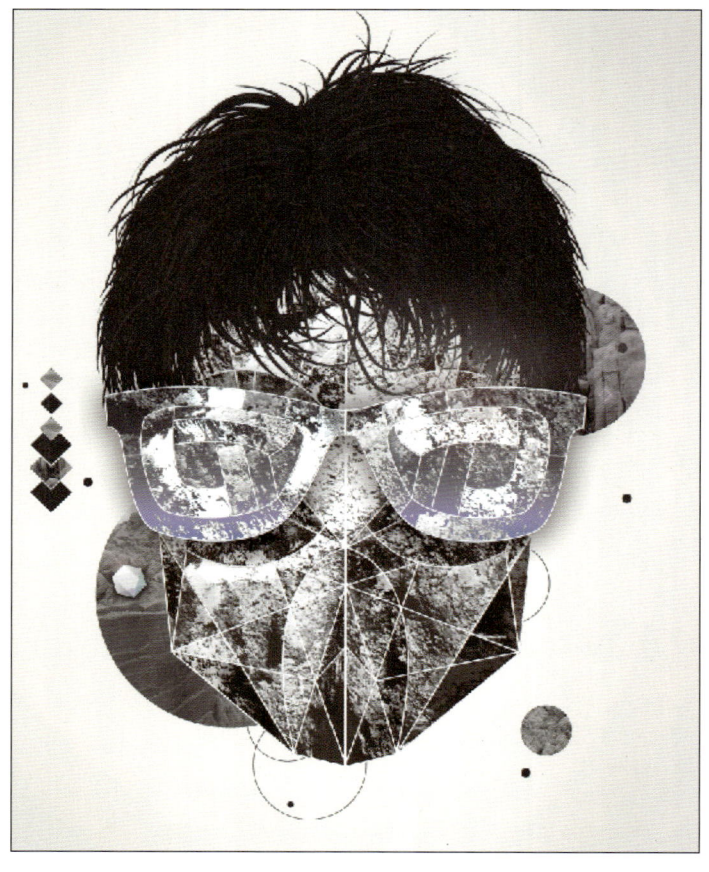

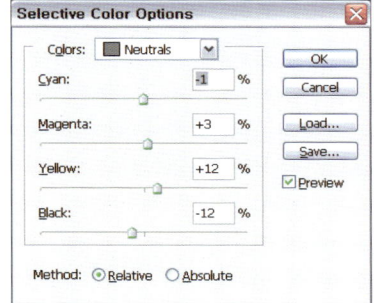

13 전체 디자인을 해치지 않는 범위에서 작은 부분들을 추가합니다. 약간의 빛을 추가해도 좋습니다. 마무리로 메뉴의 [Layer>New Adjustment>Selective Color]에서 전체적인 분위기와 요소들의 색상을 조정합니다. 어두운 색상의 레이어를 만들어 블렌딩 모드를 'Lighten' 으로 설정해 복고-미래지향적인 효과를 완성합니다. **CA**

Creative Artworks-3

Chapter 24

신비롭고 황홀한 이미지 만들기

간단한 기술들을 총동원하여
복잡하고 화려한 아트워크에 도전해봅시다

Notice
최근 국외에서는 기하학적 형태와 우주적인 요소들이 아티스트 사이에서 많은 인기를 얻고 있습니다. 여기서는 몇 개의 사진과 필터 사용만으로 우주적인 모습을 만드는 방법을 보여주고자 합니다. 작업은 레이어링 Layering과 브러시들을 만들어 블렌딩 모드로 작업하는 것이 관건입니다.
또한, 아트워크를 완성하는 질감들을 만드는 몇 개의 테크닉을 보여줄 것입니다.
시간이 오래 걸리는 작업이지만, 다양한 효과와 툴을 이리저리 사용하면서 포토샵의 기능들을 다채롭게 익힐 수 있습니다.

Designer
벤 토마스 Ben Thomas
www.benthomas.com
www.kneedeepinsleep.com
미드랜드 Midlands의 디지털 아티스트이자 사진가며, 다양한 출판물, 패션 브랜드, 레코드 회사들과 함께 일하고, 또한 그만의 의류브랜드 니딥인슬립 Kneedeepinsleep을 운영하고 있습니다.
포트폴리오는 www.benthomas.com과 www.kneedeepinsleep.com에서 확인할 수 있습니다.

Skills
커스텀 브러시 만들기
블렌딩 모드 사용하기
레이어 스타일 사용하기
다양한 필터 사용하기

Time Needed
10시간 이상

Resurce
charlotte.tif
3d_shapes.psd
skyl~6.jpg
vignette.jpg
charlotte_mask.psd
displacement.psd

Reworked by
한승재

Creative Skills Chapter 24

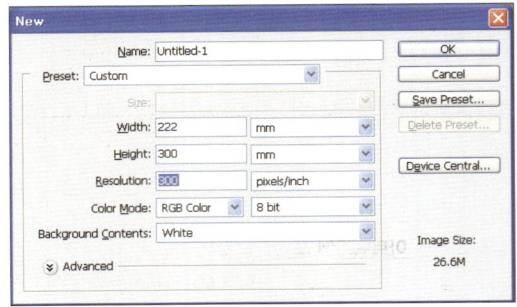

01 대강의 구성을 머릿속에 생각한 후 작업을 시작합니다. 먼저 〈Ctrl+N〉을 눌러 '222mm X 300mm' 크기의 새로운 도큐먼트를 만듭니다. 〈Ctrl+O〉를 눌러 charlotte.tif 파일을 불러오고 배경과 여성을 분리하기 위한 마스크를 만듭니다. 이미지를 도큐먼트 위에 불러와서 〈Ctrl+T〉를 눌러 바운딩 박스를 조절해 약간 회전합니다.

02 〈P〉 키를 누르고 펜 툴을 사용하여 여성 뒤에 곡선 형태를 그린 후 〈Ctrl+Enter〉를 누릅니다. 그 위에 두 가지 색상의 리니어 그라디언트Linear Gradients를 더합니다. 이때 메뉴의 [Layer〉Layer Style〉Gradient Overlay]에서 설정할 수 있습니다. 보라색 레이어를 위쪽에, 회색 레이어를 아래쪽에 둡니다.

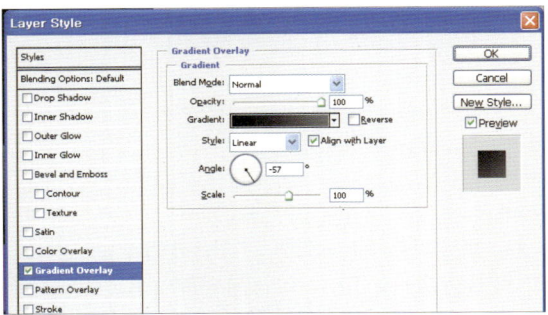

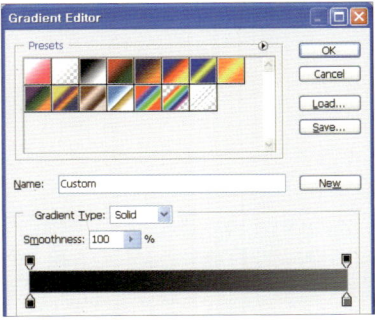

03 〈Ctrl+O〉를 눌러 3d_shapes.psd 파일을 불러오고 이동 툴 〈V〉을 이용해서 레이어들을 가져와 곳곳에 배치시킵니다.

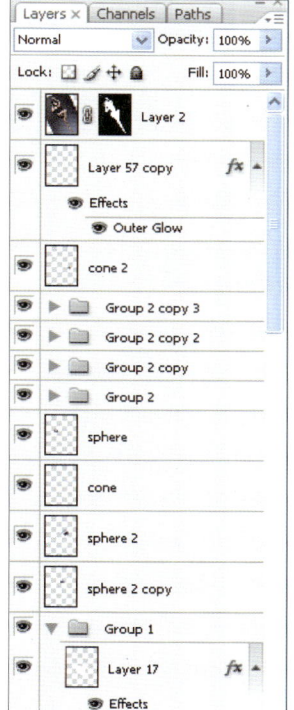

04 몇 개의 작은 요소들을 더하기 위해 레이어 팔레트에 새로운 레이어 그룹을 만들고 요소별로 묶어줍니다.

Creative Skills Chapter 24

05   〈Shift〉 키를 누른 채 원형 툴〈U〉을 선택하여 몇 개의 검은색 원을 만듭니다. 메뉴의 [Layer〉Layer Style〉Stroke]에서 '1px' 의 흰색 스트로크Stroke를 더합니다.

위와 같은 과정을 몇 번 반복하면 작은 배경 요소들이 여성 뒤에 나타납니다. 만족할 만한 형태가 나타날 때까지 요소들을 정렬하고 몇 개의 레이어의 색상을 다양하게 변경합니다.

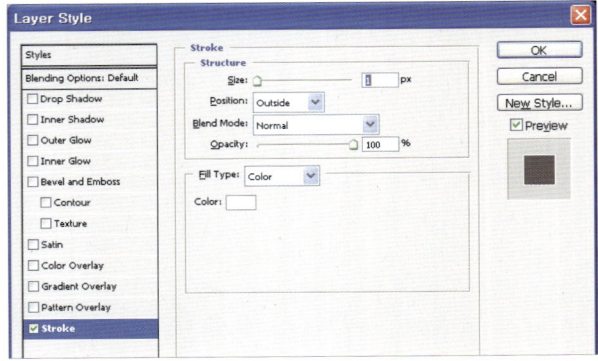

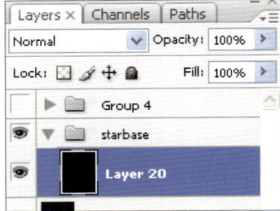

06   구성을 위한 레이아웃과 깊이감을 더할 레이어들을 만듭니다. 레이어 팔레트에서 모든 레이어의 눈 모양 아이콘을 클릭해 숨기고 'Star Base' 라는 새로운 그룹을 만듭니다.

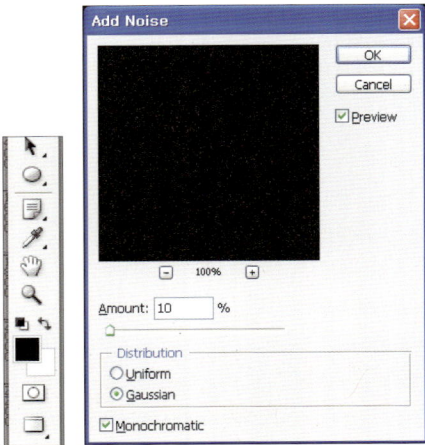

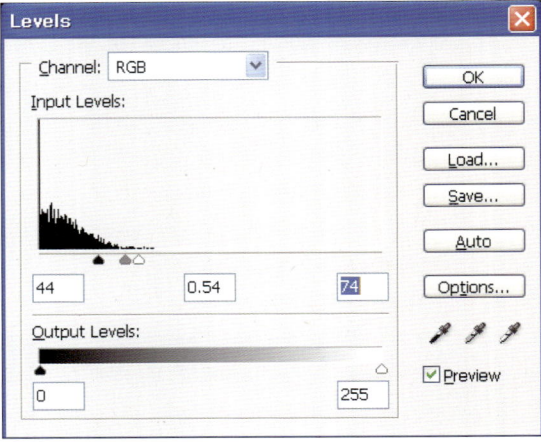

07   〈Shift+Ctrl+N〉을 눌러 새로운 레이어를 만들고 검은색으로 채워 전경색과 배경색을 검은색과 흰색으로 설정합니다. 메뉴의 [Filter〉Noise〉Add Noise]를 선택해 Add Noise 대화상자에서 Amount를 '10%', Distribution을 'Gaussian' 으로 설정하고 'Monochromatic' 을 체크합니다. 〈Ctrl+L〉을 눌러 Levels 대화상자에서 '44, 0.54, 74' 를 입력합니다.

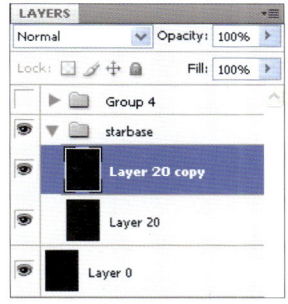
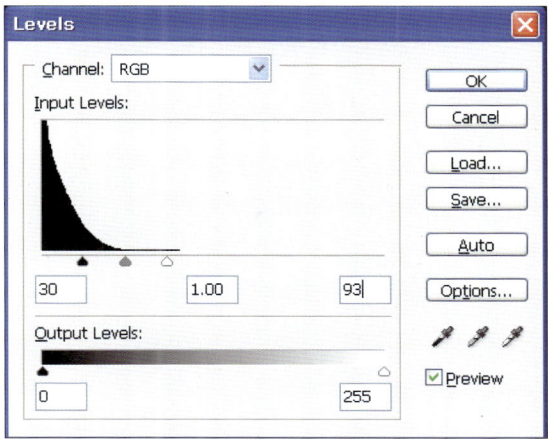

08 레이어 팔레트에서 〈Alt〉 키를 누른 상태로 드래그하여 레이어를 복제한 다음 메뉴의 [Edit〉Transform〉Scale] 에서 크기를 '300%'로 확대합니다. 블렌딩 모드를 'Screen'으로 설정하고 〈Ctrl+L〉을 눌러 Level 값을 '30, 1.00, 93'으로 설정합니다.

09 레이어를 다시 복제하여 메뉴의 [Filter〉Blur〉Gaussian Blur]에서 Radius를 '3px' 로 설정합니다. 다시 레이어를 두 번 복제 하여 메뉴의 [Filter〉Blur〉Radial Blur]를 선택 해 Amount 는 '50', Blur Method는 'Zoom', Quality는 'Draft'로 설정해서 두 번째 복사한 레이어에 적용합니다.

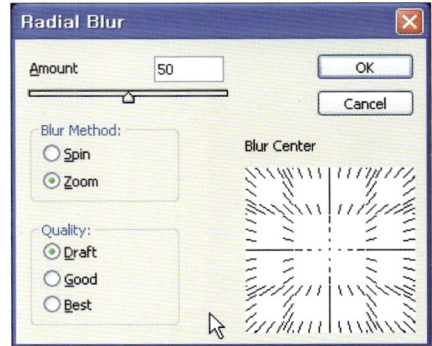

Creative Skills Chapter 24

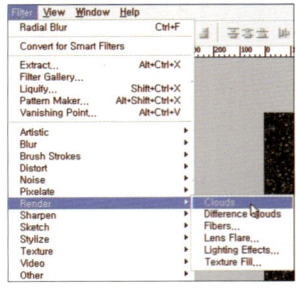

10 별 레이어들 위에 새로운 레이어를 만들고 이름을 'cloud variation'으로 설정합니다. 전경색과 배경색을 검은색과 흰색으로 설정하고 메뉴의 [Filter>Render>Clouds]에서 Clouds 필터를 적용합니다. 레이어 팔레트에서 블렌딩 모드를 'Multiply'로 설정해 별에 변화를 줍니다.

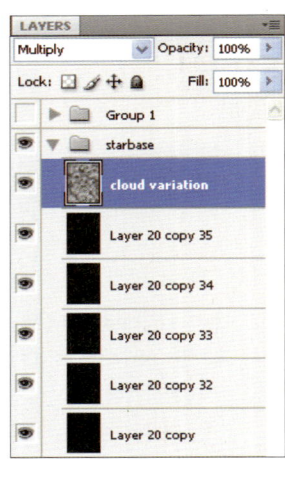

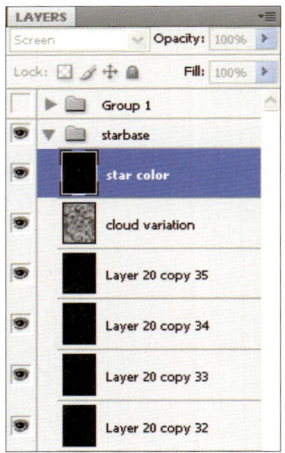

11 색상을 좀더 적용하기 위해 별 레이어 위에 새로운 레이어를 만들고 이름을 'star color'로 설정한 후 검은색으로 채웁니다. 블렌딩 모드를 'Screen'으로 설정하고 레이어를 더블클릭합니다. 레이어 스타일에서 'Gradient Overlay'를 선택하고 블렌딩 모드를 'Soft Light'로 설정한 후 스타일Style을 'Radial'로 각도를 '90도'로 설정합니다.

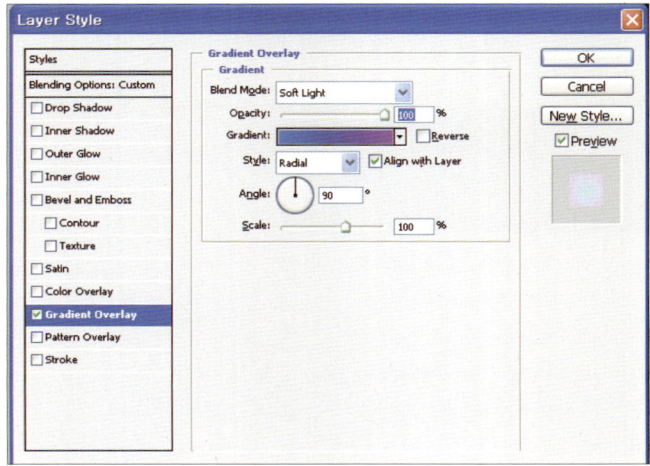

12 새로운 star color 레이어에 메뉴의 [Layer〉New Adjustment Layer〉Photo Filter]에서 'Warming Filter(85)'로 Opacity를 '59%'로 설정합니다. 이제 배경의 별들이 완성되었습니다.

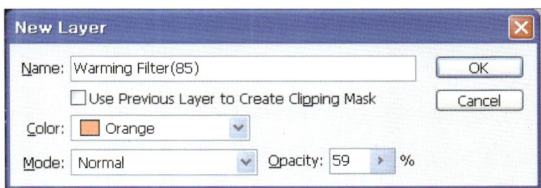

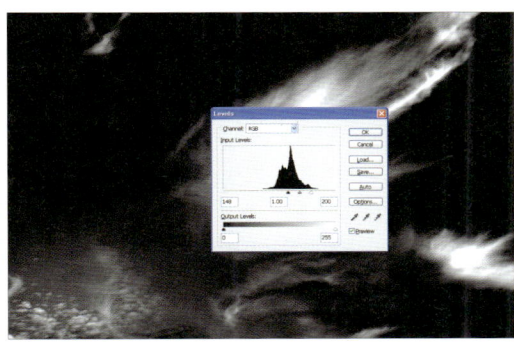

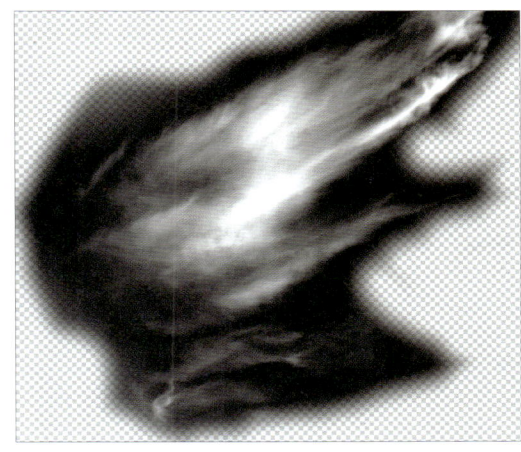

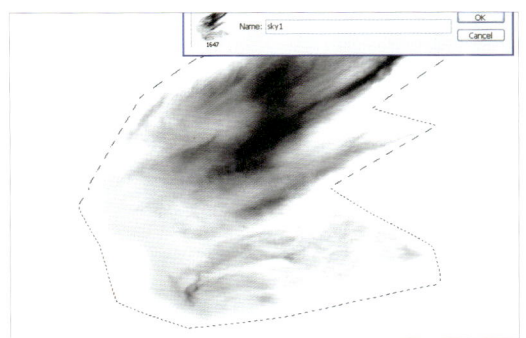

13 클라우드는 성운에도 잘 작용합니다. 〈Ctrl+O〉를 눌러 Sky1.jpg 파일을 불러옵니다. 〈Ctrl+Shift+U〉를 누르고 〈Ctrl+L〉을 눌러 Level 값을 '148, 1.00, 200'으로 조절합니다. 〈E〉 키를 누르고 지우개 툴을 사용해 메인 구름을 분리시킵니다. 〈Ctrl+I〉를 눌러 이미지를 반전시키고 메뉴의 [Edit〉Define Brush Preset]에서 구름 주위를 선택하여 브러시로 만듭니다. sky2.jpg에서 sky6.jpg 파일까지 위와 같은 과정을 차례대로 반복합니다.

Creative Skills Chapter 24

14 다양한 톤과 블러 툴을 사용하여 구름의 날카로운 부분을 부드럽게 만듭니다. 'Cloud Dodge'라는 새로운 레이어 그룹을 만듭니다. 만들어 놓은 클라우드 브러시들을 사용하여 새로운 레이어들을 추가하고, 파란색과 보라색 톤으로 칠합니다. 모두 각각의 분리된 레이어에 넣고 위치를 정렬합니다. 이때 모든 레이어의 블렌딩 모드를 'Color Dodge'로 설정하고 블러 툴을 계속 사용합니다.

15 별을 그리기 위해 '60px'의 Hard Edged 브러시를 사용하여 흰색 점을 그립니다. 레이어 스타일에서 'Outer Glow'를 체크하고 블렌딩 모드를 'Linear Light'로 설정한 후 밝은 파란색을 선택합니다. 'Inner Glow'도 체크하고 약간 어두운 파란색을 사용합니다. 블렌딩 모드를 'Multiply'로 설정한 후 여러 가지 색과 모양을 사용합니다.

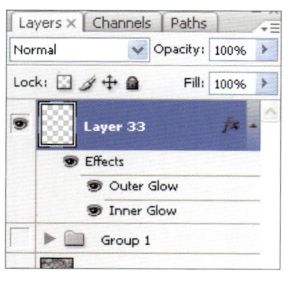

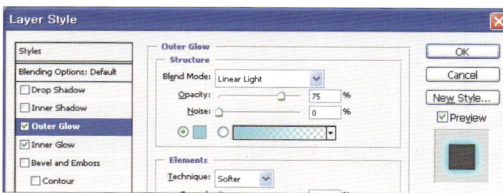
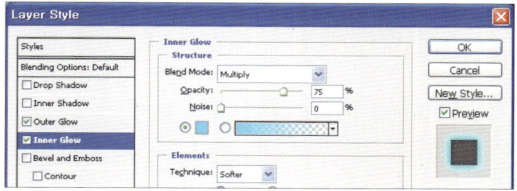

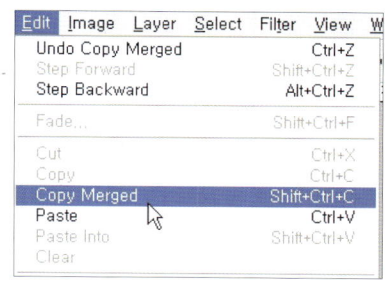
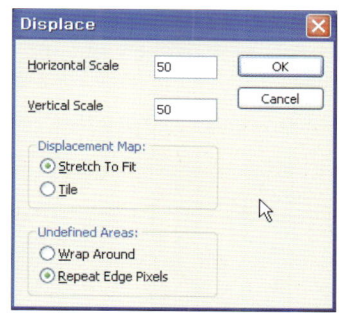
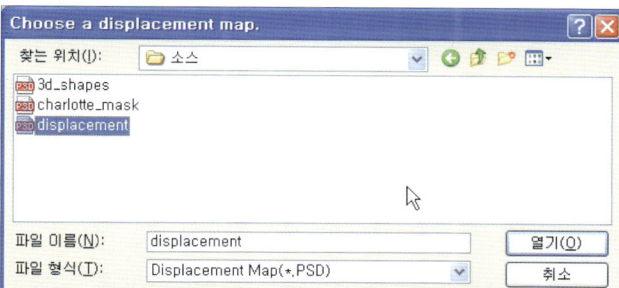

16 〈Ctrl+A〉를 눌러 전체 선택하고 메뉴의 [Edit〉Copy Merged]를 클릭한 후 'Cloud Variation' 장면 아래쪽에 다시 붙여 넣습니다. 메뉴의 [Filters〉Distort〉Displace]에서 모든 Scale을 '50'으로 설정합니다. 'Stretch To Fit'과 'Repeat Edge Pixels'을 체크하고 'displacement.psd' 파일을 Map으로 설정합니다. 〈Ctrl+Shift+U〉를 눌러 Desaturate를 실행하고 블렌딩 모드를 'Screen'으로 설정해 우주를 완성합니다.

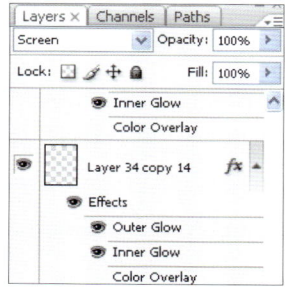

Creative Skills Chapter 24

17 레이어 팔레트에서 눈 아이콘을 클릭하여 레이어들을 다시 나타내고, 분홍색과 파란색의 구름을 그려 여성의 위쪽과 뒤쪽에 정렬합니다. 이때 모든 레이어의 블렌딩 모드를 'Screen'으로 설정합니다. 부드러운 원형 브러시를 사용하여 하이라이트를 주고 다시 블러 툴(B)을 사용하여 부드럽게 섞어줍니다. 원근감을 주기 위해 Star 레이어 그룹에서 별들을 몇 개 복제하여 여성 위에 위치시킵니다. Linear Light Glow가 새로운 전경 구름들과 잘 반응할 것이고, 푸른색의 옅은 색조와 번짐 효과를 나타낼 것입니다.

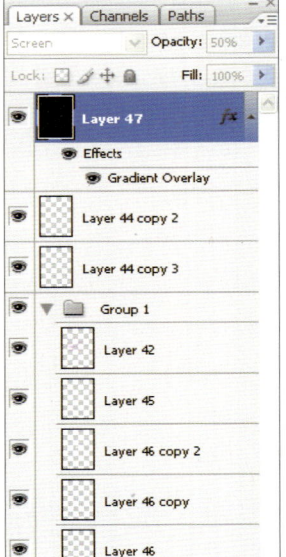

18 보라색 톤을 만들고 검은색 부분을 더 박력 있게 만들어 봅니다. 맨 위에 새로운 레이어를 만들고 검은색으로 채운 후 블렌딩 모드를 'Screen'으로, 투명도를 '50%'으로 설정합니다. 레이어 스타일에서 Gradient Overlay를 다시 더합니다. 블렌딩 모드를 'Soft Light'로 Style을 'Linear'로 각도를 '-47'로 설정합니다.

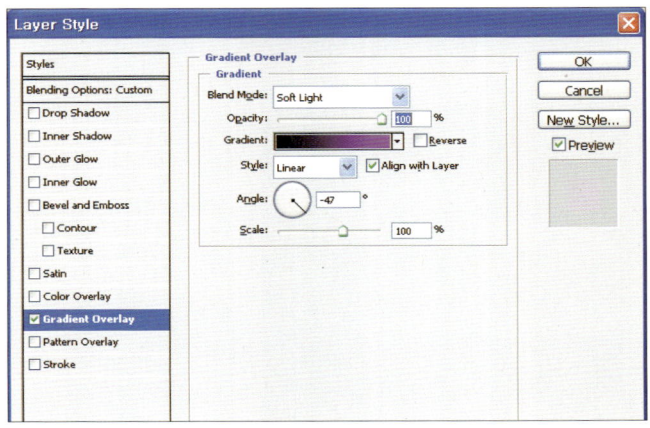

Technique 239

19 이번에는 부드러운 포커스를 만들어 봅니다. 여성 위에 새로운 레이어를 만들고, 메뉴의 [Select>Color Range]에서 피부의 밝은 부분을 고른 후 Fuzziness를 '80'으로 설정합니다. 선택한 부분을 흰색으로 채우고 Gaussian Blur를 '25px'로 적용한 후 블렌딩 모드를 'Screen'으로 설정합니다. 이 과정을 두 가지 다른 톤의 보라색 배경에 반복해 적용합니다.

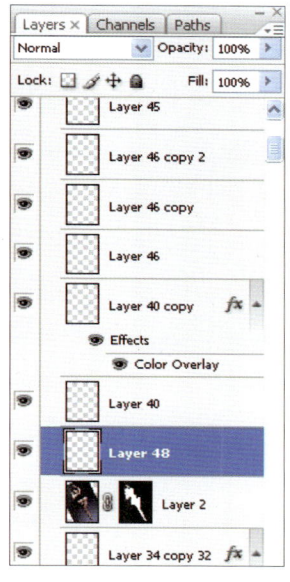
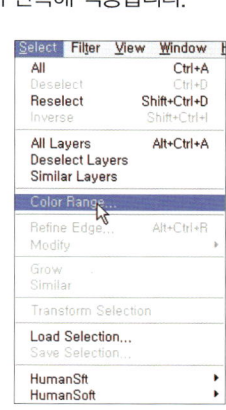

Creative Skills Chapter 24

20 펜 툴〈P〉로 여성 주변에 곡선의 패스를 만들고 아래쪽에 새로운 레이어를 만듭니다. 〈F5〉 키를 눌러 브러시 팔레트에서 '50px'의 Hard Brush를 선택합니다. 'Brush Tip Shape'를 선택하고 점선을 만들기 위해 'Spacing'으로 변경한 후 'Shape Dynamics'를 체크합니다. 패스선 위로 〈Ctrl〉 키를 누른 채 마우스 오른쪽 버튼을 클릭하고 'Stroke Path'를 선택합니다. 'Simulate Pressure'를 체크하고 스트로크를 더합니다.

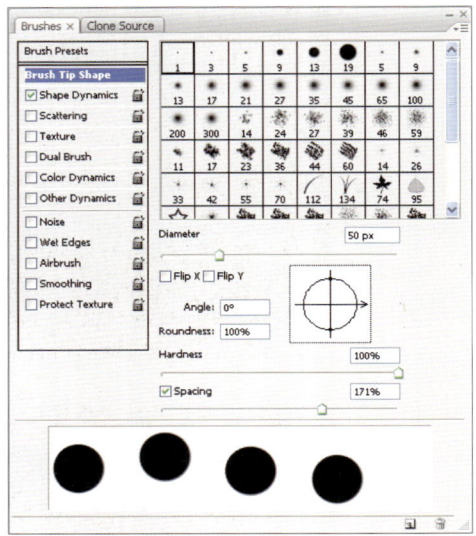

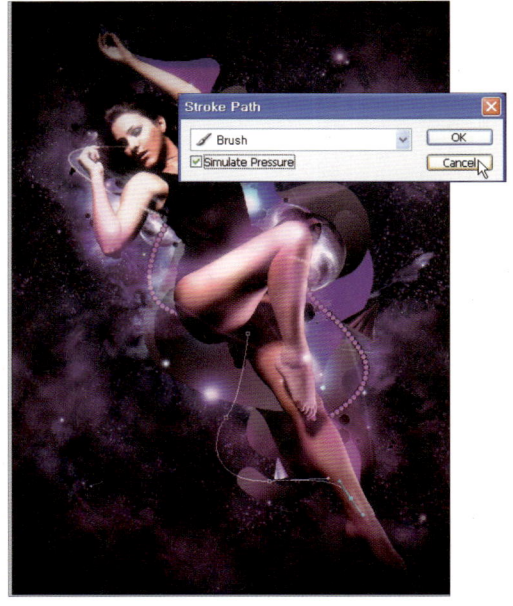

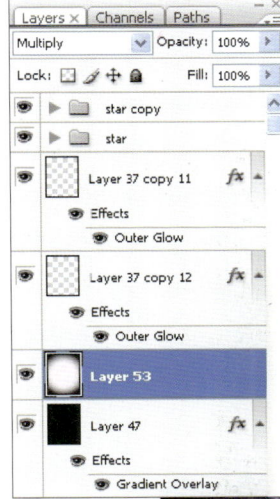

21 여성에게 조금 더 포커스를 맞추려면 레이어 팔레트에서 맨 위에 vignette. jpg 파일을 더하고 블렌딩 모드를 'Multiply'로 설정해 완성합니다. 취향에 따라 여성의 옷 패턴에 변화를 주거나 다양한 방법으로 재미있게 발전시킬 수 있습니다.
CA

Chapter25 빈티지 일러스트 만들기

Creative Artworks-3

Chapter 25

빈티지 일러스트 만들기

포토샵을 통해 수작업 맛을 살리는
방법들을 배워봅니다

Notice
디지털 작업을 돕는 프로그램들이 디자인에 많은 영향을 주고 있지만, 여전히 크리에이티브에 가장 큰 도움을 주는 것은 수작업으로 직접 그린 스케치입니다. 필자는 군대에 있었을 때 남는 시간을 활용하여 그림을 자주 그렸고 전역 후 군 생활 동안 그림을 그렸던 스케치북은 소중한 보물로 남았습니다.

여기서는 패션 잡지를 보면서 연필과 펜으로 그린 일러스트를 이용합니다.

기존에 완성되지 않은 수작업 일러스트를 가지고 포토샵 프로그램의 다양한 기능들로 좀더 재미있고 빈티지한 느낌의 일러스트를 쉽게 만드는 방법을 소개하고자 합니다. 특히 이미지의 블렌딩 모드 Blending Mode를 이용한 합성을 통해서 이미지의 밀도를 높이는 방법을 알아봅니다.

Designer
강우성 Kang Woo Sung
http://vimeo.com/woosung
단국대학교 시각디자인학과 학생으로, 영상 동아리 디 모션 D Motiom의 일원으로 활동하고 있습니다. 터키 마르마라 대학교 국제 학생 전시, 한일 문화교류 전시 ≪이때다ETTEDA≫, 단국대학교 디자인 그룹 딩Ding 전시 등에 참여했으며, 그 밖에도 다양한 상업용 프로젝트에 참여했습니다.

Skills
구성에 세밀함 더하기
일러스트레이터 프로그램에서
  잉크 펜 느낌 살리기

Time Needed
그림-5시간
포토샵-2시간

Resurce
blending_mode.psd
dot1.psd
brushes.zip
drawing.psd
drawing(invert).psd
main_body.psd
tone.psd

Creative Skills Chapter 25

01 포토샵 프로그램을 실행하기 전에 brushes.zip 브러시 파일을 포토샵 설치 폴더에 다운로드 받아 압축 해제 후 설치합니다. 〈Ctrl+O〉를 눌러 스케치북에서 스캔한 drawing.psd 파일을 불러옵니다. 레이어 팔레트의 background 레이어를 더블클릭하여 수정 가능하도록 일반 레이어로 만들고 레이어 정리를 위하여 이름을 'Drawing'으로 설정합니다.

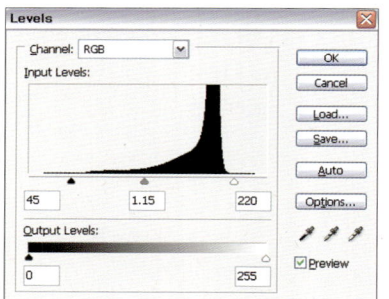

02 〈Ctrl+L〉을 눌러서 이미지의 레벨 값을 '45, 1.15, 220' 정도로 조정해 선이 좀 더 잘 보이도록 합니다.

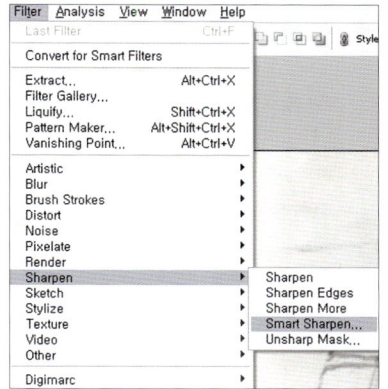

03 흐릿한 선들을 좀더 뚜렷하게 만들기 위해 메뉴의 [Filter〉Sharpen〉Smart Sharpen]을 선택해 Radius 값을 '3.7' 정도로 설정합니다.

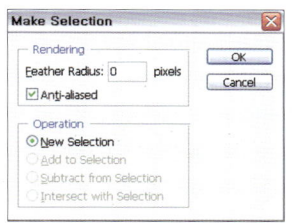

04 펜 툴〈P〉을 이용해서 배경과 사람을 분리합니다. 펜 툴로 사람의 외곽선을 따라서 패스선을 작성한 다음 마우스 오른쪽 버튼을 클릭해 'Make Selection'을 선택합니다. 선택영역이 점선으로 표시되면 〈Ctrl+J〉를 눌러 사람의 외곽선만 나타난 'main body' 이름의 레이어를 하나 더 생성합니다. 패스가 정리된 이미지는 main body.psd 파일에서 불러올 수 있습니다.

TIP 펜 툴을 이용한 작업이 번거로울 때는 마술봉 툴〈W〉을 사용해 선택한 후 세밀한 부분들을 지우개 툴을 사용하여 정리할 수 있습니다.

Creative Skills Chapter 25

05 분리된 사람은 〈Ctrl+U〉를 눌러 Saturation 값을 '-100'으로 설정해 색상을 없앱니다.

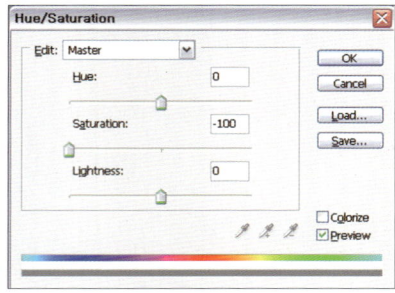

06 레이어 팔레트에서 drawing 레이어를 선택하고 〈Ctrl+I〉를 눌러 배경 이미지를 반전시킵니다.

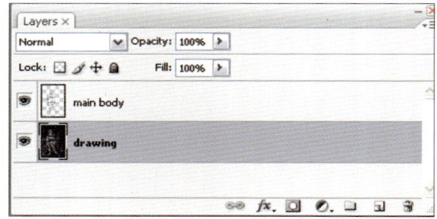

07 새로운 레이어를 만들고 이름을 'line color'로 설정한 후 전경색을 'ffba00' 색상으로 지정해 페인트 통 툴〈G〉을 이용하여 채웁니다. 다른 두 레이어 사이에 위치시키고 블렌딩 모드를 'Color'로 설정합니다.

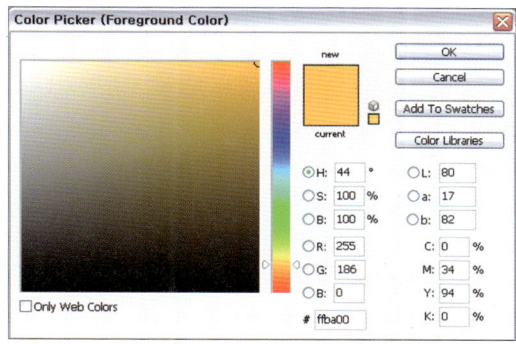
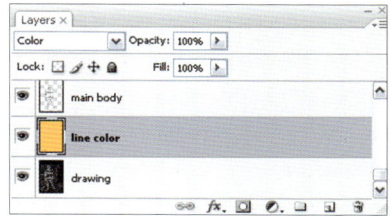

08 drawing 레이어의 선들이 노란색으로 바뀌었다면 인물을 전체적으로 좀더 부각시키기 위해 노란색 선들의 톤을 약간 눌러줍니다. 여기서는 새로운 레이어를 만들고 line color 레이어 위에 위치시킨 후 테두리가 부드러운 브러시를 이용해서 검은색으로 Opacity를 '10~20%' 정도로 설정해 칠했습니다. 블렌딩 모드는 'Multiply', Opacity는 '79%'로 적당히 톤을 다운시킵니다.

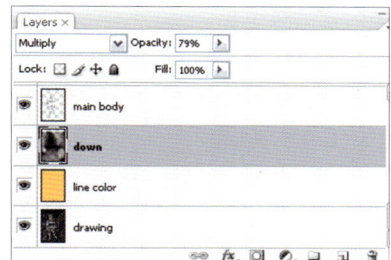
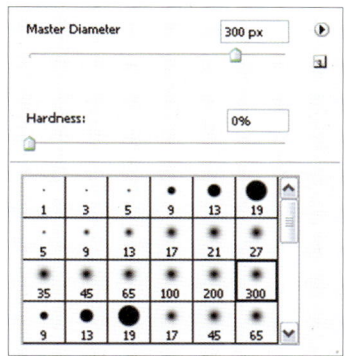

Creative Skills Chapter 25

09 배경의 바닥과 뒷부분에 약간의 색상을 추가합니다. 새로운 레이어 두 개를 만들고 각각 브러시 툴〈B〉을 이용하여 다른 색으로 선을 따라 그립니다. 레이어의 Opacity를 '10~20%' 정도로 약하게 설정해 색이 살짝 묻어 나오도록 합니다. 거친 선으로 이루어진 배경이므로 자유롭게 칠하고 지우개 툴〈E〉로 정리합니다.

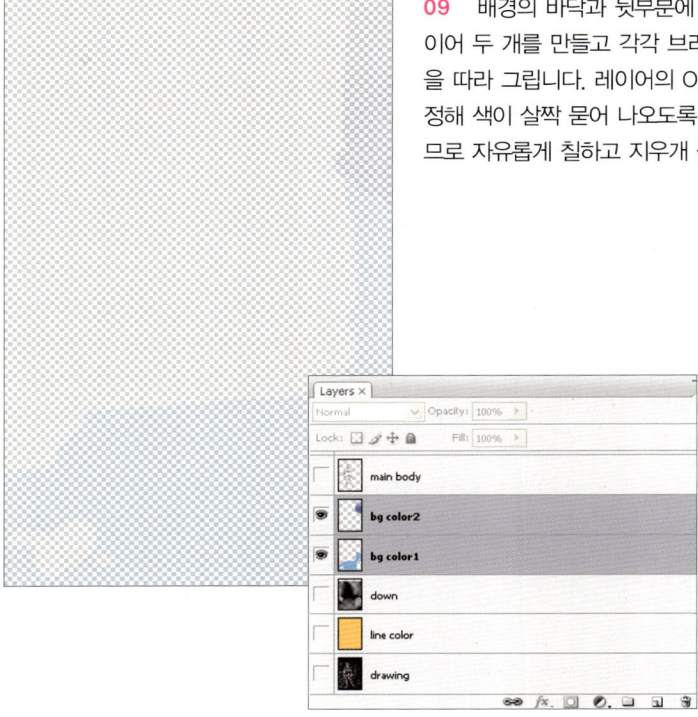

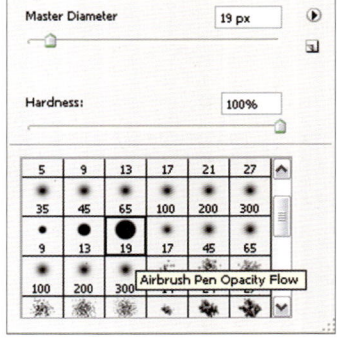

10 〈Ctrl〉 키를 누른 상태에서 레이어 팔레트의 main body 레이어 섬네일 이미지를 클릭하면 사람 모양대로 선택영역이 나타납니다. 이때 새로운 레이어를 만들고 브러시 툴로 노란색을 칠한 후 블렌딩 모드는 'Multiply'로 설정합니다. 모자와 옷 등을 선택영역 안에서 칠하기 때문에 쉽게 칠할 수 있습니다.

TIP 브러시를 칠하고 바깥으로 나온 부분들을 펜 툴〈P〉과 지우개 툴〈E〉, 마술봉 툴〈E〉을 이용해 정리합니다.

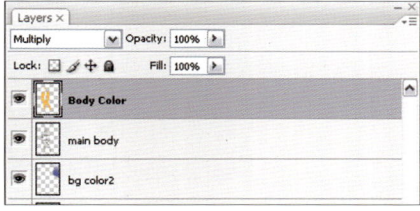

Technique 249

11   새로운 레이어를 만들고 레이어 팔레트에서 〈Alt〉 키를 누른 채 Body color 레이어와 새로 만든 Dark 레이어 사이를 클릭해 레이어를 연결합니다. 〈B〉를 눌러 옅은 회색 브러시로 몸의 외곽 부분을 좀 더 눌러 줍니다. 이때 블렌딩 모드는 'Darken'으로 설정합니다.

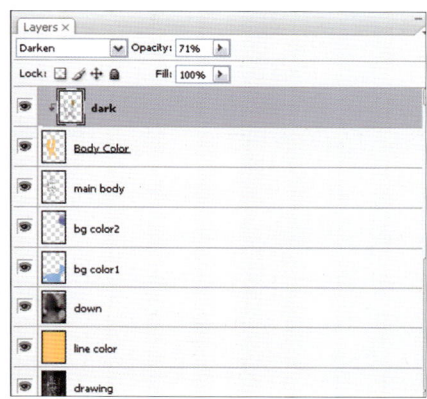

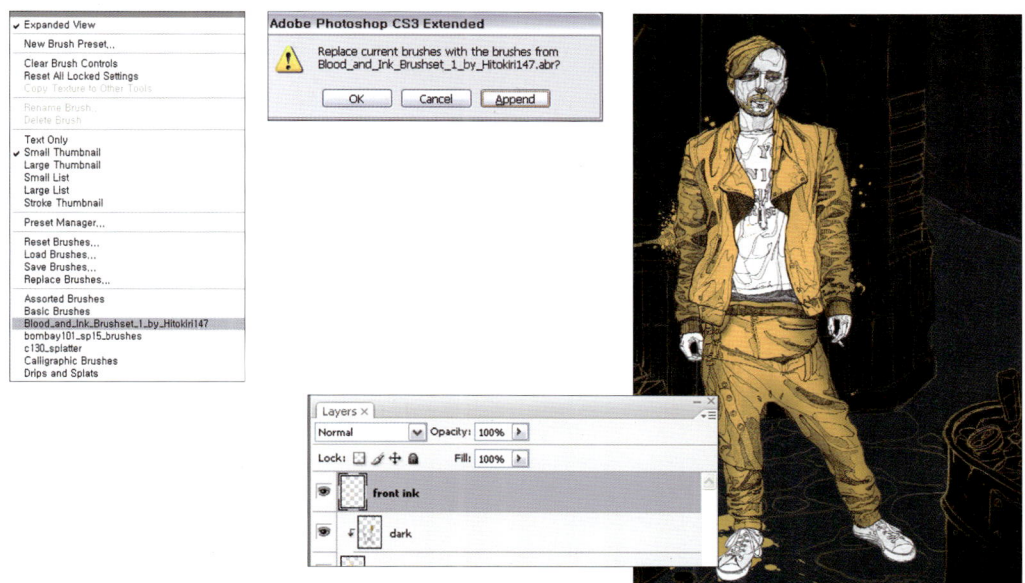

12   새로운 front ink 레이어를 만들고 처음에 설치했던 브러시들을 이용해 세밀한 부분을 추가합니다. 〈F5〉 키를 눌러 브러시 팔레트에서 내림 버튼을 클릭해 사용할 브러시들을 선택하고 Append 버튼을 눌러 추가합니다. 여기서 주로 사용한 브러시는 Blood_and_Ink... 브러시이며 그외에도 다양한 브러시들을 사용해 봅니다. 여기서는 main body 아래에 레이어를 추가하여 잉크 효과를 적용하고 body color 위에 레이어를 추가하여 잉크 효과를 더 했습니다.

Creative Skills Chapter 25

13 외곽선 주변의 세밀한 선들을 브러시 툴〈B〉을 이용해서 추가합니다. 필요하면 잉크 효과들을 이용하여 전체적으로 밀도를 높입니다.

14 '2,000px X 2,000px'의 새로운 도큐먼트를 만듭니다. 〈B〉 키를 누르고 부드러운 회색 브러시로 그림과 같이 원을 그립니다.

15 메뉴의 [Filter〉Pixelate〉Color Halftone]을 선택하여 '30, 100, 100, 100, 0'로 설정해 이미지를 점으로 변경합니다

16 점으로 바뀐 이미지를 〈Ctrl+I〉를 눌러 반전시키고 작업 창으로 드래그합니다. 〈Ctrl+T〉를 눌러 바운딩 박스를 조절해 방향과 크기를 조정합니다. 블렌딩 모드를 'Lighten'으로 변경하고 Opacity를 '20' 정도로 낮춥니다. 〈Ctrl+J〉를 눌러 레이어를 복사하고 다른 곳에도 배치합니다.

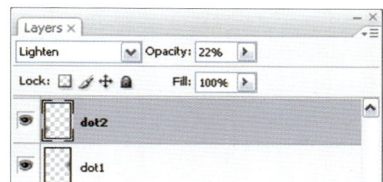

Name:out side
Mode:Lighten
Opacity:100%

Name:crack
Mode:Screen
Opacity:24%

Name:paper
Mode:Multiply
Opacity:53%

17 Blending Mode.psd 파일의 3개 이미지를 불러와서 순차적으로 이미지 위에 적용킵니다.

TIP 색상 모드를 적용하기에 앞서 이미지의 레벨 값 조정이나 다양한 브러시, 지우개 툴을 이용하여 자신만의 이미지를 만들어 적용시킵니다.

Creative Skills Chapter 25

18 17에서 적용했던 이미지들을 좀더 수정하고 싶다면 설치된 다양한 브러시들을 활용해서 칠합니다. 여기서는 흰 종이 이미지 위에 검은색 브러시를 이용해서 외곽 부분을 조금만 남기고 칠했습니다.

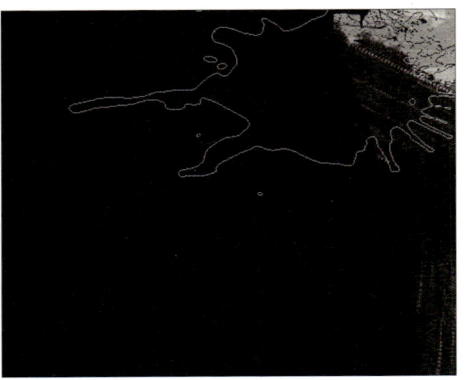

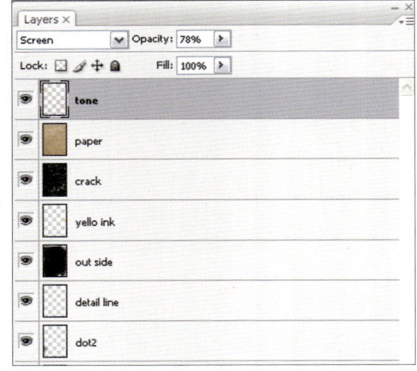

19 전체적인 톤을 조절합니다. 여기서는 이미지가 가지고 있는 노란색과 남색 외에 큰 브러시를 이용하여 약간의 붉은색과 녹색을 추가했습니다. 블렌딩 모드는 'Screen'으로 설정하고 Opacity도 조금 낮춥니다. 여기에서 추가한 톤 레이어는 tone.psd 파일에서 불러올 수 있습니다.

TIP 색상 조합에 있어서 메인 색상도 중요하지만 좀더 풍성하게 보일 수 있는 서브 색상 또한 중요합니다. 필자는 주로 이미지의 전반적인 색감이 다양한 사진이나 디자인 작업물에서 영감을 받기도 하고 kuler.adobe.com 웹 사이트에서 색상 조합들을 참고하는 편입니다.

20　포토샵 프로그램의 다양한 기능들로 좀더 재미있고 빈티지한 느낌을 완성합니다. CA

REPUBLIC OF KOREA
45th Aniversary about Independence day

For Commemoration of 45th Independence Republic of Korea

Republic of Korea was born after the 2nd World War

1945 0815
Spring of Seoul for Rep Korea

PURPOSE POSTER	CONCEPT DESIGN	HEROS ABOUT REP KOREA
45TH INDEPENDENCE ANIVERSARY IN 2010	FULL BLOOMING IN REP. KOREA	

Martyr
AHN Joongeun
AHN Changho
KANG Wookyu
KIM Sangok
LEE Bongchang
NA Seokjoo
HONG Beomdo
YOON Bonggil
YOU Gwansoon

Patriot
KIM Koo
HAN Yongwoon
JANG Jiyeon
LEE Seunghoon
SIN Chaeho
SON Byeonghee
264

Independentista
KIM Jwajin
NA Cheol
OH Giho
PARK Sangjin
PARK Yongman
SIN Dolseok

Presidents
LEE Seungman
PARK Jeonghee
KIM Daejoong

ETC
BAN Gimoon
BEAK Namjoon
CHA Bumgeun
HAN Biya
JO Sumi
KIM Soonkwon
KIM Yuna

45th Aniversary Rep. Korea 2010

Developing Period 1970
Electronic Glod Period 2000
Global Challenging Period 2010

Chapter 26 한국화를 응용한 포스터 만들기

REPUBLIC OF KOREA

		REP KOREA
45TH INDEPENDENCE ANIVERSARY IN 2010	FULL BLOOMING IN REP. KOREA	

Martyr
AHN Joongeun
AHN Changho
KANG Wookyu
KIM Sangok

Creative Artworks-3

Chapter 26

한국화를 응용한 포스터 만들기

디자인 감각을 충분히 활용하여
수작업이 살아있는 아트워크를 구성해봅시다

Notice
수작업과 디지털 작업의 조합은 정말 매력적입니다. 여기서는 나만의
느낌을 보여줄 수 있는 수작업을 디지털 작업을 통해 보정하고
조합합니다.
손으로 그린 그림을 jpg 파일로 만들고, 이미지를 펜 툴로 보정하여
깔끔하게 만든 후 디지털 작업의 조합을 좀더 효과적으로 사용하며,
일러스트레이터와 포토샵 프로그램을 응용해 디자인합니다.
이 아트워크는 광복절에 특별한 일을 하고 싶어 도전했던
디자인입니다. 한국화를 응용해서 포스터 디자인에
접목시켜 보겠습니다.

Designer
장순규 Jang Soon Kyu
http://jeansk.egloos.com
단국대학교 시각디자인학과 학생으로, 삼성디자인 멤버십 회원으로
활동하고 있습니다. 어도비 디자인어워드 2010에서 일러스트레이션
부문 대상과 제품디자인 부문 보건복지가족부장관상을 수상한 것을
비롯하여, 30여 차례의 국내외 디자인 어워드에서 수상했습니다.
디자인 에이전시 바이널에서 2년 동안 근무한 경력이 있으며,
다양한 상업용 프로젝트에 참여했습니다.

Skills
수작업 이용하기
펜 툴로 보정하기
브러시 툴로 보정하기
일러스트레이터와 포토샵 프로그램
 응용하기

Time Needed
16시간

Resurce
poster.ai
type.psd

Creative Skills Chapter 26

01 포토샵 프로그램에서 합성할 수 있도록 직접 붓으로 한국화를 그려서 여러 가지 패턴을 만듭니다. 여러 장의 그림을 합성할 것을 대비하여 한 번에 그리지 말고 여러 번에 나눠서 그립니다. 완성된 그림을 스캔받아서 jpg 파일로 만듭니다. 붓터치가 살아 있기를 원한다면 한번의 빠른 터치로 그림을 그리는 것이 좋습니다.

02 스캔한 이미지들을 소스로 사용할 수 있도록 잘 정리합니다. 개인 작업으로 만들어 스캔한 패턴이 있다면 사용해도 좋습니다. 여기서는 type.psd 파일에 있는 레이어들을 참고하거나 사용해도 좋습니다. 사각형 선택 툴을 이용해서 이미지를 자릅니다. 한 번의 드래그를 통해 자를 공간을 만든 후 〈Shift〉 키를 누르고 다시 한 번 드래그하면 추가 영역을 자를 수 있습니다.

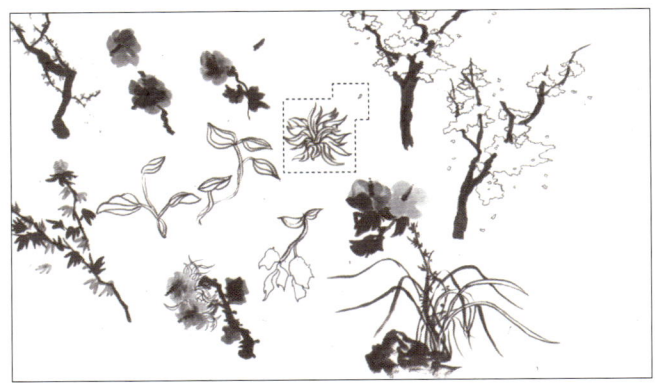

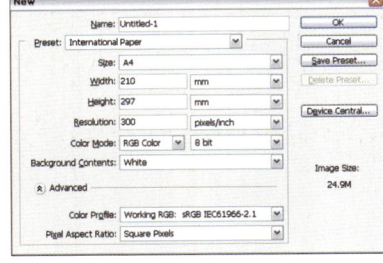

03 〈Ctrl+N〉을 눌러 새로운 A4 크기의 도큐먼트를 만들고 패턴들을 모아 둡니다. 이때 여러 장의 그림을 하나의 psd 파일에 옮기는 것이 효율적입니다.

04 〈P〉 키를 눌러 펜 툴을 사용하면 이미지를 깨끗하게 정리할 수 있습니다. 붓터치를 살리고 싶다면 붓 선을 정확하게 자르지 말고 적당히 선택하여 자르는 것이 좋습니다.

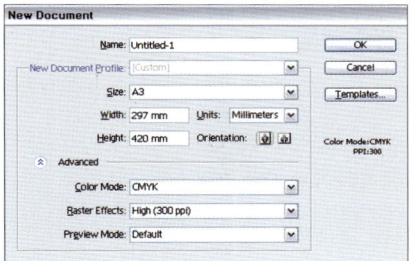

05 일러스트레이터 프로그램을 실행하고 A3 크기(297mm X 420mm)로 새로운 도큐먼트를 만듭니다. 〈Ctrl+R〉을 누르고 자를 활성화시킵니다. 도큐먼트의 상하좌우에서 '15mm' 정도 떨어진 부분에 가이드 선을 만듭니다. 이때 자 부분을 클릭하여 드래그하면 가이드 선이 생성됩니다.

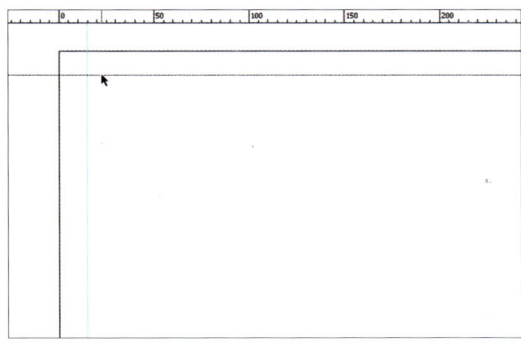

Creative Skills Chapter 26

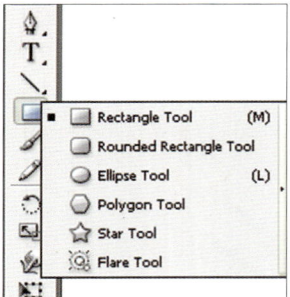

06 사각형 툴을 사용해서 'C:0, Y:0, M:0, K:100' 색상의 사각형 박스를 4개 만듭니다. 〈Shift+Alt〉를 누른 채 아래쪽으로 드래그하면 세로 가이드 선에 맞춰서 이미지가 복사됩니다.

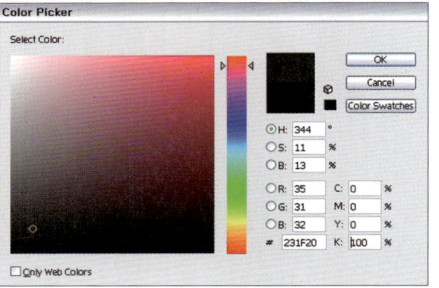
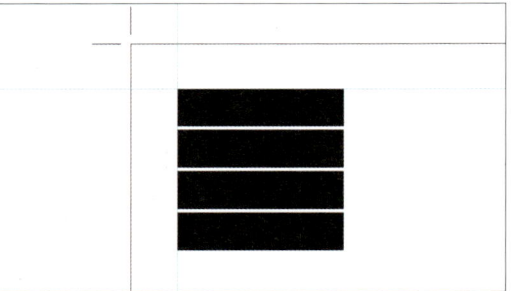

07 첫 번째 박스와 네 번째 박스를 선택하고 정렬 팔레트의 'Vertical Distribute Center' 아이콘을 클릭해 정렬합니다.

08 타입 툴Typo Tool을 사용하여 그림과 같이 박스 위에 흰색(C:0, Y:0, M:0, K:0) 텍스트를 입력합니다.

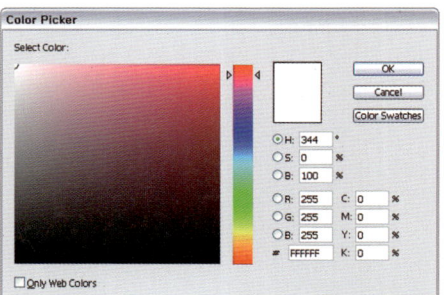

09 메뉴의 [Type>Create Outlines]를 선택해 텍스트의 외곽선을 추출합니다.

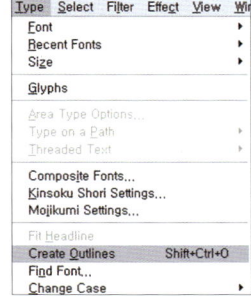

10 직접 선택 툴Direct Selection Tool을 선택하고 박스 선의 끝부분을 선택하고 공간을 조절합니다. 텍스트의 좌우 간격과 크기에 따라 알맞게 조절합니다.

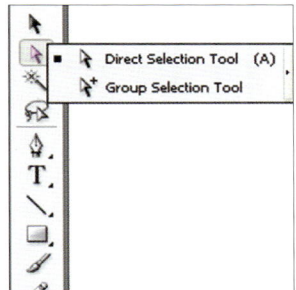
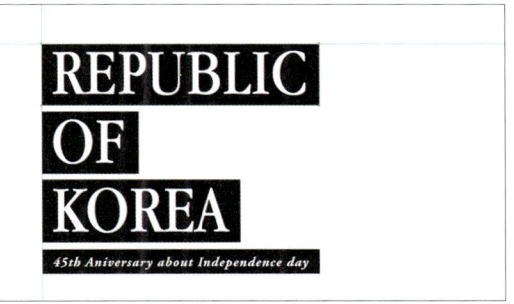

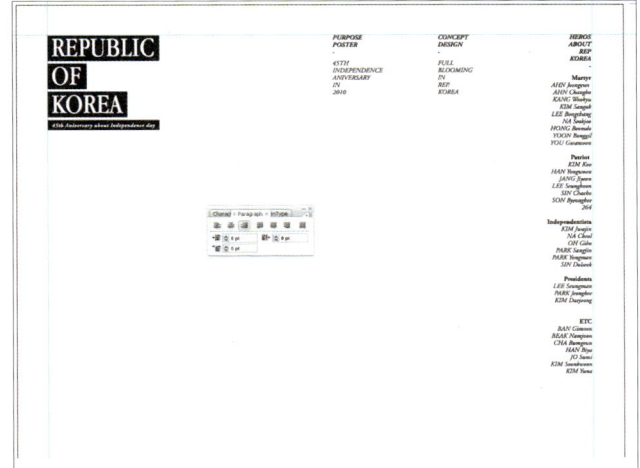
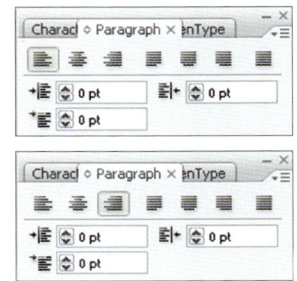

11 타입 툴Typo Tool을 사용해 텍스트를 입력합니다. 여기서 두 개의 라인은 왼쪽 정렬Align Left, 맨 오른쪽 라인은 오른쪽 정렬Align Right하여 배치했습니다. 일정 간격을 맞추기 위해 〈Ctrl+G〉를 눌러 텍스트를 그룹화하고 단락 팔레트를 이용하여 각각의 단락을 왼쪽, 오른쪽 정렬합니다.

Creative Skills Chapter 26

12 타입 툴Type Tool로 왼쪽에 텍스트를 입력하고 회전시켜 11에서 배치한 텍스트 라인에 가이드 선을 맞춰서 배치합니다.

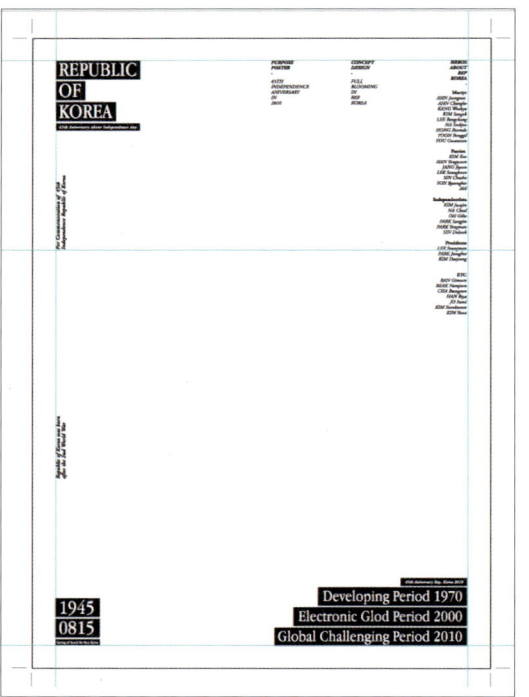

13 아래쪽도 가이드 선에 맞춰서 박스를 만들고 텍스트를 입력한 후 박스 크기를 조절하여 배치합니다. 이때 반드시 가이드 선에 맞춰서 정리합니다. 안에 배치할 이미지를 생각하여 충분한 공간을 남겨두도록 합니다.

14 타입 툴Type Tool을 사용해서 '대한민국'을 입력합니다. 09와 같이 메뉴의 [Type>Create Outlines]에서 외곽선을 추출해 아웃라인화시킵니다.

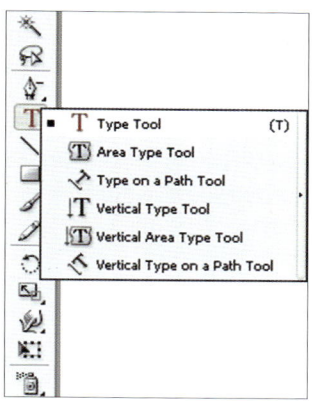

15 직접 선택 툴을 선택하고 그림과 같이 글자를 하나씩 이동시킵니다.

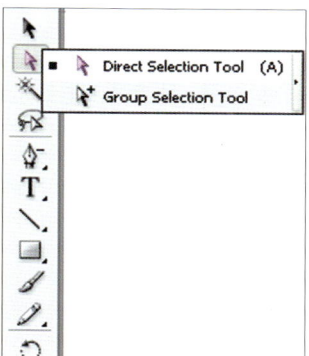
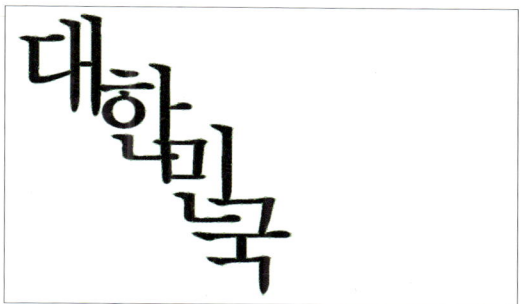

16 포토샵 프로그램에서 '2,570px X 2,510px, 300dpi' 의 새로운 도큐먼트를 만듭니다.

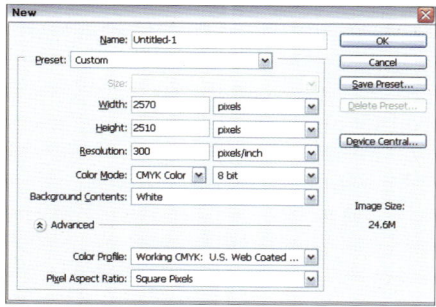

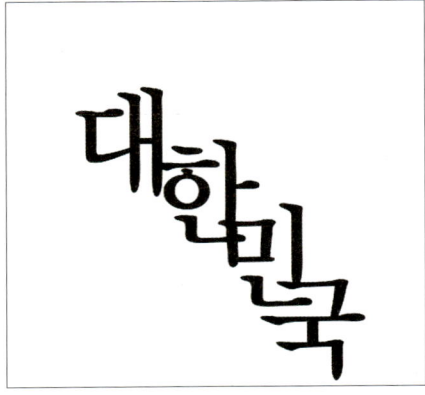

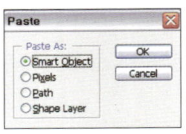

17 15의 일러스트 파일을 〈Ctrl+C〉를 눌러 복사하고 포토샵 프로그램에서 새로운 도큐먼트에 〈Ctrl+V〉를 눌러 스마트 오브젝트 Smart Object 파일로 붙여 넣습니다.

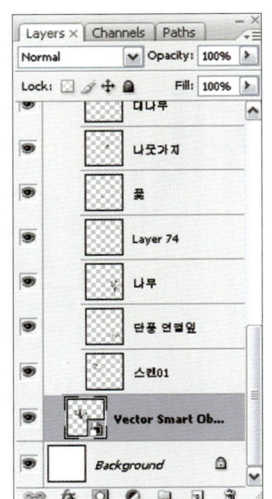

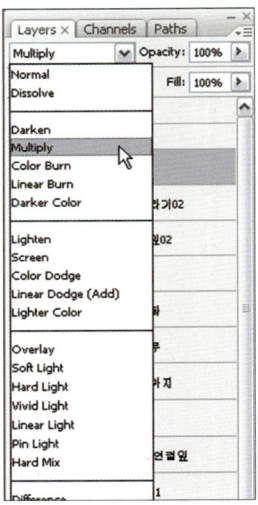

18 '대한민국'이 배치된 텍스트 위에 04에서 제작한 여러 가지 이미지 파일을 조합합니다. 패턴을 불러올 때는 레이어의 위치를 확인하기 위해서 레이어 이름을 지정하는 것이 좋습니다. 텍스트 뒤쪽에 배치되는 이미지는 레이어 팔레트에서 블렌딩 모드를 'Multiply'로, 앞쪽에 배치되는 이미지는 'Normal'로 설정합니다.

Technique **263**

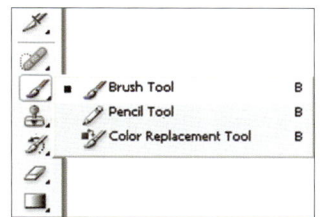
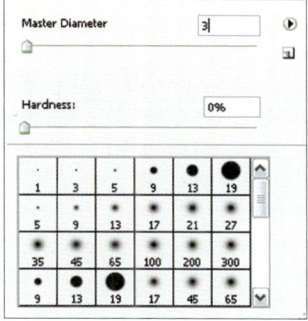

19 13에서 연결한 이미지와 텍스트의 연결 부분 색상을 자연스럽게 만들기 위해서 브러시 툴Brush Tool을 선택하고 옵션바에서 투명도Opacity를 '20%'로, Master Diameter는 '3', Hardness는 '0%'으로 설정하고 그립니다.

20 조합한 이미지를 이동 툴〈V〉을 이용하여 포스터의 공간으로 가져와서 배치합니다. 하나씩 가져오면서 구조를 염두에 두고 다양한 방법으로 구성합니다.

CA

TIP 수작업으로 그릴 때 일반 붓펜을 사용하는 것보다 동양화를 그릴 때 사용하는 세필붓을 사용하면 좀더 좋은 효과를 나타낼 수 있습니다. 합성시 어색하게 조합되는 부분은 브러시 툴로 연결하면 더욱 효과적입니다.

Chapter 27 질감을 살린 합성 이미지 만들기

Creative Artworks-3

Chapter
27

질감을 살린
합성 이미지 만들기

여러 효과를 실험하며 신선한 분위기를
연출하는 방법을 찾아봅시다

Notice

디자인 실험을 즐기는 것은 멋진 디자이너가 될 여러분에게 정말
필요한 일입니다. 특히 한 가지 모양이 어떻게 다양한 모습을
가진 것처럼 보이는지 관찰하고, 아름다운 것과 더러운 것,
현대적인 것과 옛것을 섞었을 때 아름답지만 독특한 분위기를 어떻게
만들어 내는지 실험해 보는 것도 좋은 경험이 되리라고 생각됩니다.
여기서는 여러 가지 이미지들을 조합하여 질감을 실험하고 합치는
방법을 배워봅니다.

Skills

구성 만들기
새로운 요소 실험하기
타이포그래피 만들기
질감 만들기

Time Needed

6시간

Designer

아틸라 메어리레스 Atila Meireles
www.silencio.art.br
브라질에서 독학으로 공부한 디자이너로서 현재 아트 디렉터,
일러스트레이터로 상파울루에서 활동중입니다. 비디오, 콜라주,
타이포그래피, 사진 실험을 즐깁니다. 클라이언트로는 네슬레, 피아트,
도요타, 스콜 베일Skol Baile이 있습니다.

Resurce

girl.jpg
rock.jpg
texture2.jpg
lorem.ai
detail_ink.abr
model1.psd
model2.ps

Reworked by

강우성

Creative Skills Chapter 27

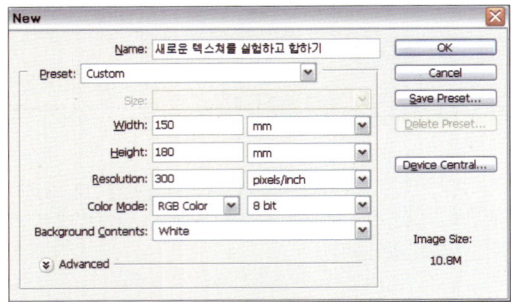

01 포토샵 프로그램을 실행하고 〈Ctrl+N〉을 눌러 '50mm X 180mm, 300dpi' 의 새로운 도큐먼트를 만듭니다. 보통 300dpi 해상도는 출력용으로 적합합니다.

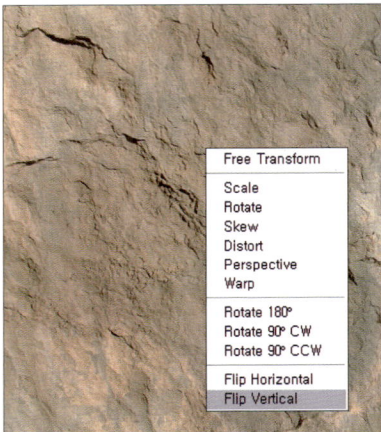

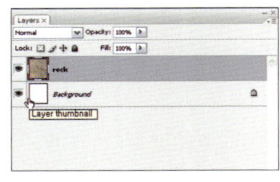

02 〈Ctrl+O〉를 눌러 rock.jpg 파일을 불러옵니다. 〈M〉 키를 눌러 이동 툴을 선택하고 rock 레이어를 드래그해서 새로운 도큐먼트에 불러온 후 레이어 이름을 'rock' 으로 설정합니다. 〈Ctrl+T〉를 눌러 바운딩 박스를 조절해 크기를 조정하고 회전합니다. 여기서는 마우스 오른쪽 버튼을 클릭해 'Flip Vertical' 을 선택해 이미지를 상하 반전시켰습니다.

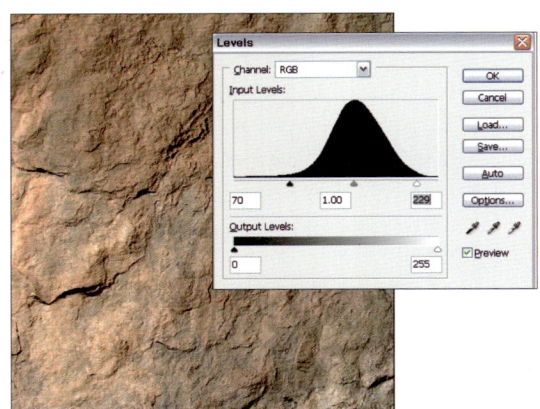

03 사진의 질감을 좀더 대비시키기 위해 rock 레이어 선택 후 〈Ctrl+L〉을 눌러 레벨 값을 '70, 1.00, 229' 로 조정합니다. 〈Ctrl+U〉를 눌러 Saturation 값을 '-100' 으로 설정해 색상을 흑백으로 변경합니다. 이 때 〈Ctrl+Shift+U〉를 눌러도 같은 효과를 얻을 수 있습니다.

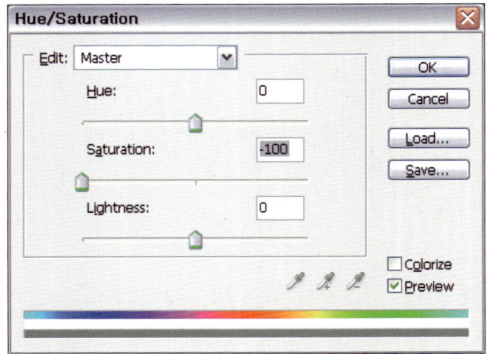

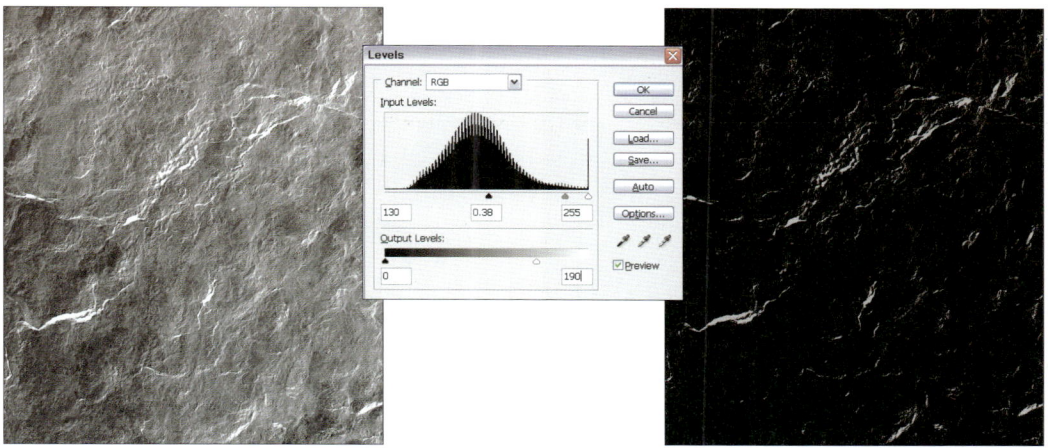

04 rock 레이어가 선택된 상태에서 〈Ctrl+I〉를 눌러 색상을 반전시킵니다. 이미지의 대비를 좀더 나타내기 위해서 〈Ctrl+L〉을 눌러 레벨 값을 다시 조절합니다. Input Levels를 '130, 0.38, 255', Output Levels를 '0, 190'으로 설정합니다. 여기서 Output Levels는 흰색으로 조절해 전체 톤을 다운시키는 데 사용했습니다.

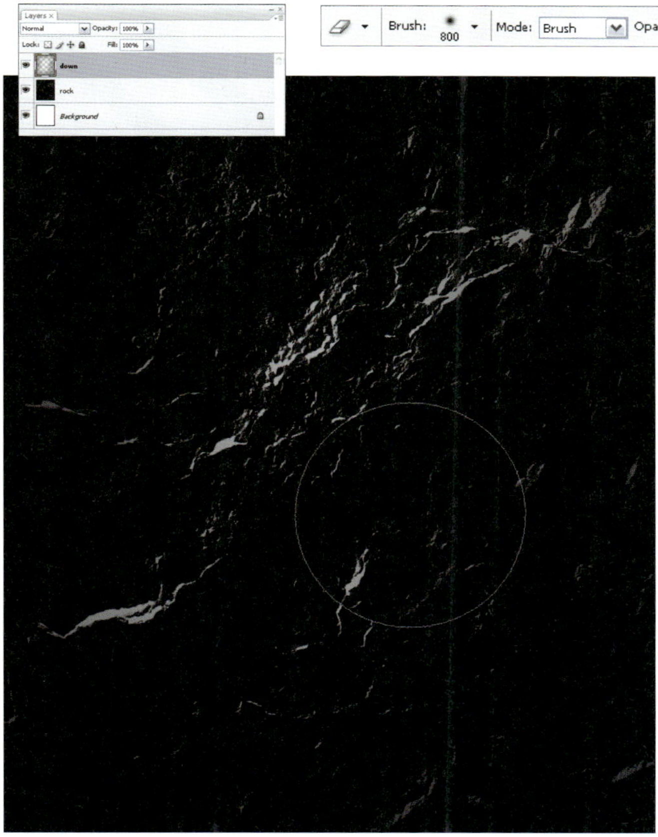

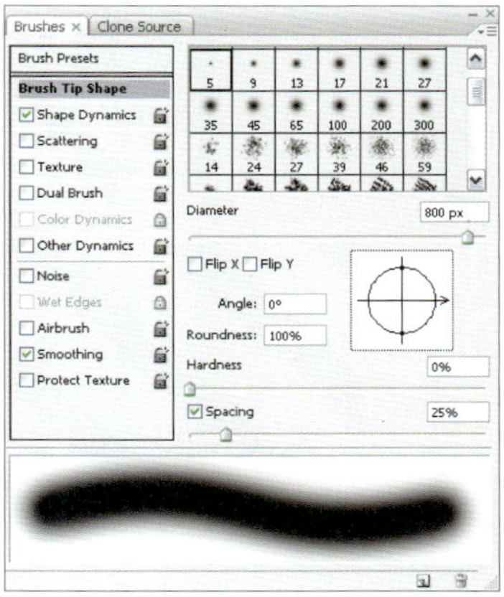

05 새로운 레이어를 만들고 이름을 'down'으로 설정합니다. 〈B〉 키를 눌러 브러시 툴을 선택하고 약간 투명한 검은색 브러시로 외곽 위주로 조금씩 톤을 다운시킵니다.

Creative Skills Chapter 27

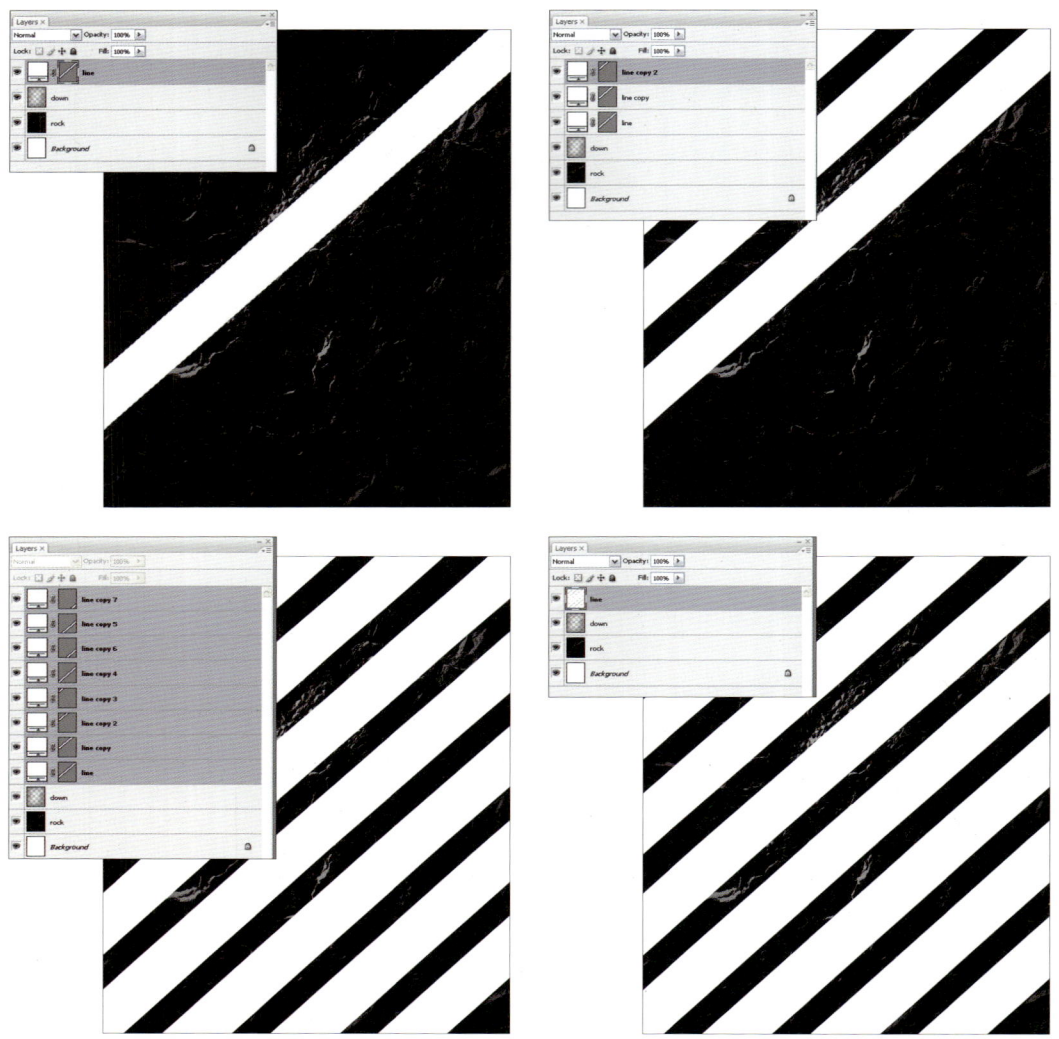

06 선 툴을 이용해서 선으로 된 패턴을 만들어 봅니다. 새로운 레이어를 만들고 이름을 'line'으로 설정합니다. ⟨N⟩ 키를 눌러 선 툴을 선택하고 옵션바의 Weight 값을 '200'으로 설정한 후 흰색 대각선을 만듭니다. 이동 툴⟨V⟩을 선택하고 ⟨Alt⟩ 키를 누른 채로 대각선을 드래그해서 이동하면 레이어가 하나 더 생성되면서 선이 복사됩니다. 이러한 방법으로 패턴을 만들고 생성된 모든 레이어를 ⟨Ctrl+E⟩를 눌러서 하나의 레이어로 합칩니다.

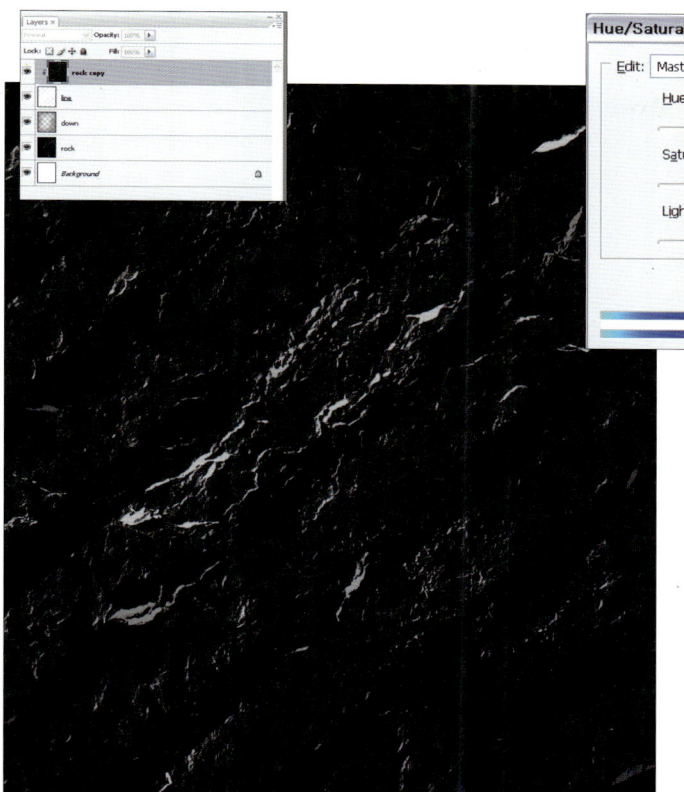

07 rock 레이어를 복사하고 마우스 오른쪽 버튼을 클릭해 'Flip Vertical'을 선택해서 이미지를 상하 반전시킨 후 레이어 팔레트의 가장 위쪽에 위치시킵니다. line 레이어와 rock copy 레이어 사이를 〈Alt〉 키를 누른 채 클릭해 rock copy 레이어를 line 레이어에 연결합니다. rock 레이어를 선택하고 〈Ctrl+U〉를 눌러서 Lightness 값을 '5'로 설정합니다. 이렇게 하면 두 개의 배경 이미지를 명암 대비를 가진 선 형태로 만들 수 있습니다.

08 배경을 완성했다면 〈Ctrl+O〉를 눌러 girl.jpg 파일을 불러옵니다. 〈P〉 키를 눌러 펜 툴로 그림과 같이 인물 주변에 클릭하여 패스를 만들고 마우스 오른쪽 버튼을 클릭해서 'Make Selection'을 선택합니다. 〈Ctrl+J〉를 눌러 선택영역만 복사해 새로운 이미지를 만듭니다. 잘라 낸 이미지의 레이어 이름은 'model'로 설정하며 model1.psd 파일을 참조할 수 있습니다.

TIP 펜 툴을 사용할 때 기준점을 클릭한 상태에서 모서리 부분 같은 경우에는 〈Alt〉 키를 누르며 펜 툴의 각도를 조정하면 더욱 빠르고 쉽게 작업할 수 있습니다.

Creative Skills Chapter 27

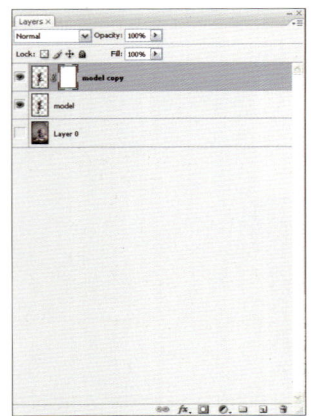

09 머리 부분은 펜 툴로 작업하기 힘든 부분이므로 model 레이어에서 〈Ctrl+J〉를 눌러 복사하고 레이어 팔레트 아래쪽의 레이어 마스크 아이콘을 클릭합니다. 메뉴의 [Image>Apply Image]를 선택해 Input Levls를 '59, 1.00, 142'로 조정하고 대비를 적용한 후 〈Ctrl+I〉를 눌러서 이미지를 반전시킵니다.

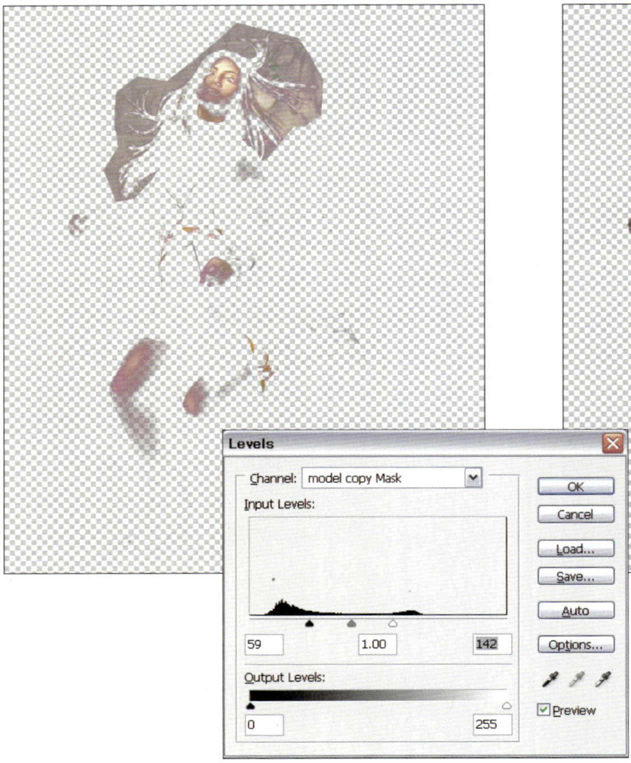

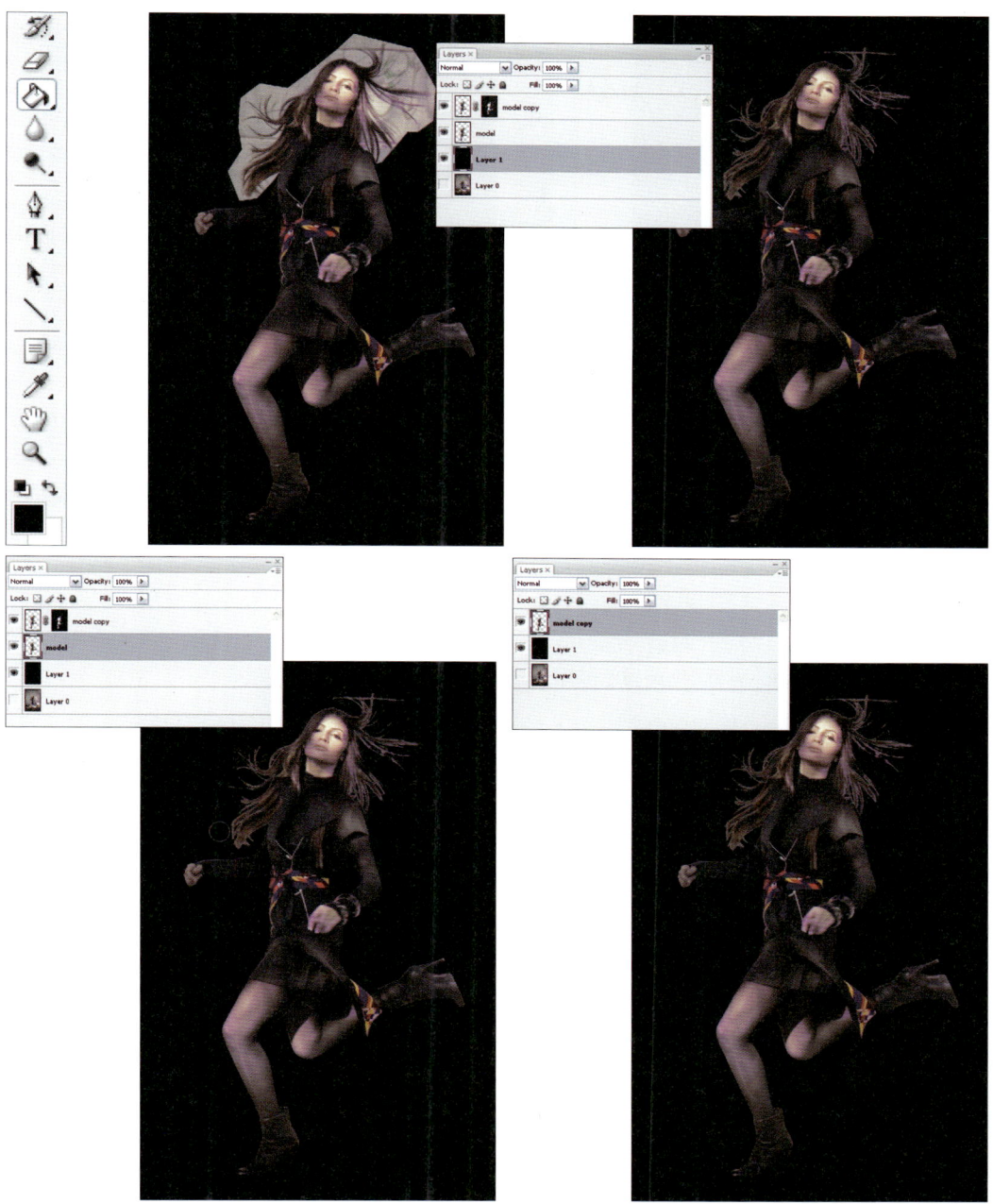

10 새로운 레이어를 만들고 〈G〉 키를 눌러 페인트통 툴을 설정해서 검은색으로 채운 후 model 레이어 아래쪽에 위치시킵니다. 이 레이어는 단지 머리카락 배경 부분을 지울 때 잘 보이도록 설정하기 위한 것입니다. model 레이어의 머리카락 배경 부분을 지우개 툴〈E〉을 이용해서 지웁니다. 정리가 되면 model copy 레이어와 model 레이어에서 〈Ctrl+E〉를 눌러 합칩니다.

Creative Skills Chapter 27

11 scarf 레이어를 새로 만들고 펜 툴〈P〉을 이용하여 스카프 모양대로 잘라냅니다. 이동 툴〈V〉로 scarf 레이어와 model copy 레이어를 이전에 작업한 배경에 불러와서 적당한 크기로 배치시킵니다.

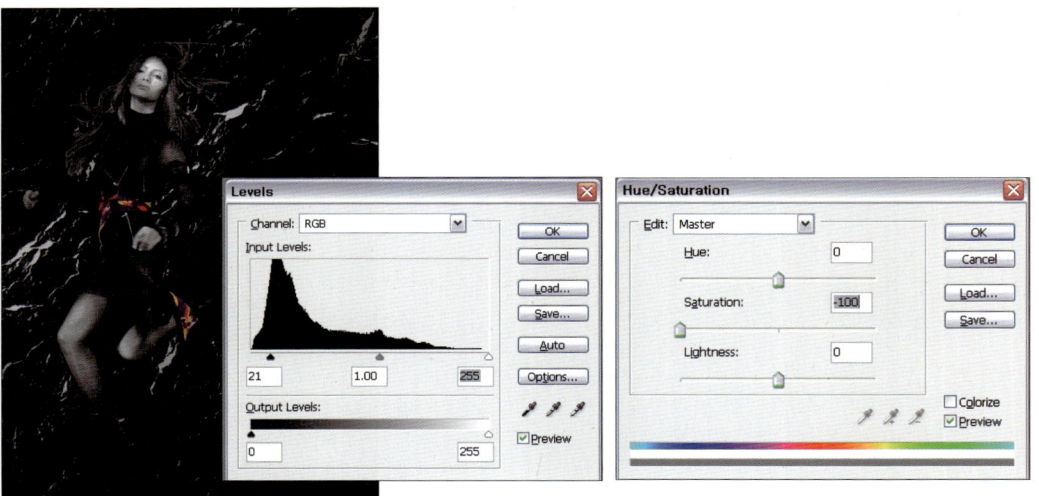

12 적당한 크기로 배치되었다면 모델의 색상을 회색조로 변경합니다. 03에서 작업했던 방법과 같이 〈Ctrl+U〉를 눌러 Saturation 값을 '-100'으로 설정해 색상을 흑백으로 변경하거나 〈Ctrl+Shift+U〉를 누릅니다. 그리고 〈Ctrl+L〉을 눌러 Level 값을 조정해 약간 더 어둡게 만듭니다.

13 모델 머리카락의 외곽선 부분이 밝아 보인다면 〈O〉 키를 눌러 번 툴로 눌러줍니다. 또한 외곽선에서 어색하게 빛나는 흰색 선 부분들이 있다면 번 툴을 이용해서 배경과 모델이 잘 어우러지도록 합니다.

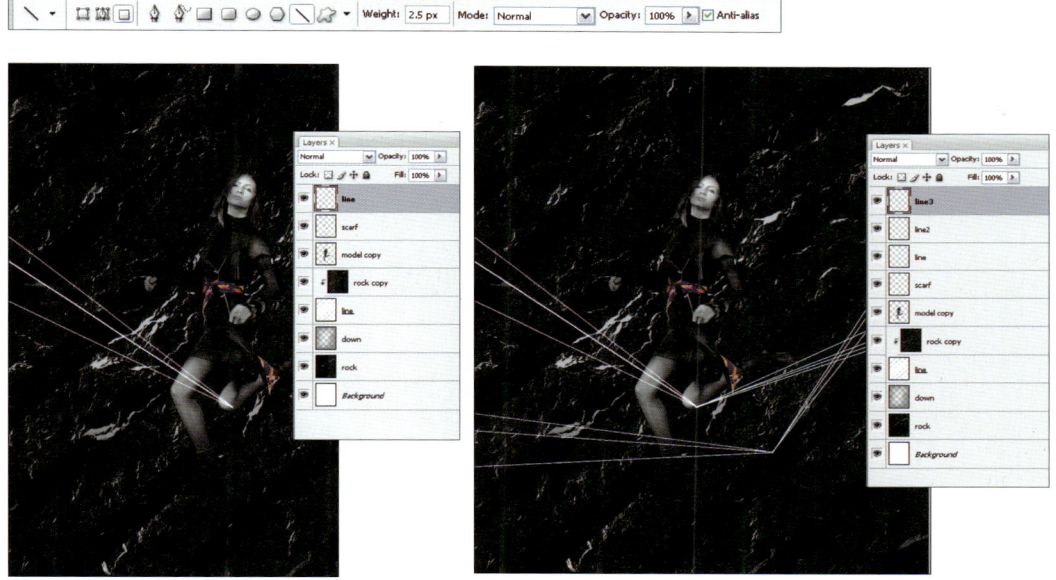

14 새로운 레이어를 만들고 이름을 'line'으로 설정합니다. 〈N〉 키를 눌러 선 툴을 이용해서 모델의 앞과 뒤에 선을 추가합니다. 여기서는 '2.5~5.0px' 정도 두께의 흰색 선을 드래그해서 그렸고, 같은 방법으로 새로운 레이어를 만들어 model copy 레이어 위에 위치시켜서 모델의 앞뒤로 선들이 지나가도록 했습니다. 이미지가 튀어 보인다면 투명도Opacity를 조절합니다.

Creative Skills Chapter 27

15 14와 같은 방법으로 선을 몇 개 더 그리고 레이어 마스크를 추가합니다. 검은색 브러시를 이용해서 모델의 바로 뒷쪽이나 외곽을 좀더 눌러 모델이 강조되도록 합니다.

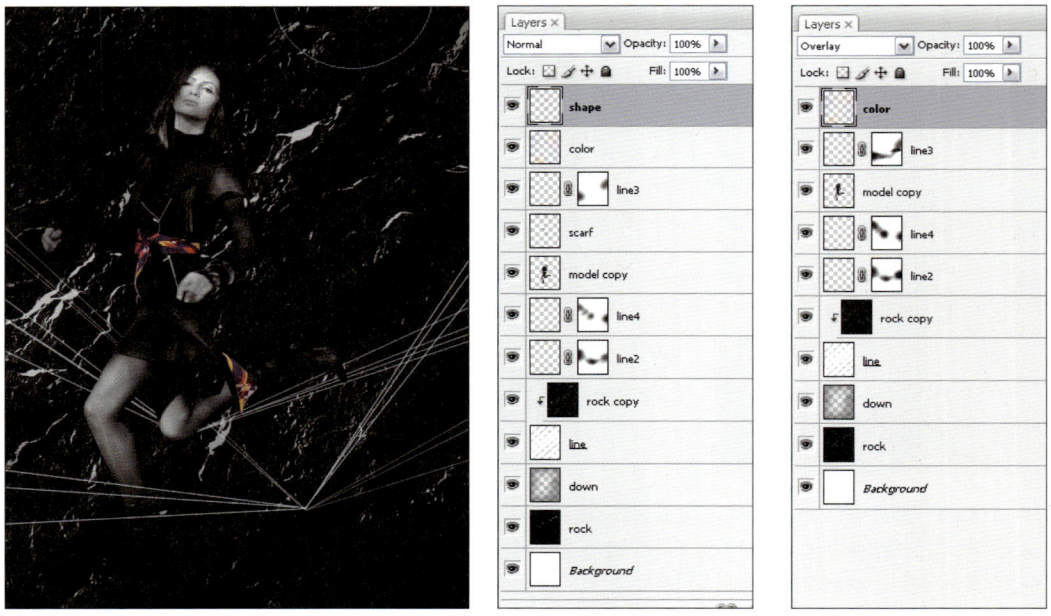

16 이미지에 색상을 추가합니다. color 레이어를 새로 만들고 〈B〉 키를 눌러 브러시 툴로 색상을 칠합니다. 이때 블렌딩 모드는 'Overlay'로 설정하는데 다른 블렌딩 모드들을 사용해서 레이어들을 변경해도 됩니다. 투명도를 지정하고 원하는 방식의 구성을 만듭니다.

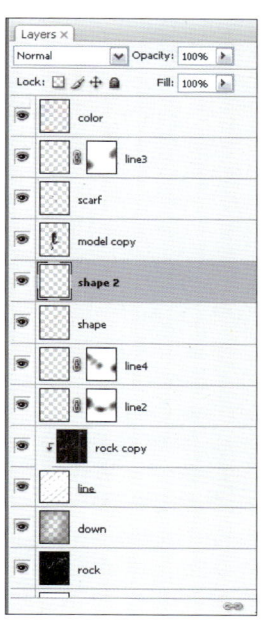

17 부분적으로 색상을 추가합니다. 여기서는 올가미 툴〈L〉이나 펜 툴〈P〉을 이용해서 여러 개의 객체들을 만들고 스카프 색과 비슷한 색으로 채웠습니다.

TIP 레이어를 만들고 회전이나 복사 등을 통해서도 흥미로운 결과물을 이끌어낼 수 있습니다. 태블릿이 있다면 올가미 툴을 활용해서 자유로운 객체를 만드는 것이 간편하지만 태블릿이 없다면 주로 펜 툴을 활용해서 만들어 보도록 합니다.

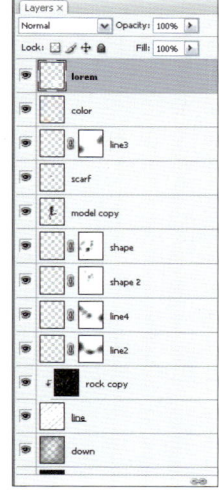

18 이번에는 텍스트를 입력해 봅니다. 〈T〉 키를 눌러 타입 툴을 선택하고 원하는 내용을 입력합니다. 여기서는 'Avant Garde Alternate' 서체를 사용해서 Lorem을 입력하고 O, R, M의 내부를 메웠습니다. 서체가 없을 경우 lorem.ai 파일에서 불러들여 사용할 수 있습니다.

Creative Skills Chapter 27

 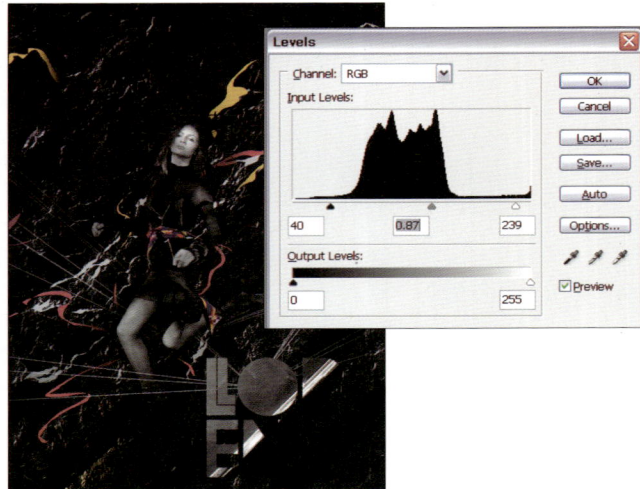

19 texture2.jpg 파일을 불러와 레이어를 더블클릭하여 잠금 설정을 해제한 후 작업 창으로 드래그해 lorem 레이어 위에 위치시킵니다. texture 레이어와 lorem 레이어 사이를 〈Alt〉 키를 누른 채 클릭해 texture 레이어를 lorem 레이어에 연결합니다. 〈Ctrl+T〉를 눌러 바운딩 박스가 나타나면 〈Shift〉 키를 누른 채 드래그하여 크기를 조절하고 회전합니다. 〈Ctrl+L〉을 눌러 Level 값을 조정해 좀더 명암 대비를 적용하고 텍스트는 배경을 밝게 드러내기 위해 lorem 레이어를 선택한 후 〈Ctrl+I〉를 눌러 반전시킵니다.

 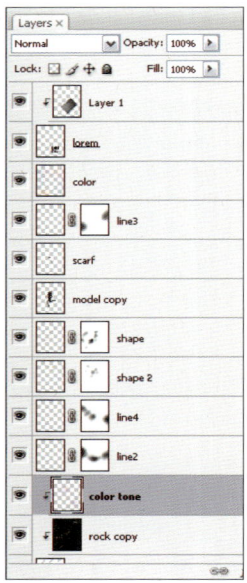

20 배경에 색상을 적용합니다. 'color tone' 이라는 새로운 레이어를 만들고 〈Alt〉 키를 누른 채 line 레이어 사이를 클릭하여 연결시킨 후 브러시 툴〈B〉를 이용해서 살짝 색상을 추가합니다. 주제부와 잘 어울리도록 스카프 색상을 위주로 칠하며 큰 브러시를 이용해서 Opacity를 '10~30' 정도로 설정해 조금씩 칠합니다.

Technique   277

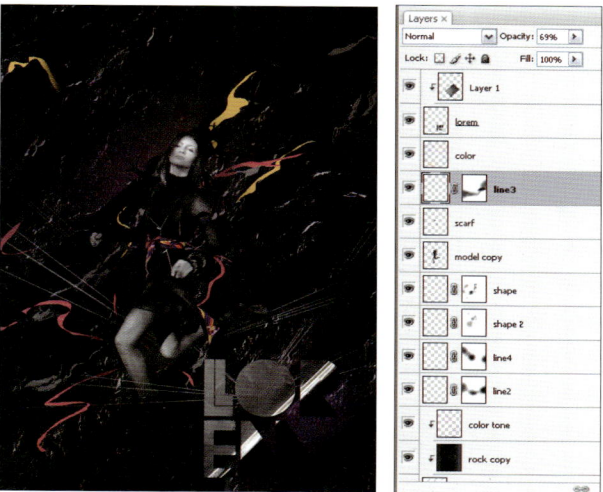

21   전체적인 톤을 다시 한번 살펴보고 정리합니다. 주제부를 방해하는 색상이 튀거나 밝은 레이어가 있다면 〈Ctrl+L〉을 이용한 레벨 값 조정 또는 마스크를 이용한 부분 톤 조정을 합니다. 여기서는 line 2~4 레이어들과 rock 레이어들을 조금 어둡게 만들었습니다.

22   완성되기에는 부족한 부분이 있으므로 주제부와 배경 사이에 요소들을 추가합니다. model copy 레이어 위에 새로운 레이어를 만들고 이름을 'model color'로 설정합니다. 〈B〉 키를 눌러 브러시 툴을 이용하여 눈 주위를 강조합니다. 블렌딩 모드에서 'Multiply'를 선택하여 색칠한 브러시가 모델 톤에 더해지도록 합니다.

Creative Skills Chapter 27

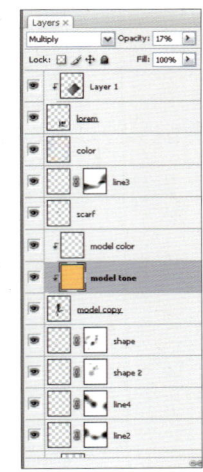
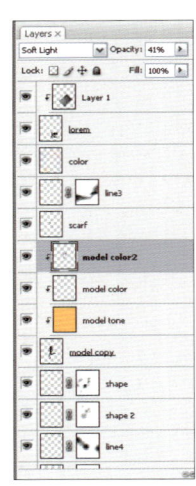

23   모델 자체에 약간의 색상을 추가하기 위해 'model tone' 이라는 새로운 레이어를 만들고 model copy 레이어에 연결합니다. 노란색으로 칠하고 블렌딩 모드를 'Multiply' 로 설정한 후 투명도Opacity를 '17%' 정도로 설정합니다. 옷에도 색상을 추가하기 위해 'model color2' 라는 새로운 레이어를 만들고 블렌딩 모드를 'Soft Light' 로 설정한 후 투명도Opacity를 '47%' 인 브러시로 옷에 조금씩 색상을 칠합니다.

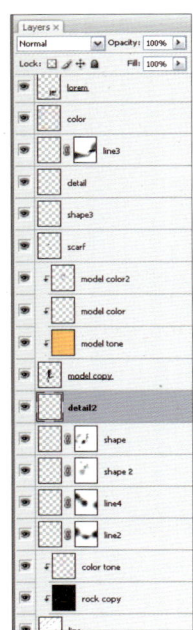

24   detail_ink.abr 브러시 파일을 포토샵 설치 폴더의 브러시 안에 다운로드 받아 브러시 툴에 추가합니다. model 레이어 위 아래에 'detail' 레이어 두 개를 만들어 조금씩 잉크 효과를 추가합니다.

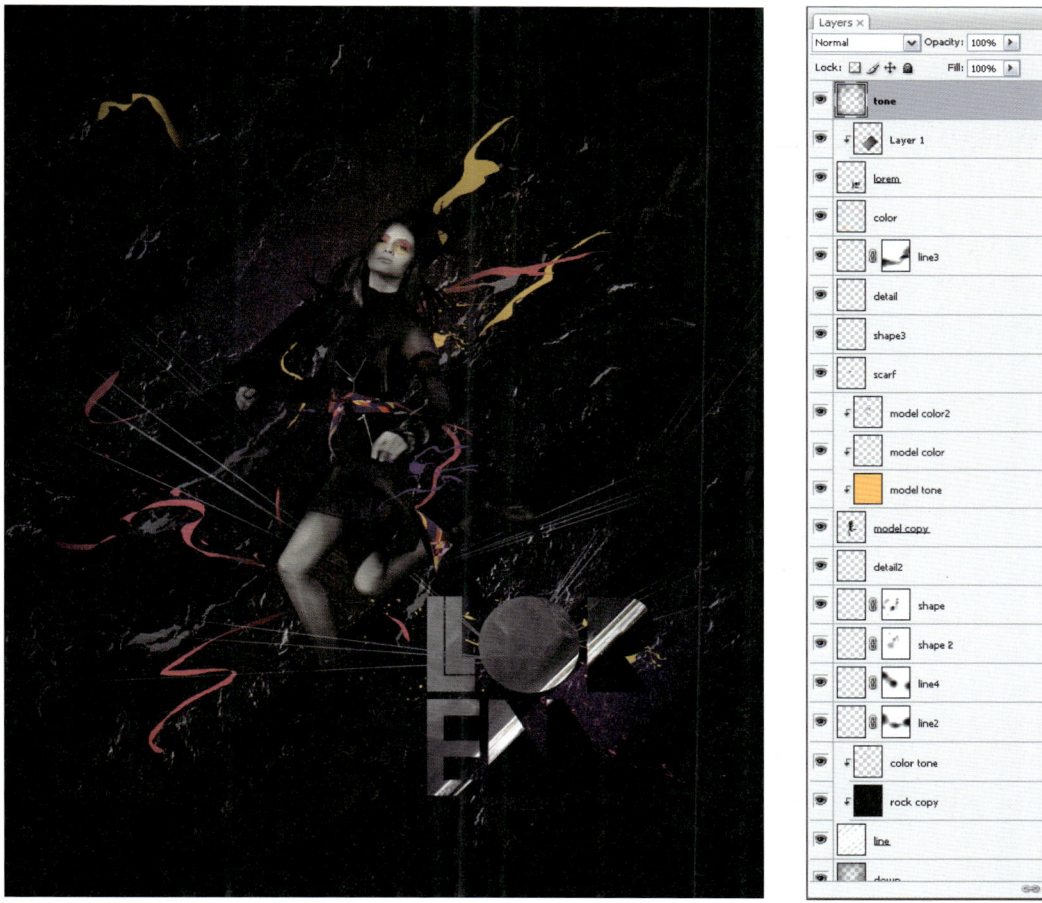

25 전체적인 외곽 톤을 정리하기 위해 'tone'이라는 새로운 레이어를 만들고 레이어 팔레트 맨 위에 위치시킨 후 옅은 검은색 브러시로 필요한 부분만 조금씩 눌러줍니다. 마지막으로 좀더 세밀하고 실험적인 것들을 덧붙인다면 멋진 작품이 완성될 것입니다. **CA**

Creative Artworks-3: Photoshop

Part 02 Inspiration Artworks

알렉시스 웨스트 Alexis West
마이크 해리슨 Mike Harrison
데렉 리 Derek Lea
마그누스 칼 Magnus Kjall
이 벤 소 Ee Venn Soh
조앙 올리베이라 Jao Oliveria
롭 쉴드 Rob Shield
루크 오닐 Luke O'Neill
게빈 디아스 Gavin Dias
마이크 라이 Mike Lai
베키라 소린 Bechira Sorin
마테우스 사이피엔 Mateusz Sypien
캘빈 호 Calvin Ho
올리 먼덴 Ollie Munden
다비드 드린 David Delin
라딤 말리닉 Radim Malinic
고든 라이드 Gordon Reid
아론 밀러 Aaron Miller
사드 무사지 Saad Moosajee
애나 레이 Anna Wray
쇼토팝 Shotopop
톰 시웰 Tom Sewell
강우성 Kang Woo Sung
김지홍 Kim Ji Hong
손영아 Son Young-A
이상윤 Lee Sang Yoon
장순규 Jang Soon Kyu
한승재 Han Seung Jae

Photoshop Artwork

알렉시스 웨스트 Alexis West

프리랜서 그래픽 아티스트로 영국의 카디프에서 활동하고 있는 알렉시스는 디지털적인 요소와 아날로그적인 요소를 멋지게 혼합하는 것에 일가견이 있습니다. 그의 작품은 www.alexiswest.com에서 볼 수 있습니다.

work | 드로잉과 페인팅, 패션 사진을 합성하면 보다 풍부한 이미지를 얻을 수 있습니다. 이 작품은 사진과 손으로 그린 그림을 합성하여 완성한 것입니다.

마이크 해리슨 Mike Harrison
디자이너자 일러스트레이터로 영국 폴리머스에서 활동하는 마이크는 프리랜서로 여러 클라이언트와 작업하고 있습니다. 그의 작품은 www.destill.net에서 볼 수 있습니다.

work | 사진을 응용하는 작품기법의 최신 트렌드는 여러 개의 상업용 이미지를 활용해 하나의 구성을 만드는 것입니다. 물론 여러 가지 테크닉이 사용되지만 중요한 것은 디테일에 많은 시간과 노력을 들여야 합니다. 그래야 '진짜' 라고 느낄 수 있기 때문이지요. 이 작품은 사진을 이용해 초현실적인 풍경을 만들어낸 것입니다.

Photoshop Artwork

데렉 리 Derek Lea
일러스트레이터이자 그래픽 아티스트인 데렉 리는 캐나다 토론토에서 활동하며 책을 쓰고 센테니얼 컬리지에서 학생들을 가르치기도 합니다.

work | 완벽한 벡터 이미지를 질감적으로 다소 불완전하게 만들어 색다른 효과를 줄 수 있습니다. 포토샵의 블렌딩 모드, 마스크, 알파 채널을 이용하면 벡터 이미지에 자연스럽게 흠집을 내어 오래된 느낌의 효과를 만들 수 있습니다. 이 작품은 벡터와 질감의 결합으로 완성되었습니다.

Inspiration Artworks **285**

마그누스 칼 Magnus Kjall

스웨덴의 스톡홀름에서 활동하고 있는 일러스트레이터 마그누스 칼은 2002년부터 디지털 아트워크 작업을 해왔으며 그래픽 디자인, 브랜딩, 웹 디자인 분야에서 일하고 있습니다. 더 많은 정보는 http://depthcore.com에서 볼 수 있습니다.

work | 보통의 이미지들을 포토샵에서 좀더 매력적이고 중요한 자신만의 아이디어가 살아 있는 아트워크로 바꾸어 뽑아낼 수 있습니다. 이 작품은 디지털 아티스트 마그누스 칼이 자연의 사진과 벡터를 이용해 만들어낸 풍경입니다.

Photoshop Artwork

이 벤 소 Ee Venn Soh

엘티이라는 이름으로 활동하는 이 벤은 말레이시아 태생이며, 싱가포르에서 공부와 활동을 병행하고 있습니다.

work | 이 작품은 백색의 발렌타인 모델인 잔느 폭스의 웹사이트에서 사용될 데스크탑 월페이퍼입니다. 이 벤은 주로 사진에서 영향을 받고 있으며, 대부분의 작품은 래스터와 벡터 이미지를 혼합하여 완성합니다. 그는 일러스트레이터에서 여러 모양을 만들고 포토샵에서 색과 질감 처리 작업을 합니다.

조앙 올리베이라 Jao Oliveria

조앙은 프리랜서로 일하면서 블리드 스튜디오와 매거진 파일럿 등 여러 곳에서 재능을 발휘하고 있습니다. 빈티지와 클래식이 합쳐진 복고 미래 주의적인 그의 다양한 스타일은 동시에 여러 클라이언트들을 만족시키고 있습니다.

work | 이 작품은 영국의 신인 인기 밴드 '디즈 뉴 퓨리튼스'의 기사를 위해 작업한 우주적인 스타일의 일러스트레이션입니다.

Photoshop Artwork

롭 쉴드 Rob Shield
롭은 자신의 재능을 패션, 음악산업, 개인 프로젝트 등으로 나누어 상업과 순수 창작을 모두 즐기고 있습니다. 중앙의 대상을 중심으로 절제된 추상을 사용하는 방법으로 각 작품에서 보이는 혼돈성에 초점을 맞추고 있습니다. 그는 3D부터 연필 작업까지 다양한 방법을 이용하여 작업합니다.

work | 이 작품은 포토샵과 시네마4D를 함께 사용하여 만들었습니다. 아름다움의 복합성에 대한 실험작 시리즈의 일부입니다. 각 작품에서 아름다움의 좋은 면과 나쁜 면을 그리면서 그것의 덧없음을 표현한 것입니다.

루크 오닐 Luke O'Neill

루크 오닐은 〈CA〉 본지의 부 아트디렉터이며, 2008년 PTC 잡지 저널리즘 어워드에서 '올해의 젊은 디자이너'로 뽑혔습니다. 까다로운 편집 작업에서부터 화려한 일러스트레이션까지 여러 방면에서 재능을 떨치고 있습니다.

work | 아름다우면서도 큰 비용이 들지 않는 아트워크를 만드는 방법이 있습니다. 전체적인 과정과 테크닉이 중요하지만, 마지막 아트워크의 룩 앤필은 만드는 사람의 취향이겠죠. 이 작품은 모델 사진의 배경에 독특한 일러스트레이션을 넣어 완성되었습니다.

Photoshop Artwork

게빈 디아스 Gavin Dias
일러스트레이터이자 멀티미디어 디자이너인 게빈은 인쇄 및 오디오 비주얼 미디어를 위한 작품들을 만듭니다. 그는 모든 팝 문화에서 영감을 얻으며, 특히 사진과 패션을 좋아합니다.

work | 점들을 사용해 톤과 셰이딩을 패션 일러스트레이션에 더할 수 있습니다. 재미있으면서도 간단하게, 1950년대의 팝아트 분위기를 재창조하는 작업입니다. 이 작품은 팝아트에서 영감을 얻은 패션 일러스트레이션입니다.

Inspiration Artworks

마이크 라이 Mike Lai
프리랜서 디자이너이자 일러스트레이터인 마이크는 영문학을 전공하고 그래픽 디자이너로 전환하여 캐나다 벤쿠버에서 왕성하게 활동하고 있습니다.

work | 마이크는 꿈들의 초현실적 측면을 포착해 내는 것을 좋아합니다. 이 작품은 포토샵과 일러스트레이터 프로그램을 이용해서 트레이싱과 컬러링을 하기 전에 스케치들을 스캔해서 꽃과 나무부터 구름에 이르기까지 모든 것에 포토샵 브러시 작업을 해서 완성된 것입니다.

Photoshop Artwork

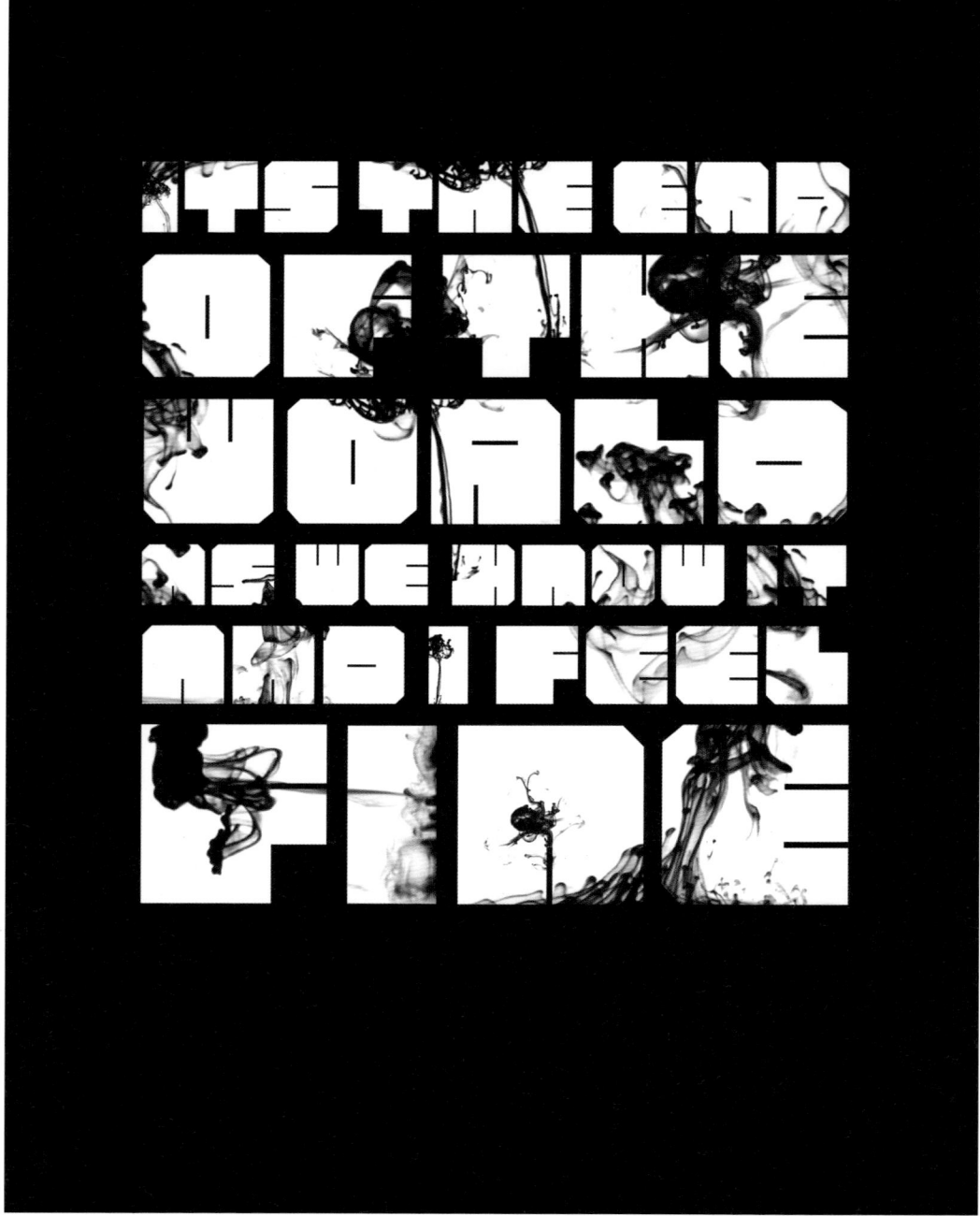

베키라 소린 Bechira Sorin
루마니아의 도시 티미쇼아라에서 활동하는 베키라 소린은 X3 스튜디오의 아트 디렉터로서, 디지털 브랜딩과 인터렉티브 미디어 분야를 다루고 있습니다.

work | REM의 노래 '우리가 알듯이 이것이 세상의 끝이에요(그리고 난 괜찮아요)' 에서 영감을 받은 타이포그래피 실험으로 이 작품은 물 속에 번지는 잉크 사진과 스스로 만든 서체를 혼합해서 만들어 낸 것입니다.

마테우스 사이피엔 Mateusz Sypien

2008년부터 그래픽 디자인에 완전 중독된 마테우스 사이피엔은 미디어 업계의 크리에이티브 디렉터가 되기 위해 새롭게 공부를 시작했습니다.

work | 이 작품은 포토샵을 주로 사용하여 서로 다른 미디어를 혼합해 완성한 작품입니다. 벡터는 일러스트레이터에서 만들어졌고 바위, 나무, 기하학적인 형태들은 3DS 맥스에서 간단하게 표현되었습니다.

Photoshop Artwork

캘빈 호 Calvin Ho

캘빈과 그의 아내인 클로디 유엔은 1997년 아토믹 어택을 함께 설립했습니다. 그 후 이 회사는 디지털 및 전통 일러스트레이션, 아트 디렉션, 스타일링, 프로모션을 다 아우르는 그룹이 되었습니다. 더 많은 작품들은 www.atomicattack.com에서 볼 수 있습니다.

work | 객체들을 실험하고 포토샵의 기초적인 스킬을 활용해 다이내믹한 콜라주가 완성되었습니다. 아토믹 어택의 캘빈 호는 이 작품에서 이미지 조합 예술로 기묘하고도 아름다운 초현실적인 콜라주 효과를 보여주었습니다.

올리 먼덴 Ollie Munden

맥파울 스튜디오의 디자이너인 올리의 개인 작업은 타투 디자인, 스트리트 아트, 1980년대 스케이트 그래픽과 극동지방의 목판화 등에서 영향을 받았습니다. 그의 더 많은 작품은 www.megamunden.com에서 볼 수 있습니다.

work | 벡터 작업을 흥미롭고 깊이감 있게 만드는 법으로 기초 수작업 디자인을 고도로 정제된 일러스트레이터 라인워크 버전으로 만든 후, 포토샵으로 돌아가 작품에 좀 더 독특한 아름다움을 주기 위해 색깔을 더하고 일련의 ㅎ프 톤 오버레이를 통해 최종 아트워크가 완성되었습니다.

Photoshop Artwork

다비드 드린 David Delin
프리랜서 디자이너인 다비드 드린은 그의 공상, 힙합, 그리고 초현실주의적으로 사진을 조작하는 일상의 사소한 것들에서 영감을 받습니다.
work | 스페인의 사진작가 로고 아르테와 함께 그의 창의성을 녹여낸 결과물로써, 이 작품을 렌더링하면서 그의 진정한 특징을 살려냈습니다.

Inspiration Artworks **297**

라딤 말리닉 Radim Malinic

프리랜서 아트 디렉터이자 일러스트레이터인 말리닉은 지금까지 그의 포트폴리오 중 가장 큰 프로젝트인 런던 영화박물관을 다시 브랜딩하는 작업을 하고 있습니다. 그의 더 많은 작품은 www.brandnu.co.uk에서 볼 수 있습니다.

work | 사이즈가 큰 이미지의 렌더링을 기다리느라 시간을 낭비할 필요는 없습니다. 한 가지 방법은 모든 작업을 벡터화 하여 어도비 일러스트레이터를 사용하는 것입니다. 이 작품은 그렇게 해서 만들어졌습니다.

Photoshop Artwork

고든 라이드 Gordon Reid

디자이너이자 일러스트레이터이며 블로거인 고든은 BFI에서 자신의 애니메이션을 상영한 바 있으며 팬진을 운영하고 있습니다. 그의 더 많은 작품은 www.middleboop.com에서 볼 수 있습니다.

work | 이 작품은 복고풍 이미지와 상업용 이미지를 사용해서 눈길을 사로잡는 콜라주와 의사소통이 잘 되는 추상적인 디자인으로 완성되었습니다.

아론 밀러 Aaron Miller
아론 밀러는 편집과 캐릭터 중심의 일러스트가 주특기인 프리랜서 일러스트레이터입니다. 그의 작업은 www.aaronmillerillustration.com에서 볼 수 있습니다.

work | 최근 복고풍 향수를 타고 픽셀이 돌아왔습니다. 아론은 기하학적 모양을 사용하여 독특한 벡터 아트워크를 만들어냈습니다. 캐릭터와 만나 평평한 이미지에 새로운 깊이를 더했고, 완성도 높은 아트워크로 마무리했습니다.

Photoshop Artwork

사드 무사지 Saad Moosajee

독학으로 포토샵 아티스트가 된 사드는 타이거 비어와 옥스팸을 포함한 여러 클라이언트를 끌어 들였습니다. 그의 작업은 www.saadart.com에서 볼 수 있습니다.

work | 디자인을 풍부하게 하고 임팩트를 주기 위해서 2D 컴포지션에 3D 오브젝트를 적용하는 방식으로 2D와 3D를 같이 사용하여 작품이 완성되었습니다. 또한 포토샵에서 3D를 포함한 초현실적인 이미지에 적합한 음영, 광원, 색채를 배치하여 합성하였습니다. 이 작품은 2D 이미지이지만 3D 같이 깊이감을 주어 초현실적인 느낌을 나타내고 있습니다.

애나 레이 Anna Wray

일러스트레이이자 그래픽 디자이너인 애나는 캠브릿지와 런던에서 활동하고 있습니다. 그녀의 일러스트레이션은 www.woollycritter.com에서 찾아볼 수 있습니다.

work | 많은 클라이언트들이 스크린 프린트를 좋아하지만 시간과 돈의 여유가 많지 않습니다. 적은 시간과 돈을 들여서도 스크린 프린트의 느낌을 줄 수 있는 좋은 방법이 있는데, 그것은 바로 일러스트레이터의 라이브 트레이스 툴을 사용하는 것입니다. 이 작품은 애나 레이가 디지털 작업에 거칠고 다채로운 느낌의 스크린 프린트 효과를 주는 방법으로 완성한 것입니다.

Photoshop Artwork

쇼토팝 Shotopop

도클랜즈에 위치한 쇼토팝의 스튜디오는 비주얼라이징, 수작업 혹은 디지털 일러스트레이션과 프린트와 인터렉티브, 모션 그래픽에 이르는 분야를 아우르고 있습니다. www.shotopop.com에서 그들이 무엇을 하는지 볼 수 있습니다.

work | 느긋한 촬영을 하기 위한 스튜디오를 예약할 시간도, 모델을 사용할 예산도 없을 때, 결국은 가짜로 만들어낼 수 밖에 없습니다. 작은 인피니티 커브 효과를 낼 수 있는 종이 한 롤이나, 스튜디오에 널부러진 도구들과 카메라, 포토샵 마법을 사용하면 손쉽게 멋진 이미지를 만들 수 있습니다. 이 작품은 쇼토팝이 그렇게 해서 만들어 낸 것입니다.

Inspiration Artworks 303

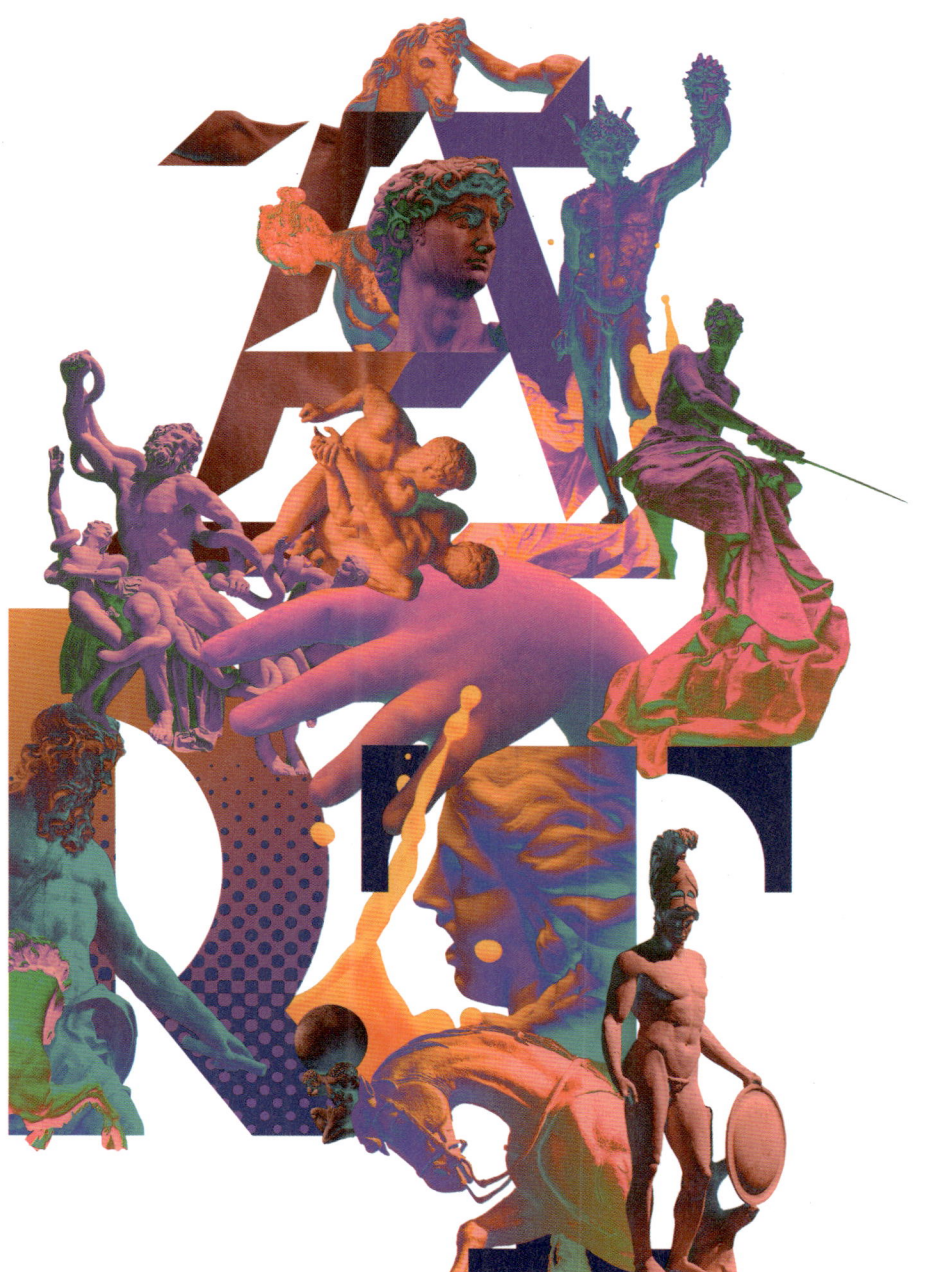

톰 시웰 Tom Sewell

프리랜서 그래픽 디자이너이자 아트디렉터이며 이미지 메이커인 톰은 런던에서 활동하고 있습니다. 그는 다양한 스튜디오와 함께 각종 레코드 커버 디자인, 플라이어 디자인, 웹디자인, 아트 디렉팅, 프롭 메이킹, 일러스트레이션 작업들을 해왔습니다.

work | 강렬한 타이포그래피를 주축으로 한 자유로운 형식의 콜라주가 완성되었습니다. 타입을 만드는 데에는 일러스트레이터를 사용하고, 포토샵에서 이미지들의 외곽선을 추출하고 모든 것을 한데 모아서 표현하였습니다.

Photoshop Artwork

강우성 Kang Woosung

Michael Jordan
NIKE

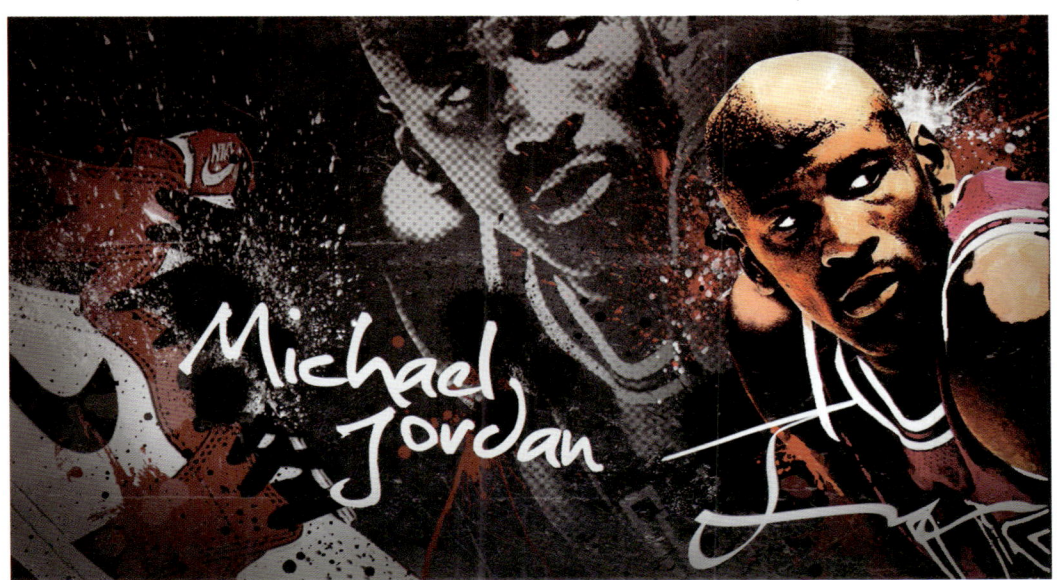

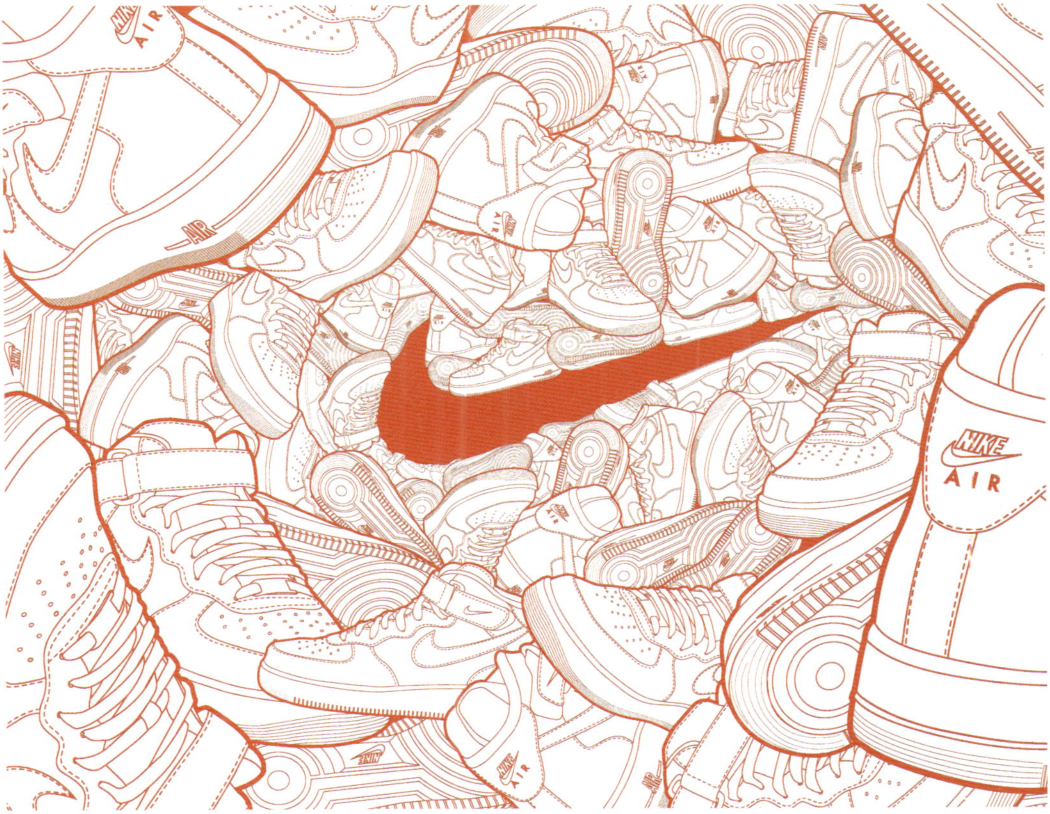
NIKE
AIR

Photoshop Artwork

김지홍 Kim Jihong

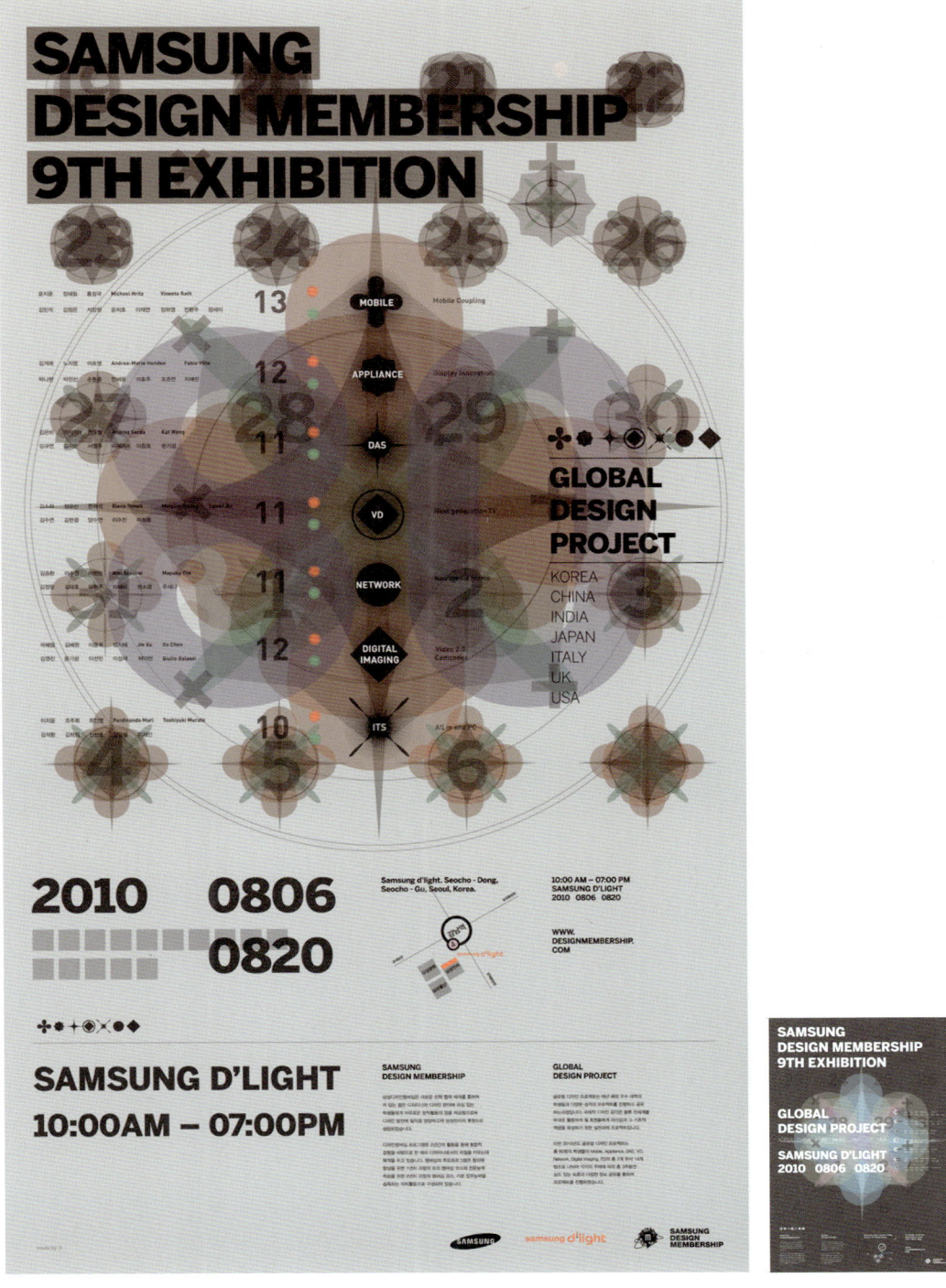

Photoshop Artwork

손영아 Son Young-A

Photoshop Artwork

이상윤 Lee Sangyoon

Inspiration Artworks **311**

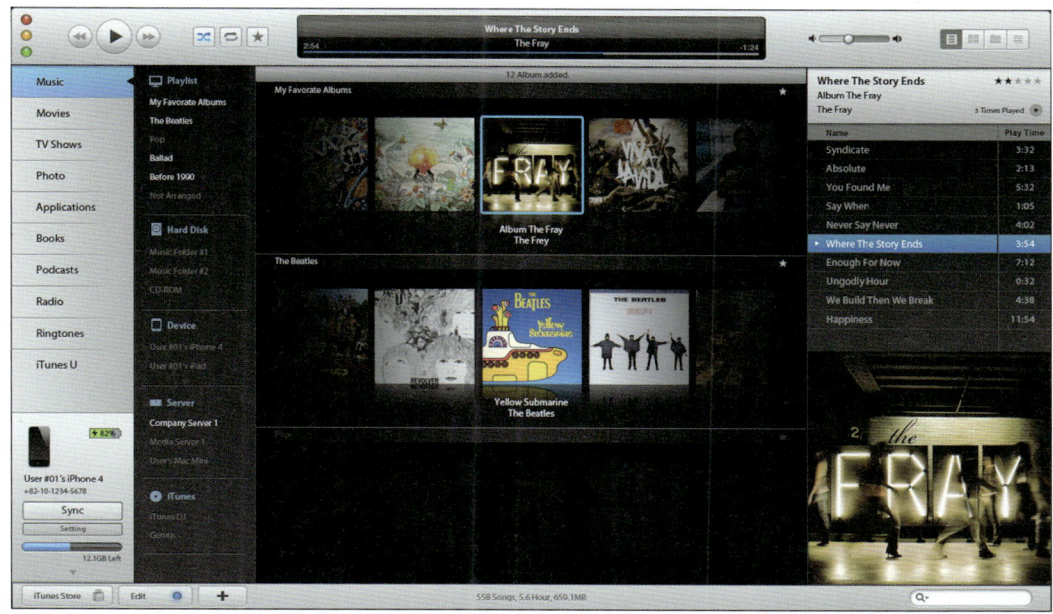

Photoshop Artwork

장순규 Jang Soonkyu

Inspiration Artworks 313

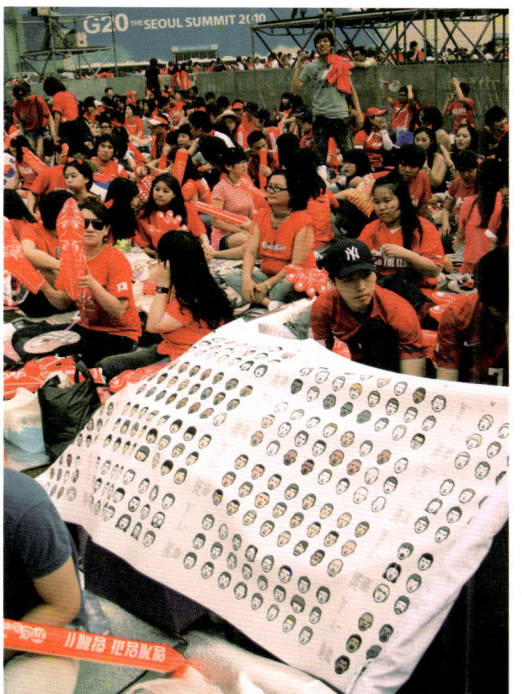

Photoshop Artwork

한승재 Han Seungjae

1 : 씨클
03 : 남문
1 : 씨클
04 : 백구
1 : 씨클
05 : 박찬숙
3 : 마마 앤 파파
12 : 백구
3 : 마마 앤 파파
13 : 박찬숙
3 : 마마 앤 파파
14 : 유철
3 : 마마 앤 파파
15 : 불사조

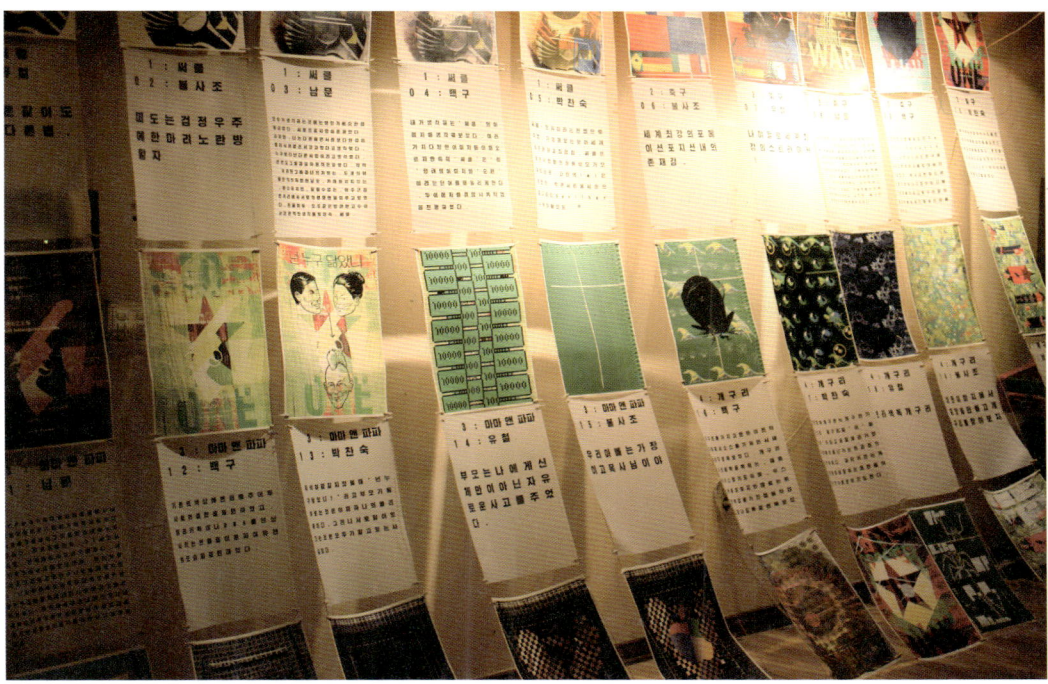

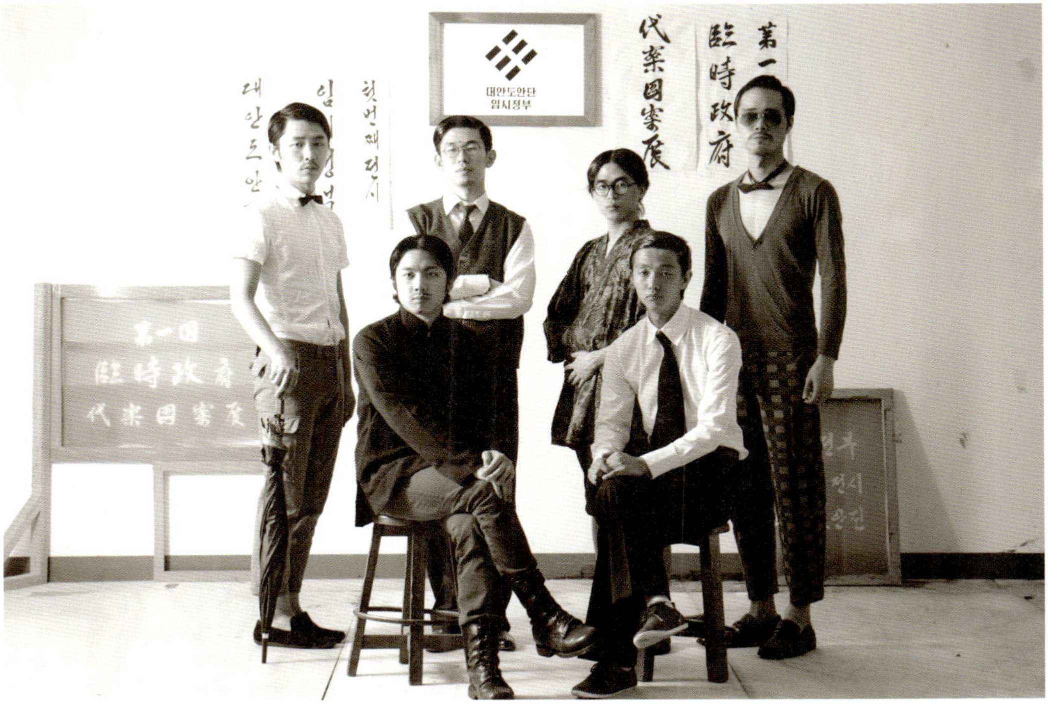
대안도안단
임시정부
第一
臨時政府
代案圖案展
첫번째 전시
第一國
臨時政府
代案圖案展

Creative Artworks-3: Photoshop

Part 03 Tip & Information

디자인을 공부하며 겪은 다양한 이야기와 경험에서 얻은 노하우를 중심으로
당신의 열정에 날개를 달아 줄 작은 팁들을 공개합니다.

01 | 나에게 맞는 커뮤니티 찾아 활동하기
02 | 예비 디자이너들에게 필요한 덕목들
03 | 프리랜서를 위한 10가지 팁
04 | 공모전에서 성공하기 위한 습관
05 | 공모전 정보

예비 디자이너들을 위한 조언

Tip 01

나에게 맞는 커뮤니티 찾아 활동하기

인터넷 강국 대한민국에는 수많은 온/오프라인 커뮤니티가 있습니다. 그 중에는 디자인 커뮤니티도 상당히 많습니다. 나의 크리에이티브를 높이고 경험을 극대화시키기 위해서는 어떤 디자인 동아리에서 활동하는 것이 좋을지 알아 보는 것이 중요합니다. 커뮤니티는 크게 정부와 기업체에서 지원하는 공식 단체와 학교, 친목 등 전공자들이 주도하는 비공식 단체로 나눌 수 있습니다. 커뮤니티의 속성에 따라서 시너지로 얻을 수 있는 효과는 모두 다릅니다. 커뮤니티에서 무엇을 할 것인가를 신중하게 생각해보고, 자신에게 맞는 곳을 선택할 줄 아는 지혜가 필요합니다.

공식 커뮤니티

공식 커뮤니티에 들어갈 때 생각해 보아야 할 것은, 실력도 실력이지만 팀을 이루어서 하는 협동 작업에 자신이 잘 참여하고 어울릴 수 있는지, 다른 사람의 의견을 수용하고 토론하는 문화에 익숙해질 수 있는지의 여부입니다. 공식 커뮤니티는 소규모 스튜디오가 아닙니다. 자신의 실력이 월등히 뛰어나다고 해도 매번 긍정적인 결과만을 가져오진 않습니다. 실력은 뛰어나지만 성격이 독단적이라면 협력 작업의 걸림돌이 될 수 있습니다. 기업체나 정부가 지원하는 커뮤니티는 기본적으로 남들과의 화합과 협동을 매우 중시하는 경향이 있습니다. 그것이 자신에게 버겁다면, 커뮤니티에 가입하는 것을 다시 한 번 생각해 봐야 할 것입니다.

지원을 통한 다양한 프로젝트를 진행하는 공식 커뮤니티의 일원이 되면, 해외 디자인 단체와의 공동 작업, 전시회 등 규모가 있는 프로젝트에 함께 참여할 수 있고 디자인 실무자를 양성하기 위한 목적으로 진행되는 것들이 많기 때문에 실질적인 조직 경험의 기회도 얻을 수 있습니다. 직간접적으로 기업의 실무를 체험할 수 있고, 실무임에도 불구하고 학생답게 좀 더 실험적이고 모험적인 아이디어를 실무진에 제시할 수 있습니다. 다소 무리가 있는 아이디어나 도전적인 생각을 실험할 기회가 주어지기도 합니다.

삼성 디자인 멤버십
LG 지니어스 디자인
스카이 디자이너스 커뮤니티
코리아 디자인센터 디자인 멤버십

대표적인 공식 커뮤니티로 위의 4곳을 추천합니다. 매년 한 번의 모집 공고가 나고 정해진 기간에 응시가 가능합니다. 학생들과 현업 디자이너 모두에게 기회를 제공하는 곳도 있습니다.

차세대 디자인 리더

한국디자인진흥원에서 모집하는 차세대 디자인 리더는 프로와 아마추어 모두가 지원이 가능합니다.

비공식 커뮤니티

비공식 커뮤니티는 주로 대학, 포털 커뮤니티 등을 중심으로 구축돼 있습니다. 각 대학의 시각 디자인과마다 스타일이 다 다르고 포털마다 스타일이 천차만별입니다. 그렇기 때문에 패키지, 타이포그래피, 편집, 영상, 웹 디자인 등 다양한 분야의 친구들을 만나 함께 공부를 할 수 있고 새로운 시각을 배울 수 있다는 매력이 있습니다. 물론, 순수 회화나 산업디자이너 친구들에게서도 많은 것을 배우게 됩니다. 시발점이 서로 다른 디자인 분야의 경계에서 다양한 것을 배울 수 있다는 점이 비공식 커뮤니티의 장점입니다.

많은 사람들이 크고 작은 커뮤니티에서 활동하는 이유는 목마름 때문입니다. 그리고 이 호기심과 목마름은 다양한 분야의 사람들과 만나고 소통함에 따라 서서히 채워집니다. 게다가 비공식 커뮤니티는 같은 또래 집단과 배움과 경험에 대한 고민을 겪어본 선배들로 구성되기 때문에 멘토링 시스템이 탄탄하게 구축돼 있습니다. 자연스럽게 실무보다는 자신의 성장, 발전 가능성을 탐색하는 모임으로 방향이 잡혀있는 경우가 많습니다.

여기에 많은 자료를 모을 수 있고 외국 디자이너들과 서로 공유하며 이야기를 나눌 수 있는 비공식 커뮤니티의 온라인 서비스를 소개합니다. **CA**

http://ffffound.com
http://www.behance.net
http://www.coroflot.com

예비 디자이너들을 위한 조언

Tip 02

공모전에서 성공하기 위한 습관

국내에서도 크고 작은 디자인 공모전이 꾸준히 열립니다. 공모전 준비는 여러 가지 이유로 예비 디자이너들에게 자극을 줍니다. 집에서 창작하는 개인 작업이나 학교에서 수행하는 과제와는 다른 목표 의식을 주는 공모전을 준비할 때 필요한 것들이 무엇인지 알아봅니다.

01 공모전 수상은 과정일 뿐이다

공모전에서 입상 하면 많은 도움이 되지만, 수상하는 사람은 극히 소수입니다. 공모전은 디자이너가 취할 수 있는 수많은 선택 중 하나일 뿐입니다. 자신의 실력을 공인된 기관에서 검증받고 싶다거나, 하나의 작은 목표 정도로 여기는 것이 좋습니다. 오히려 수상보다 이런 동기 부여에 목적을 두는 것이 크리에이티브를 높이는 방법이 될 수 있습니다. 디자이너에게 언제든지 참가할 수 있는 공모전은 많습니다.

02 하지만 다양한 공모전 이력은 경험 증명 서류다

하나의 공모전 경험은 하나의 크리에이티브 경험을 보여주지만, 각기 다른 공모전 경력이 모이면 이야기가 달라집니다. 다양한 공모전 경력은 그만큼 다양한 생각과 도전을 했다는 의미로 받아 들여질 수 있기 때문입니다. 즉, 공모전 경력은 디자인 크리에이티브의 질을 증명하는 것이 아니라, 그 사람의 디자인 경험을 보여줄 수 있는 간접적인 증명서가 될 수 있다는 것입니다. 여러 공모전에 도전해 보세요.

03 실패를 두려워하지 마라

예비 디자이너가 가진 가장 큰 강점은 '예비' 라는 그 지위 자체입니다. 이 '예비' 라는 단어에는 실패를 장려하는 분위기마저 포함합니다. 실패를 통한 성장이 크리에이티브의 미덕이고, 그 경험을 미리 해보는 것이 자신에게도 큰 도움이 됩니다. 공모전에서 몇 번 낙방했다고 해서 상심할 필요는 없습니다. 모두가 그런 경험을 가지고 있기 때문입니다. 그런 경험을 어떻게 다음 도전에서 살려낼 것인지가 중요합니다.

04 나만의 인사이트 발견하기

공모전 출품은 제한된 시간에 작업을 하는 것이라는 점에서 어찌보면 학생들이 받는 과제와 비슷합니다. 하지만 과제는 학습을 통해 익힌 포맷 중심의 아웃풋을 중시하는 것이라면, 공모전은 안에 숨겨진 인사이트와 내용에 충실하다는 점이 다릅니다. 학교 과제는 예쁘고 화려한 겉 모습에 중심을 두지만 공모전은 하나의 디자인에서 시작된 스토리와 거기서 발견된 인사이트, 그리고 디자인과 디자인을 통한 경험의 가치를 발전시켜 가는 것이 가장 중요합니다. 자신만의 인사이트를 작품 안에 어떻게 녹여낼 수 있을지를 고민하는 것이 포인트라고 할 수 있습니다.

05 아주 작은 작업물들이 씨앗이 된다

ADAA(어도비 국제 공모전)이나 Output 공모전 같은 경우는 카테고리가 아주 다양합니다. 그리고 그 중에서 학교에서 작업한 작업물을 정리해서 낼 수 있는 분야도 분명히 있습니다. 학교 과제를 단순한 습작으로 여기기보다는 하나하나 자신의 포트폴리오로 여기고 퀄리티를 높여나가는 것이 현재의 자신에게도, 나중을 생각해서도 큰 이득이 됩니다. 학기가 끝난 이후에도, 졸업 후에도 발전의 여지가 있는 작업, 애정 있는 작업은 지속적으로 손을 보는 것이 좋습니다.

06 많이 감상하기

아무리 스스로 기발하고 뛰어난 작업을 생각했다 하더라도, 분명 어디에서든 누군가 비슷한 작업을 하고 있을 겁니다. 책도 좋고 TV나 인터넷도 좋습니다. 앞서 작업한 많은 선배들의 작업물들을 보고 공부하고 생각해야 합니다. 시야를 넓히는 가장 고전적이고 훌륭한 방법은 최대한 많이 보고 느끼는 것입니다. 잡지나 전시회에서 소개되는 외국 디자이너들의 트렌드와 소식에도 귀를 기울일 필요가 있습니다. 공모전에서 비슷한 스타일, 어디선가 본 듯한 작업물은 치명적일 수 있습니다. 개성을 위한 첫 번째 걸음은 모작을 해보고 그 모작에서 벗어나는 것입니다.

07 스케치하는 습관을 들이자

평소 읽는 뉴스와 인터넷과 책, 혹은 걸어 다니며 보는 삶의 다양한 모습, 친구와의 대화 등 소소한 곳에서 영감은 탄생합니다. 거기서 일어나는 우리들의 이야기 속에 문제점이 있고, 개선할 점이 있고 혹은 재미있는 도전이 있습니다. 모두의 공감대가 담긴 인사이트가 스쳐 지나가면, 바로 스케치나 글로 적어두거나 사진으로 갈무리해두는 것이 도움이 됩니다. 이런 노트가 지금은 쓸모 없을지라도 몇 달 혹은 몇 년 뒤에 제 가치를 찾는 경우가 많습니다. 공모전도 그런 경우 중 하나입니다. 당장 작업에 어울리는 테마를 생각하기보다는 과거에 정리해둔 것들 중에 적합한 것을 찾아내는 재주가 필요할 때도 있습니다.

08 트렌드를 주도하는 아웃풋을 고민하자

공모전은 최신의 트렌드를 반영합니다. 트렌드는 언제나 돌고 있으므로 그것을 주도하는 디자이너가 주목을 받습니다. 트렌드는 문화를 대변하기 때문에 학교에서 배운 디자인만 할 줄 아는 사람은 결코 좋은 디자이너가 될 수 없습니다. 진정 좋은 디자이너란 문화를 창조하는 사람이고 언제나 신인의 마음가짐으로 다양한 디자인 분야에 관심을 가져야 합니다. 트렌드는 분야를 타고 흐릅니다. 꾸준한 관심이 새로운 트렌드를 찾는 도화점이 됩니다.

09 타전공자 친구에게 SOS 치기

좋은 소재와 이야기거리가 있지만 자신의 전공과는 거리가 있는 경우 작업을 기피하지 말고 보완을 해 줄 친구를 찾아 함께 도전해 보세요. 영어가 부족할 때는 영문과 출신의 친구를, 3D 이미지가 부족할 때는 제품 디자이너 친구를 찾는다면 문제가 손쉽게 해결됩니다. 협업은 가장 훌륭한 무기가 될 수 있습니다. **CA**

예비 디자이너들을 위한 조언

Tip 03

학생 프리랜서로 생활하기 위한 10가지 팁

대학생의 신분으로 일할 수 있는 기회는 도처에 숨어있습니다. 만약 사회로 나아가기 전에 디자이너로서의 경험을 남들보다 먼저 얻고 싶다면, 실무에서 뛰고 있는 디자인 스튜디오의 작업에 참가해 보는 것도 좋습니다. 학교 생활과 프리랜서 일을 조화롭게 성공시켜 나갈 수 있는 비법을 소개합니다.

01. 이것도 '알바'다

대개의 학생 프리랜서는 디자인 회사나 클라이언트들과 일하는 경험을 하지만, 그것도 어디까지나 학생의 본분에서 벗어나지 않은 범위입니다. 학교를 다니면서 등록금, 생활비를 마련한다는 목적으로 아르바이트한다는 생각을 가지고 자연스럽게 시작하는 것이 좋습니다. 그렇게 디자인 아르바이트를 하다보면 주위에서 들어오는 일들의 판이 조금씩 커져 있고 해야 할 일들이 늘어나 있을 겁니다.

02 인맥을 찾아라

대학에서 가장 훌륭한 에이전시는 교수님과 학과 선배들입니다. 사회에서 이미 현역 디자이너로 활동하는 선배가 있다면, 그 사람들에게 포트폴리오를 가져가서 보여주고 조언을 받는 것이 좋습니다. 독특한 개성이 발견된다면 그와 어울리는 일을 소개받을 수도 있습니다. 또한 전시회나 공모전 수상 경험이 있다면 주최측이나 수상자 모임 등을 통해서 관계가 생기는 경우도 있기 때문에 주위를 잘 둘러보는 것이 중요합니다.

03 너무 완벽하게 생각하지 말자

클라이언트가 학생 프리랜서에게 일을 맡기는 이유는 보다 참신하고 신선한 느낌이 있을 거라는 기대 때문입니다. 필요에 따라서는 클라이언트의 요구에 완벽하게 부응하는 딱딱한 디자인 작업을 한다는 강박 관념에서 벗어나, 자신만의 독창적인 스타일을 과감하게 보여줘야 할 때가 있습니다. 클라이언트가 생각지도 못한 것들, 톡톡 튀는 아이디어, 사회에서 젊은 디자이너에게 요구되는 기초적인 덕목입니다.

04 그렇다고 너무 어리게 행동하지도 말자

대학생도 엄연한 사회인입니다. 일에 대한 책임감과 사람과의 관계에 대한 확실한 자신감이 있어야 합니다. 스스로의 스케줄을 잡고, 클라이언트와의 소통에서도 유연한 자세를 가질 수 있도록 노력해야 합니다. 너무 어리숙한 학생처럼 행동하면 클라이언트로부터 학생 취급 당하기 십상입니다.

05 소통에 익숙해지자

실무를 먼저 경험한다는 것이 단순히 일을 받아서 디자인 작업을 한다는 것만은 아닙니다. 좋은 디자이너가 되려면 클라이언트와의 소통도 할 줄 알아야 합니다. 많은 사람을 만나고 많은 경험을 하는 시기이기 때문에 사회 관계를 배우기에 최적입니다. 이 경험을 클라이언트와의 소통에 할애하면, 사회에서 디자이너로서 클라이언트를 만날 때 여분의 숨겨진 경력을 안고 시작하게 됩니다.

06 과제는 과제대로

나중에 프로페셔널 디자이너가 돼서도 반드시 엄수해야 하지만, 기본적으로 마감 기한은 완벽하게 지켜야 합니다. 물론 수업 시간도 준수해야 합니다. 둘을 지키기 위해서는 시간 관리가 아주 중요합니다. 일에 치우쳐 학교의 일을 소홀히 함이 없도록 적절한 균형 감각을 가져야 합니다. 효율적인 시간 관리를 위한 최선의 방법은 시간을 내어 틈틈이 개인적인 과제를 미리미리 끝내두는 것입니다. 조별 과제가 걸려있는 경우는, 조를 짤 때부터 먼저 자신의 입장을 잘 이야기 해두고 조정을 부탁하는 것이 좋습니다.

07 방학을 활용하자

학생에게만 있는 유일한 특권은 방학이 1년에 두 번 있다는 겁니다. 방학 기간 동안은 완전히 자유로운 두 달이 주어지기 때문에, 모자란 시간을 적극적으로 활용할 수 있습니다. 학기 중에 최소한의 전공 공부를 이수하며 일을 병행하고, 방학 때 모자란 공부를 집중적으로 보충할 수 있는가 하면, 학기 중에 열심히 디자인 공부를 하고 방학 때 집중적으로 일을 경험하는 전략도 짤 수 있습니다. 방학을 어떻게 보내느냐에 따라서 학생이 될 수도, 프리랜서가 될 수도 있습니다.

08 많이 만들자

대학 과제는 스스로 포기할 수 있지만, 클라이언트에게 받은 작업은 그럴 수 없습니다. 좋든 싫든 일을 하는 이상 많은 작품을 만들게 됩니다. 학생 때는 다작을 하는 게 엄청난 도움이 됩니다. 대학 과제와 업무를 같이 하다 보면 엄청난 양의 디자인 작품들을 만들며 스스로를 훈련시킬 수 있습니다.

09 포기 할 것은 과감하게 포기하자

아무래도 일과 학교를 모두 신경 쓰다 보면 주위의 사람들과의 관계에 소홀해지기 마련입니다. 클라이언트의 갑작스러운 수정이나 요구 사항들을 들어주기 위해서 친구들과의 약속이나 계획들을 변경해야 하는 경우가 비일비재합니다. 일정이 더 많아지고 복잡해질수록 균형을 잡는 것이 중요합니다. 모든 일을 다 할 수는 없습니다. 해야 할 것과 하고 싶은 것을 명확히 구분하여 우선 순위를 정해두는 것이 필요합니다.

10 학생의 본분에 충실해라

학생만이 할 수 있는 것이 많습니다. 다양한 방면의 경험, 전공과 비전공을 아우르는 폭넓은 독서, 기초 지식의 확립, 여행, MT, 사회 봉사, 자신의 가치관을 정립시켜 나가는 것 같은 다양한 필드의 사람들과의 만남들. 이것들은 언젠간 디자이너로서 작업을 하는 데 반드시 도움이 됩니다. 좀 더 자유로울 때, 조금이라도 더 사회에 제약받지 않을 때 자신이 하고 싶은 일을 하는 게 좋습니다. 크리에이티브는 바로 여기서 샘솟습니다. **CA**

예비 디자이너들을 위한 조언

Tip 04

예비 디자이너들에게 필요한 덕목들

디자이너로 활동한다는 것은 뿌듯한 경험이기도 하지만, 동시에 '디자인하는 사람'이라는 직함으로 사회로 첫발을 내딛으며 사회인으로서 활동한다는 것을 의미하기도 합니다. 따라서 디자이너 사회가 요구하는 덕목들을 이해하고 그것을 지켜나가려는 자세가 필요합니다. 초보 디자이너들이 꼭 갖춰야 하는 자세를 모아봤습니다.

01 스펙보다는 책임감

소위 스펙이라고 말하는 것 중 기본적인 학점이나, 영어 점수는 디자이너도 챙겨야 하는 부분입니다. 수상 경력과 자격증도 플러스 요인이 될 수 있습니다. 하지만 수상 경력은 화려하나 정작 일을 못한다면? 포트폴리오는 훌륭한데 일할 때 데드라인을 못 맞춘다면? 스펙이 그 사람의 첫인상에 약간의 플러스는 되겠지만, 신용과 신뢰를 보장해 주진 않습니다. 급여와 근무 상황을 떠나서 항상 자신에게 주어진 일에는 최선을 다하는 모습을 보여주는 것이 필수입니다.

02 첫 직장의 근무 태도가 여든까지 간다

디자인 필드는 좁은 분야입니다. 한 두 다리 건너면 국내뿐만 아니라 해외 대부분의 사람도 알 수 있습니다. 비록 작고 별 볼 일 없는 디자인 회사라 하더라도, 그 속에서 최선을 다했던 모습은 분명히 자신에게 플러스가 되어 되돌아 올 겁니다.

03 포트폴리오?!

디자이너는 입이 아닌 작업으로 말해야 합니다. 그러므로 당연히 포트폴리오가 제일 중요합니다. 졸업 후 대기업에 지원할 생각이라면 학점과 자격증이 어느 정도 도움이 될 수는 있겠지만 디자이너에게 필요한 스펙은 조금 다릅니다. 자신의 감각과 아이디어를 가장 직관적으로 보여줄 수 있는 성실한 포트폴리오가 사회에 자신을 어필할 수 있는 무기입니다.

04 정보 수집

작업 못지 않게 중요한 게 바로 정보입니다. 정말 디자인을 천재처럼 잘해서 유명해지지 않은 이상 어떤 스튜디오나 기업도 먼저 디자이너를 찾아와 "우리 회사로 오십시오."라고 고개를 숙이지 않습니다. 따라서 직접 발로 뛰고 사람들을 만나가면서 정보를 얻고 진로를 설정하는 것이 중요합니다. 특히 자신이 원하는 분야의 유명한 회사들에 대해 알아두는 것이 좋습니다. UX를 전공으로 나아가고 싶다면 자연스럽게 관련 회사의 정보를 듣게 될 테고, 그렇게 접근하다 보면 관계자와 인연이 닿는 경우도 생길 수 있습니다.

그 회사가 어떤 일을 하는 회사인지, 자기가 이 회사에서 무엇을 얻어갈 수 있을지, 이 회사 안에서 자기가 하는 일이 앞으로 자기의 스펙트럼에 얼마나 도움을 줄 것인지를 잘 파악해야 합니다. **CA**

Tip 05

공모전 Awards

매년 수많은 그래픽 디자인 공모전이 있습니다. 국제 무대로 나가고 싶은 디자이너, 세상에 재능을 보여주고 싶은 디자이너라면 도전해 보세요. 넓은 세상에 발을 내딛을 수 있는 첫 번째 관문이 되어줄 것입니다.

Competition

디 앤 에이디 어워드 **D&AD AWARD**

아웃풋 어워드 **OUTPUT AWARD**

어도비 국제 디자인 공모전 **ADOBE DESIGN ACHIEVEMENT AWARD**

커뮤니케이션 아츠 / 인터랙티브 **COMMUNICATION ARTS / INTERACTIVE**

ADC어워드 **ADC AWARD**

나고야 디자인 두! **NAGOYA DESIGN DO!**

레드닷 : 커뮤니케이션 디자인 **RED DOT : COMMUNICATION DESIGN**

플래시포워드 **FLASHFORWARD**

바프타 인터랙티브 **BAFTA INTERACTIVE**

디자인 위크 어워드 **DESIGN WEEK AWARD**

IF 커뮤니케이션 디자인 어워드 **IF COMMUNICATION DESIGN AWARD**

웨비 어워드 **WEBBY AWARD**

스와치 영 일러스트레이터 어워드 **SWATCH YOUNG ILLUSTRATORS AWARDS**

TDC 국제공모전 **TDC AWARD**

컷&페이스트 **CUT&PASTE : DIGITAL DESIGN TOUNAMENT**

굿 디자인 어워드 **GOOD DESIGN AWARD**

예비 디자이너들을 위한 조언

디 앤 에이디 어워드 D&AD AWARDS

D&AD는 영국의 교육단체로서 세계적인 권위의 광고 공모전을 주최합니다. 신인디자이너 발굴을 목적으로 하며, 국제디자인과 광고 공동체를 대표하고 있습니다. 매년 열리는 D&AD의 시상식인 옐로우 펜슬YELLOW PENCIL에서 D&AD는 최고의 크리에이티브 디자인을 선보입니다. 웹사이트에 가서 수상작들의 수준을 가늠해 보세요. 매년 23,000명 이상의 등록자를 자랑하기에 수상하기엔 상당히 어려운 대회이지만 수상 후보에 오르기만 해도 상당히 인정을 받게 될 것입니다.

예상 등록일 : 매년 2월

URL : www.dandad.org

아웃풋 어워드 OUTPUT AWARD

디자인과 건축을 공부하는 학생들을 위한 국제 공모전으로, 작업 후엔 쓸모가 없어지는 학생 작품을 모아 아웃풋이어북으로 출판합니다. 그래픽 디자인, 제품 디자인, 건축, 사진, 일러스트레이션, 타이포그래피, 멀티미디어, 무빙 이미지, 텔레비전 그래픽 등 디자인 및 건축과 관련이 있는 모든 분야의 작품을 출품할 수 있습니다.

예상 등록일 : 매년 1월

URL : www.open-output.org/award

어도비 국제 디자인 공모전 ADOE DESIGN ACHIEVEMENT AWARD

학생 국제 디자인 공모전으로, 인터랙티브 미디어와 웹 및 모바일 분석, 비디오 및 모션, 일러스트레이션, 패키징, 사진, 인쇄 커뮤니케이션 등으로 나눠져 있습니다. 수상자에게는 3000달러와 함께 다양한 기회가 제공됩니다. 최종 파이널 리스트로 선정되는 디자이너에게는 시상식이 열리는 나라로 가는 비행기 표와 호텔 숙소권을 지원합니다.

예상 등록일 : 매년 1월

URL : www.adobeawards.com

커뮤니케이션아츠 / 인터랙티브 COMMUNICATION ARTS : INTERACTIVE

1997년에 시작된 커뮤니케이션 아츠 인터랙티브 디자인 애뉴얼은 광고, 비지니스, 엔터테인먼트, 정보 디자인, 셀프 프로모션 등의 방대한 영역에 걸쳐 상을 줍니다. 웹, CD-ROM, 인터랙티브 기기, PDA 등을 위한 프로젝트를 계획합니다.

예상 등록일 : 매년 1월

URL : www.commarts.com/ca/interactive

ADC어워드 ADC AWARDS

국제적으로 인정받고 오래된 공모전으로, 1921년에 시작했습니다. 방송 광고, 인터랙티브 미디어, 그래픽 디자인, 출판 디자인, 패키지, 사진, 일러스트 등의 분야를 다룹니다. 매년 6월 뉴욕에서 시상식이 열리고 멀티미디어 어워드 프레젠테이션과 파티가 열립니다. 수상작들은 뉴욕의 ADC갤러리에 6월부터 전시되고 전 세계를 순회하게 됩니다.

예상 등록일 : 매년 1월

URL : www.adcglobal.org

나고야 디자인 두! NAGOYA DESIGN DO!

국제 공모전 '나고야 디자인 두!'는 젊고 재능있는 디자이너들이 능력을 향상하고 서로 아이디어를 교환할 수 있는 기회를 제공하는 프로그램입니다. 그랑프리 우승 작품은 1,000,000엔, 분야별 우승작 4점은 100,000엔이 부상으로 주어지며, 가작은 약 15점 가량 뽑습니다. 그랑프리와 분야별 우승작 수상자는 11월 중 일주일간 나고야 국제디자인센터에서 열리는 워크숍에 초청되며, 항공과 숙박을 제공받습니다. 모든 결선 진출작은 나고야국제디자인센터와 웹사이트에 전시됩니다.

예상 등록일 : 짝수 년도 4월

URL : www.idcn.jp/compe/index

레드닷 : 커뮤니케이션 디자인 RED DOT AWARD : COMMUNICATION DESIGN

세계 최고의 디자인상인 레드닷 어워드의 커뮤니케이션 부문입니다. 레드닷 마크만으로도 최고의 제품임을 알 수 있습니다. "레드닷 : 주니어 어워드" 부문에서는 학생과 젊은 디자이너들의 참가 신청을 받습니다. 수상작은 레드닷 디자인 뮤지엄과 온라인에 전시되며 레드닷 이어북에 소개됩니다. (유료) 주니어 어워드 수상자에게는 10,000유로의 상금이 수여됩니다.

예상 등록일 : 매년 5월

URL : www.red-dot.de/registration/

플래시포워드 FLASHFORWARD

린다닷컴(Lynda.com)과 디지털아티스트연합(United Digital Artist)이 만든 플래시포워드는 매크로미디어 플래시 디자이너들을 타깃으로, 가장 혁신적이고 매력적이며 독창적인 플래시 기반 웹사이트를 시상합니다. 프로그래밍, 디자인, 애니메이션, 사운드 편집 등 15개 카테고리가 있으니 목록을 먼저 잘 확인해 볼 필요가 있습니다.

예상 등록일 : 매년 5월

URL : www.flashforwardconference.com/

예비 디자이너들을 위한 조언

바프타 인터랙티브 BAFTA INTERACTIVE
원래 BAFTA는 영화와 텔레비전 시상식이었지만 BAFTA 게임 어워드와 BAFTA 인터랙티브 어워드가 추가 되었습니다. BAFTA 인터랙티브는 뉴 미디어 산업에 초점을 맞추어 온라인 엔터테인먼트, 인터랙티브 TV, 영화, DVD, 디자인 등의 카테고리가 있습니다.

예상등록일 : 매년 10월

URL : www.bafta.org

디자인 위크 어워드 DESIGN WEEK AWARD
타이포그래피 & 로고, 가구 디자인, 편집 디자인, 패키지, TV/영화/비디오 그래픽, 심지어 업무 환경, 소매점 인테리어 등의 카테고리까지 다룹니다.

예상 등록일 : 매년 10월

URL : www.designweek.co.uk

IF 커뮤니케이션 디자인 어워드 IF COMMUNICATION DESIGN AWARD
세계 최고의 디자인 어워드 중 하나로 3대 디자인 어워드 중 하나인 IF 디자인 어워드의 커뮤니케이션 디자인 부문 공모전입니다. 수상자는 IF goldselection의 그룹에 속하게 되고 IF 이어북(독어판, 영어판)에 작품을 등재할 수 있는 권리를 가집니다.

예상 등록일 : 매년 10월

URL : www.ifdesign.de/awards_communication_index_e

웨비 어워드 WEBBT AWARD
웹사이트를 알릴 목적이라면 이보다 더 좋은 상은 없다고 할 수 있습니다. 뉴욕의 국제디지털아트학회는 500여명의 웹전문가들이 소속된 집단이며, 1995년부터 매년 60개의 부문에서 최고의 디자인을 뽑아 상을 수여하는 웨비 어워드를 조직했습니다. 내용과 구성, 내비게이션, 시각디자인, 기능, 상호작용성, 인상 등을 보고 사이트를 심사합니다.

예상 등록일 : 매년 10월

URL : www.webbyaward.com

스와치 영 일러스트레이터 어워드 Swatch Young Illustrators Award

베를린 일러스트레이티브 페스티벌이 주최하고 스와치가 제공하는 일러스트레이션 공모전입니다.

창의적이고 혁신적인 현대 일러스트레이션과 그래픽 아트를 공모하며, 응모 분야는 이미지, 설치 프로젝트, 애니메이션 필름, 북아트 분야로 나눠집니다. 수상작은 베를린 일러스트레이티브에 전시되며, 6,000유로 상당의 상품과 스와치의 한정판을 디자인할 수 있는 기회가 주어집니다.

예상 등록일 : 매년 10월

URL : www.illustrative.de/award

TDC 국제 공모전 TDC Awards

1987년에 설립되어 타이포그래피 디자인 분야의 발전에 기여해온 일본 Tokyo TDC(Type Diretors Club)에서 타이포그래피를 기반으로 시작한 디자인 작품 공모전입니다. 본 공모전은 기호에서 아트 영역까지 진화한 문자의 예술적 표현과 새로운 가능성을 제시할 디자이너의 디자인을 세계 무대에 알릴 기회를 제공합니다. 우승자 및 Selection work에 선정되면 4월에 도쿄를 시작으로 오사카, 서울에서 전시를 하게 됩니다.

예상 등록일 : 매년 10월

URL : www.tdctokyo.org

컷&페이스트 : 디지털 디자인 토너먼트 Cut&Paste : Digital Design Tournament

컷&페이스트 : 디지털 디자인 토너먼트는 실시간 디자인 경쟁 대회로, 각국에서의 예선 통과자들이 모여 뉴욕에서 펼쳐지는 챔피언십에 진출하게 됩니다. 2D, 3D, 모션 그래픽 세가지 분야에 도전이 가능하며, 참가자와 관객에게 창조의 과정을 공유하는 특별한 경험을 가집니다.

예상 등록일 : 매년 10월

URL : cutandpaste.com/tours

굿 디자인 어워드 GOOD DESIGN AWARD

포괄적인 디자인 평가 시스템으로 굿 디자인을 상징하는 G마크로 잘 알려져 있습니다. 제품 디자인, 건축, 환경 디자인, 커뮤니케이션 디자인, 신영역 디자인 등의 카테고리가 있고 10월 말에 시상식이 열립니다. **CA**

url : www.g-mark.org

월간 〈CA〉 편집부가 펴낸
디자인 도서

크리에이티브 아트웍-1: 포토샵+일러스트레이션+핸드드로잉

세계 곳곳에서 자신만의 독특한 스타일로 왕성하게 활동하여
명성을 쌓고 있는 디자이너 12인의 창의적인 디자인 감각과
표현방법. 포토샵과 일러스트와 핸드드로잉을 자유롭게 활용하여
작업하는 그들의 놀라운 표현 기법을 배운다.

320쪽 / 25,000원

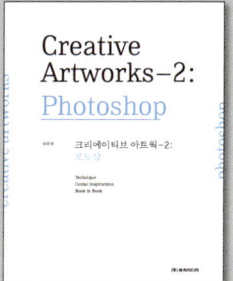

크리에이티브 아트웍-2: 포토샵

최근 상업 디자인 시장에서 가장 많이 활용되는 22개 테마의
포토샵 기법 모음집. 참신한 아이디어와 놀라운 영감으로
가득찬 해외 디자이너 25명의 아트웍 쇼케이스, 그리고
세계적인 기업의 디자인 프로젝트 성공 사례를 소개한다.

292쪽 / 25,000원

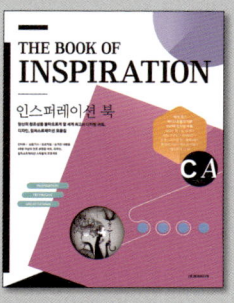

인스퍼레이션 북

디자이너들의 잠재된 창의력에 불을 지피고 자극하는 책.
자신의 작품에 지속적으로 영향을 미치게 될 세계 최고의
디지털 아티스트와 디자이너와 일러스트레이터들의
영감으로 충만한 아트웍들에서 놀라운 비밀을 캐어본다.

196쪽 / 28,000원

CA 프로젝트-1: 그래픽 디자인 아이콘 100

시대를 초월하는 100가지 클래식 디자인 아이콘에서 얻는
새로운 영감! 프린트, 패키지, 방송영상, 광고, 정보 등
5개 장르에서 각각 20개씩, 총 100개가 엄선됐다.
장르별로 대표 작품의 제작 과정과 전문가의 필수팁

168쪽 / 18,000원

CA 프로젝트-2: 크리에이티브 광고

광고 트렌드와 창의적인 테크닉 광고 디자인 어워드,
광고인들의 속사정, 최신 트렌드 등
전반적인 광고 이야기.

168쪽 / 18,000원

CA프로젝트 3 : 일러스트레이션

자신만의 독특한 스타일로 만들어 지는 세계적
아티스트들의 아트웍이 탄생하는 작업과정을
생생하게 탐색해 본다.

328쪽 / 25,000원

3D ART : 매혹적인 3D 이미지 만드는 법

완벽에 가까운 그들의 작품을 따라가보자. 이제까지
알지 못했던 대가들의 디테일한 노하우들을 배울 수 있다.

228쪽 / 28,000원

CA프로젝트 4 : 타이포그래피, 새로운 실험과 시도

클라이언트 프로젝트, 어워드, 포트폴리오, 졸업작품 등을
한 권으로 끝내는 타이포그래피 아트웍 샘플 가이드북

328쪽 / 25,000원

www.cashop.kr | www.ccca.co.kr | ca@ccca.co.kr | http://cafe.naver.com/comarts | 02-852-5412

— 〈CA〉는 Communication Art, Creative Arts, Crossmedia Artworks 등을 의미합니다

— 이 잡지는 국제판 이외에 한국, 프랑스, 이탈리아, 중국 등에서 현지어로 발행되어 전세계에서 가장 많은 디자이너들이 보는 크리에이티브 매거진입니다

— 1997년 12월 창간된 한국판은 창조적인 영감과 아이디어로 넘쳐나는 세계 최고의 디지털 아트.그래픽 디자인.일러스트레이션 장르의 최신 트렌드를 소개해 왔습니다

만들고 싶은 대로 만들어 현실화시키는 유일한 세계적인 디자인 스튜디오, 그러면서 〈와이어드〉와 나이키 등 굵직한 고객들을 확보하고 있는 논-포맷이 〈CA〉 141호 표지를 디자인했습니다. 다이컷 제작된 〈CA〉 국제판은 세계적으로 화제를 모았으며, 다이컷 된 글씨는 'Birth'. 〈CA〉 141호에 표지 제작 기법을 포함한 논-포맷 단독 인터뷰가 실려있습니다.

www.ccca.co.kr
www.ccca.kr
http://cafe.naver.com/comarts
www.CAShop.kr
ca@ccca.co.kr 02-852-5412

〈CA〉는
영국 〈Computer Arts〉
한국판입니다

〈CA〉를 정기구독하는 특별한 이유는?

하나. 편집자가 잘 정리해 놓은 세계 디자인계의 최신 비주얼 트렌드를 한 눈에 펼쳐볼 수 있습니다.

둘. 세계적인 스타 디자이너들의 창의적인 아이디어와 영감 그리고 노하우를 전수받을 수 있습니다.

셋. 독특한 스타일로 주목받는 창조적인 아트웍의 튜토리얼 리소스를 받아볼 수 있습니다.

넷. 아이디어와 영감 그리고 시각적인 자극이 필요할 때 언제든지 꺼내볼 수 있도록 빠짐없이 컬랙션 해두는 것입니다.

다섯. 할인 혜택으로 비용을 절약하면서 자택이나 회사에서 편안히 받아볼 수 있습니다.

신청할 곳 www.cashop.kr
문의할 곳 ca@ccca.co.kr
02-852-5412

1권당 가격 12,000원
1년(12개월) 신규구독료 120,000원
2년(24개월) 정기구독료 230,000원

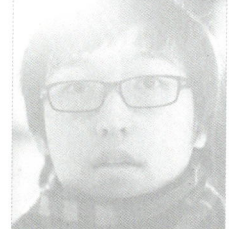

"이 책의 독자분들을 위한 진솔한 멘토가 되어드리겠습니다."

"학생의 마음은 학생이 알고, 새내기의 마음은 바로 윗선배가 아는 법!"

이 책에 마음과 뜻으로 뭉쳐 함께 참여한 여섯 명의 저자들이 동료들과 후배들을 위해 대학 생활 중 자신들이 각각 쌓은 노하우와 경험들을 기꺼이 나누어 드립니다. 이들은 서로 다른 대학에 재학 중이며, 프리랜서와 공모전, 그리고 다양한 커뮤니티에서 왕성하게 활동하면서 인연을 맺게 된 사이입니다. 과제물과 졸업작품과 공모전과 취업 포트폴리오 등을 준비하는데 궁금한 여러 가지 일들을 질문해 주시면 성심껏 답변해 드리겠습니다.

여섯 분의 저자가 진솔하게 전하는 다양한 노하우들을 CA 카페에서 만나보세요.

http://cafe.naver.com/comarts/

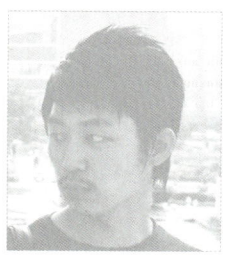

강우성 Kang Woo Sung
http://vimeo.com/woosung

단국대학교 시각디자인학과 학생으로, 영상 동아리 디 모션D Motiom의 일원으로 활동하고 있습니다. 터키 마르마라 대학교 국제 학생 전시, 한일 문화교류 전시 ≪이때다ETTEDA≫, 단국대학교 디자인 그룹 딩Ding 전시 등에 참여했으며, 그 밖에도 다양한 상업용 프로젝트에 참여했습니다.

김지홍 Kim Ji Hong
www.hereandeverywhere.com

국민대학교 시각디자인학과 학생으로, 삼성 디자인 멤버십 18기 회원으로 활동하고 있습니다. 어도비 디자인 어워드와 서울 국제 디자인 공모전 등에서 수상한 경력을 쌓았고, 다양한 상업용 프로젝트에 참여했습니다.

손영아 Son Young-A
http://golgye.com

건국대학교 커뮤니케이션디자인학과 학생으로, 골계GolGye라는 이름으로 활동하고 있습니다. 한일 디자인문화교류 전시회인 ≪이때다ETTEDA≫와 ≪테츠손Tetsuson≫에 총 4회 참가한 바 있으며, 최근 도쿄디자인센터 전시에 참여했습니다.

이상윤 Lee Sang Yoon
www.prizmika.com

홍익대학교 디지털미디어디자인학과 학생으로, 삼성 디자인 멤버십 19기 회원으로 활동하고 있습니다. UX 디자이너를 목표로 하고 있으며, 디자인 에이전시 바이널에서 근무한 경험을 비롯하여 다양한 상업용 프로젝트에 참여했습니다.

장순규 Jang Soon Kyu
http://jeansk.egloos.com

단국대학교 시각디자인학과 학생으로, 삼성디자인 멤버십 회원으로 활동하고 있습니다. 어도비 디자인어워드 2010에서 일러스트레이션 부문 대상과 제품디자인 부문 보건복지가족부장관상을 수상한 것을 비롯하여, 30여 차례의 국내외 디자인 어워드에서 수상했습니다. 디자인 에이전시 바이널에서 2년 동안 근무한 경력이 있으며, 다양한 상업용 프로젝트에 참여했습니다.

한승재 Han Seung Jae
www.triple-0.com

홍익대학교 시각디자인학과 학생으로, LG전자 디자인 경영센터에서 지니어스 디자인 3기로 활동하고 있습니다. 스튜디오 헤이데이에서 2년 동안 디자인 실무를 경험했고, LG전자 CTO UX파트에서 5개월간 인턴 경력을 쌓았습니다. 그 외에 학과 연간지 『ㅎㅇㅅㄷ』 32호 편집장을 맡았고, 각종 대학생 마케팅 프로그램을 수료하고 프리랜서로 다양한 프로젝트에 참여했습니다.

* 이상의 프로필은 2011년 9월 1일 초판 발행 시점의 내용입니다.

Creative Artworks-3 Photoshop
크리에이티브 아트웍-3: 포토샵

2011년 9월 1일 초판 발행

지은이 | 강우성 김지홍 손영아 이상윤 장순규 한승재 외 해외 작가 12인
펴낸이 | 김병인
기획편집 | CA편집부
교정 | 김민혜
편집 | 미디어픽스
펴낸곳 | (주)퓨처미디어

전화 | 02 852 5412
팩스 | 02 852 5417
이메일 | ca@ccca.co.kr
사이트 | http://www.ccca.co.kr
CA샵 | http://www.cashop.kr
블로그 | http://www.ccca.kr
카페 | http://cafe.naver.com/comarts
트위터 | http://twitter.com/magazineca
페이스북 | http://www.facebook.com/magazineCA

등록번호 | ISBN : 978-89-960559-9-0